A VOUS DE CHOISIR

Traditional and Self-Paced Learning in French

Vivien Bull
Mireille Guillet-Rydell
Richard Switzer
California State College at San Bernardino

UNIVERSITY
PRESS OF
AMERICA

Copyright 1983 by **Vivien Bull, Mireille Guillet-Rydell, Richard Switzer**

University Press of America, Inc.

P.O. Box 19101, Washington, D.C. 20036

Library of Congress Cataloging in Publication Data

Bull, Vivien.
 A vous de choisir, traditional and self-paced learning
in French.

 English and French.
 1. French language--Grammar--1950-   . I. Guillet-
Rydell, Mireille. II. Switzer, Richard. III. Title.
PC2112.B79 1983   448.2'4   82-23781
ISBN 0-9191-2915-1 (pbk.)

Acknowledgements to the artists: Roger Broadfoot
Christopher Bull

Table des Matières

SELF-PACED LEARNING: An Innovative
Method of Teaching a Foreign Language

This text is the result of almost ten years of experimentation at California State College, San Bernardino in French classes based on the method of Self-Paced Mastery Learning.

The concept behind self-paced learning is that all students, given adequate time, can achieve mastery of the material. It recognizes the need for absorbing thoroughly one set of materials before proceeding to the next. It may be defined as an instructional format which places the responsibility for learning on the student, or as a condition of learning in which the learner is central.

The advantages of a self-paced course are:

1. The learner is liberated from a "lockstep" program geared to the mean of student capacities.

2. There is an opportunity to work more closely with those experiencing academic difficulty.

3. The above-average student is allowed to exercise his/her learning capacities to the full.

4. Student confidence is increased because the likelihood of failure is greatly reduced. Students earmarked as "D" level find they can attain an "A", even though it took time; this success improves their self-image and carries over into other courses and into life attitude.

5. Decreasing dependence upon passive reception of the material tends to increase student independence and enhance his/her responsibility for learning.

6. Learning is more satisfactory for teacher and student because no new information is approached until the old has been mastered. The insistence on mastery is especially important in foreign languages courses where knowledge cannot be divided into compartments but must rise on solid layers. (This is a general perspective of self-paced learning. Details on the organization of self-paced courses in large universities, small colleges and high schools may be obtained from the authors of this text).

INTRODUCTION

This beginning French textbook, originally conceived for college students, may, nevertheless, be used equally well in high schools. It is designed to develop an ability in the four basic language skills: speaking, listening, writing and reading. Because of the emphasis upon mastery learning, this method gives more opportunity than most textbooks for meaningful oral communication in a classroom situation.

Many teaching methods depend upon the instructor's "spoonfeeding" the material in class and the students' passive reception of it. Mastery learning shifts the responsibility for learning to the students. Evidence shows that students who "dig out" the information contained in the text on their own tend to have a better understanding and a higher retention rate of the material than those who receive it passively. This shifting of responsibility for learning may be used just as well in a traditional as in a self-paced class. Students read the Présentation, listen to it on the tape and master the comprehension of it and of the grammatical structures involved on their own. Thus class time may be devoted to the oral/aural facet, with the students' comprehension of grammatical structures and absorption of vocabulary being tested and reinforced by carefully chosen oral questions. It is recommended that instructors add to the questions in the text, to which the students prepare the answers, further questions of their own, which the students must answer without preparation. It is also recommended that students be asked to form their own questions to each other, using the material of the unit being studied. This method of teaching suits a regular class meeting several times a week as well as the different type of class encountered in a self-paced course.

This text is designed to meet the special needs of mastery learning which are:

1. Clarity of grammatical explanations, using simple French as much as possible but resorting to English if necessary, so that the explanations may be understood without the help of an instructor.

2. Clear definition of the objectives of each unit so that students know what they have to master: in this text the Contents, listed in English at the head of each unit, defines the objectives.

3. Division of the material into small modules for better assimilation in independent study. In this text each chapter is divided into A, B and C: three self-contained modules. Part A

is transitional from the previous chapter or a simplified introduction to material presented: the _Présentation_ may therefore be somewhat artificial.   Parts _B_ and _C_ have _Présentations_ in idiomatic French.   Each part has its own grammatical explanation, as well as written and oral exercises.   This is especially convenient for self-paced students who prepare as much as they are able to assimilate before coming to class.   More written exercises may be found in the Practice Tests, given to the students before they attempt a graded test.   Copies of these may be found in the Teachers' Manual.

     4.   Utilization of means by which students can be given maximum help in a class session in which different individuals will probably be on different units, since they are pacing themselves.   Under these conditions the only way in which the objectives of aural comprehension, oral skill and grammatical knowledge can be tested and reinforced, while maximum exposure is given to the language, is through the exclusively French question-answer method.   For this reason the oral questions have been carefully designed to test the students' mastery of each facet.   Suggestions for further questions of a personal and perhaps humorous nature may be found in the Teachers' Manual.   Questions on the _Présentation_ are not included because a) students find them boring, b) the answers are often mere repetition of the text, c) they do not make the language come alive for the students as questions of a personal communicative nature do.   The absence of drill exercises may also be noted. They are omitted for the same reasons, plus the fact that in a self-paced session where several units are being covered, there is no time for them.   Instructors can easily make up their own drills if they wish.

     This text has been supplemented with tapes, audio-visuals and typing programs.   Information on these may be obtained from the authors.

A VOUS DE CHOISIR: Traditional and self-paced learning
in French.

FIRST YEAR FRENCH

Leçon I

The Objectives of each leçon are listed on the front page as
Contents.

(Self-paced students: when you have mastered all these objectives, you are ready to take the test and pass on the the next
leçon).

Contents: A.   Salutations.
                   "What is this?" Masculine and feminine nouns.

              B.   Numbers 1-39.

                   Months.

                   The date.

              C.   Days of the week.
                   The alphabet in French.
                   Accents.
                   How to spell in French.

Leçon I

A. PRESENTATION:

Bonjour Monsieur, Madame, Mademoiselle. Comment allez-vous?

Très bien, merci, et vous? Très bien, merci.
Comment vous appelez-vous? Je m'appelle . . .

Qu'est-ce que c'est? C'est un garçon. C'est un étudiant.
C'est un pied. C'est un bras. C'est un doigt. C'est un
cou. C'est un manteau. C'est un nez. C'est un pull-over.
C'est un sac. C'est un stylo.

Mots masculins: UN livre, UN garçon, UN étudiant, UN pied.

Maintenant, qu'est-ce que c'est? C'est une jeune fille.
C'est une étudiante. C'est une tête. C'est une bouche.
C'est une main. C'est une oreille. C'est une jupe. C'est
une chemise. C'est une blouse. C'est une porte. C'est
une fenêtre. C'est une serviette.

Mots féminins: UNE jeune fille, UNE tête, UNE chemise,
UNE porte.

Leçon I

A. EXPLICATION

Masculin	un	nom (noun)
Féminin	une	nom

Ex: un stylo, un manteau (masculin)
     une blouse, une chemise (féminin)

In the English language, only people and animals are masculine
or feminine. In the French language things have a gender also;
they are masculine or feminine. Memorize the gender with each
noun.

A. EXERCICES ECRITS (written exercises)

Match the number with the picture on page 4 and write the answer:

Ex: 3 Qu'est-ce que c'est? C'est un sac.

     6 Qu'est-ce que c'est? C'est un garçon.

1.	18 Qu'est-ce que c'est?		6.	5 Qu'est-ce que c'est?
2.	11 Qu'est-ce que c'est?		7.	14 Qu'est-ce que c'est?
3.	19 Qu'est-ce que c'est?		8.	17 Qu'est-ce que c'est?
4.	10 Qu'est-ce que c'est?		9.	13 Qu'est-ce que c'est?
5.	8 Qu'est-ce que c'est?		10.	1 Qu'est-ce que c'est?

A. EXERCICES ORAUX. (oral exercises)

There are no set exercises for this part. You should however be
prepared to answer the question "Qu'est-ce que c'est?" using the
vocabulary which you have learned.

B. PRESENTATION: NUMEROS:

1.	un	11.	onze	21.	vingt et un	31.	trente et un
2.	deux	12.	douze	22.	vingt-deux	32.	trente-deux
3.	trois	13.	treize	23.	vingt-trois	33.	trente-trois
4.	quatre	14.	quatorze	24.	vingt-quatre	34.	trente-quatre
5.	cinq	15.	quinze	25.	vingt-cinq	35.	trente-cinq
6.	six	16.	seize	26.	vingt-six	36.	trente-six
7.	sept	17.	dix-sept	27.	vingt-sept	37.	trente-sept
8.	huit	18.	dix-huit	28.	vingt-huit	38.	trente-huit
9.	neuf	19.	dix-neuf	29.	vingt-neuf	39.	trente-neuf
10.	dix	20.	vingt	30.	trente		

Les Mois: janvier, février, mars, avril, mai, juin, juillet,
août, septembre, octobre, novembre, décembre.

B.   EXPLICATION

Quelle est la date?   (What is the date?)   Answer: C'est le
(number) (month)

Ex: Quelle est la date de Noël?   C'est le 25 décembre

Quelle est la date de votre anniversaire?   (What is the
date of your birthday?)   C'est le (number) (month)

Note   1)   that the months are not capitalized

2)   that the day precedes the month when the date is
expressed in numbers:

Ex: 11/1   C'est le onze janvier
5/3   C'est le cinq mars

3)   the first day of the month is expressed differently:

Ex: 1/11   C'est le premier novembre
1/8   C'est le premier août

B.   EXERCICES ECRITS   Répondez aux questions suivantes (reply to the following questions):

Ex: Quelle est la date?   12/3   C'est le douze mars
17/7   C'est le dix-sept juillet

Quelle est la date?   4/4   9/5
28/6   18/2
16/9   14/7
27/11   aujourd'hui
15/5   1/8

B.   EXERCICES ORAUX   Répondez aux questions suivantes:

1.   Quelle est la date de Noël?
2.   Quelle est la date de Halloween?
3.   Quelle est la date de votre anniversaire?
4.   Quelle est la date demain?
5.   Quelle est la date de l'anniversaire de George Washington?
6.   Quelle est la date de l'anniversaire de St. Valentin?

C. <u>PRESENTATION</u>

C. Les jours de la semaine: lundi, mardi, mercredi, jeudi, vendredi, samedi, dimanche (Sunday).

L'Alphabet français: a,b,c,d,e,f,g,h,i,j,k,l,m,n,o,p,q,r, s,t,u,v,w,x,y,z.

```
ll . . . . deux l
ss . . . . deux s
pp . . . . deux p
```

Accents: accent aigu   ex: étudiant

             accent grave   ex: très

             accent circonflexe ex: fenêtre

             trait d'union   ex: dix-sept

             cédille   ex: garçon

             apostrophe   ex: c'est

C. <u>EXPLICATION</u>

Days of the week are not capitalized.

The alphabet looks the same but is pronounced differently. Listen carefully to the tape in the laboratory.

Double letters in a word are expressed as above.

Accents must be included in the oral spelling of the word as well as in the written.

C. <u>EXERCICES ECRITS</u>

For Part C there are no set exercises. You should however be prepared to write the days of the week in correct spelling.

C. <u>EXERCICES ORAUX</u>

Epelez en français (spell in French): sac, bouche, mois, serviette, stylo, janvier, Mademoiselle, très, oreille, février, garçon, tête, août, juillet, bon jour, merci.

AU REVOIR!

Vocabulaire

Bonjour		good morning
Monsieur		Mr.
Madame		Mrs.
Mademoiselle		Miss
Comment allez-vous?		How are you?
Très bien, merci, et vous?		Very well, thank you, and you?
Comment vous appelez-vous?		What is your Name?
Je m'appelle		My name is. . .
Qu'est-ce que c'est?		What is this? (What is it?)
C'est		This is (It is)
aujourd'hui		today
blouse	f	blouse
bouche	f	mouth
bras	m	arm
chemise	f	shirt
cou	m	neck
demain		tomorrow
doigt	m	finger
étudiant	m	student (male)
étudiante	f	student (female)
fenêtre	f	window
garçon	m	boy
jambe	f	leg
jeune fille	f	girl
jour	m	day
jupe	f	skirt
livre	m	book
main	f	hand
maintenant		now
mais		but
manteau	m	coat
mois	m	month
mot	m	word
nez	m	nose
oreille	f	ear
pied	m	foot
porte	f	door
sac	m	handbag, purse
semaine	f	week
serviette	f	briefcase
stylo	m	pen
pull-over	m	sweater
tête	f	head
le premier		the first

Leçon II

Contents: A. <u>Le</u>, <u>la</u>, <u>l'</u>, <u>les</u>: <u>the</u>

B. Negative and interrogative (question) formation.

C. Conjugation of verb <u>être</u>: to be. Present tense.

A. PRESENTATION

C'est un livingroom; le livingroom est dans l'appartement.
C'est un père; le père est dans le livingroom.
C'est une mère; la mère est dans la cuisine.
C'est une jeune fille; la jeune fille est aussi dans la cuisine.
C'est un garçon; le garçon est devant le grand-père.
C'est un livre; le livre est aussi sur la table.
C'est un grand-père; le grand-père est devant la fenêtre.
C'est une grand'mère; la grand'mère est devant la fenêtre?
C'est un chien; le chien est sous la table.

Le père est Monsieur Bonneau. Le garçon, Robert, est le fils de
Monsieur Bonneau. Madame Bonneau est la femme de Monsieur
Bonneau, et la mère de Robert. La jeune fille est Marie. Marie
est la fille de Monsieur Bonneau et la soeur de Robert. Robert
est le frère de Marie. Monsieur Ousse est le grand-père.
Monsieur Ousse est le père de Madame Bonneau, et le grand-père de
Robert et de Marie. Madame Bonneau est la fille de Madame Ousse.
Madame Ousse est la belle-mère de Monsieur Bonneau et Monsieur
Ousse est le beau-père de Monsieur Bonneau. Robert et Marie
sont les enfants de Monsieur et Madame Bonneau. Ce sont les
petits-enfants de Monsieur et Madame Ousse.

A. PRESENTATION

Le, la, l', les . . . the

Ex: Masculin ╪ consonne   le   père
     Masculin ╪ voyelle   l'   appartement
     Féminin ╪ consonne   la   maison
     Féminin ╪ voyelle   l'   actrice
     Masculin Pluriel   les   pères, les appartements
     Féminin Pluriel   les   maisons, les actrices

Ex: Le chien est dans l'appartement. (The dog is in the apartment)
Robert et Marie sont les enfants de M. Bonneau. (Robert and Marie are the children of . . .).

A. EXERCICES ECRITS Remplacez les tirets par (fill in the blanks with) le, l', la, les:

1. _____livre est derrière_____grand'mère.
2. _____jeune fille est dans_____jardin.
3. _____pied est sous_____table.
4. _____stylo est devant_____main.
5. C'est_____appartement de M. Bonneau.
6. C'est_____bouche de Marie.
7. _____bras de Mme Ousse sont sur_____sofa.
8. _____jupes de Marie sont derrière_____télévision.
9. _____frères de Suzanne sont dans_____cuisine.
10. _____enfant est devant la fenêtre.

A. EXERCICES ORAUX

A. Ma famille: (my family) Ex: Le père (de ma famille) (of my family) est M. Smith.

Le père est_____. La mère est_____. Le grand-père (le père du père) est_____. L'autre grand-père (le père de la mère) est_____. La grand'mère (la mère de la mère) est _____. Le beau-père de la mère est_____. Le beau-père du père est_____. La belle-mère de la mère est_____. La belle-mère du père est_____. Le frère est_____. La soeur est_____. L'oncle est_____. La tante est_____. Le cousin est_____. La cousine est _____.

B. **PRESENTATION**

Monsieur Bonneau n'est pas le fils de Monsieur Ousse. Il n'est pas le fils de Madame Ousse. Madame Ousse n'est pas sous la table, elle est devant la fenêtre. Le chien n'est pas sur la table, il est sous la table. Est-ce que Robert est dans la cuisine? Non, il est avec M. Bonneau dans le livingroom. Est-ce que Marie est sous le bureau? Non, elle est à côté de Madame Bonneau. Est-ce que le chien est dans l'appartement? Oui, il est dans l'appartement. Le chien est-il dans l'appartement? Oui, il est dans l'appartement. Est-ce que M. Ousse est à côté de M. Bonneau? Oui, il est à côté de M. Bonneau; il est entre M. Bonneau et Robert. Madame Ousse est-elle avec Madame Bonneau? Non, elle n'est pas avec Madame Bonneau, elle est devant la fenêtre. M. Bonneau et M. Ousse sont-ils sur la table? Non, ils ne sont pas sur la table, ils sont sur le sofa.

B. **EXPLICATION**

Pronoms (Pronouns)

Le chien est dans l'appartement. . .il est dans l'appartement (Pronom. Masc. Sing.)
La maison est derrière le jardin. . .elle est derrière le jardin (Pronom. Fem. sing.). (The house is behind the garden... it is behind the garden).
Les appartements sont devant le jardin. . .ils sont devant le jardin (Pron. Masc. Pl.).
Les fenêtres sont dans la cuisine. . .elles sont dans la cuisine (Pron. Fem. Pl.). (The windows are in the kitchen...they are in the kitchen).

Forme négative   ne. . .pas

Le chien n'est pas dans l'appartement. . .il n'est pas dans l'appartement (The dog is not in the apartment...he is not in the apartment).
La maison n'est pas derrière le jardin. . .elle n'est pas derrière le jardin.
Les appartements ne sont pas devant le jardin. . .ils ne sont pas devant le jardin.
Les fenêtres ne sont pas dans la cuisine. . .elles ne sont pas dans la cuisine. (The windows are not in the kitchen...they are not in the kitchen).

Remarque: ne > n' devant une voyelle (ne becomes n' in front of a vowel).

Ex: L'enfant n'est pas devant la fenêtre.
     (Mais) Les enfants ne sont pas devant la fenêtre.

Forme interrogative: 1) avec Est-ce que:

Est-ce que le chien est dans l'appartement? Est-ce qu'il est
dans l'appartement?
Est-ce que la maison est devant le jardin? Est-ce qu'elle est
devant le jardin? (Is the house in front of the garden?...Is it
in front of the garden?).
Est-ce que Robert et Marie sont les enfants de M. Ousse?
Est-ce qu'ils sont les enfants de M. Ousse? (Are Robert and
Marie the children of Mr. Ousse?...Are they the children of Mr.
Ousse?).
Est-ce que les chemises sont sur la table? Est-ce qu'elles sont
sur la table?

                    2) avec inversion:

Le chien est-il dans l'appartement? Est-il dans l'appartement?
(Is the dog in the apartment?...Is it in the apartment?).
La maison est-elle devant le jardin? Est-elle devant le jardin?
Les livres sont-ils sur la table? Sont-ils sur la table?
(Are the books on the table?...Are they on the table?).
Les chemises sont-elles sur la table? Sont-elles sur la table?
(Are the shirts on the table? Are they on the table?).

B. EXERCICES ECRITS

B.I. Remplacez les noms soulignés (underlined) par un pronom:

Ex: La blouse est sur la table
     Elle est sur la table

1. Le bras est sur la table.
2. La porte est à côté du jardin.
3. Madame Laval est derrière le mur.
4. Les enfants sont avec Madame Bonneau.
5. Marie et Robert sont les petits-enfants de M. Ousse.
6. Marie et Sylvie sont entre le chien et le bureau.
7. Les stylos sont dans la serviette.
8. Le pied est sous la table.
9. La serviette est à côté du sac.
10. Les fenêtres sont dans la classe de français.

B.II.   Récrivez les phrases ci-dessous à la forme négative
        (Rewrite the sentences below in the negative form):

1. Elle est devant la fenêtre.
2. Il est dans le jardin.
3. Robert est la fille de M. Ousse.
4. La table est dans la cuisine.
5. Le manteau de Marie est derrière la télévision.
6. Ils sont à côté de la porte.
7. Robert et Monsieur Bonneau sont sur le sofa.
8. Suzanne et Madame Ousse sont à côté de la fenêtre.

B.III. Récrivez les phrases ci-dessus à la forme interrogative.
        (Rewrite the sentences above in the interrogative form
        using inversion and Est-ce que).

Ex: Est-ce qu'elle est devant la fenêtre?
     est-elle devant la fenêtre?

B.   EXERCICES ORAUX.

B.I.   Formez une question:

Ex: Est-ce que Robert est derrière le sofa? (Est-ce que and
       entire sentence).
     Robert est-il derrière le sofa? (Inversion)

1. Le chien est sous la table.
2. Il est avec M. Bonneau.
3. Elle est entre la porte et la fenêtre.
4. Le père de Suzanne est dans le jardin.
5. Suzanne et Marie sont devant le sofa.
6. M. et Mme Bonneau sont à côté de la fenêtre.
7. Ils sont devant les enfants.

B.II.   Répétez les phrases ci-dessus à la forme négative.

Ex: Le livre est sur la table.
     Le livre n'est pas sur la table.

C.   PRESENTATION

Je suis dans la classe de français. Je suis devant la table.
Vous êtes aussi dans la classe de français. Vous n'êtes pas
dans le jardin. Nous ne sommes pas dans un livingroom, nous
sommes dans la classe de français. Etes-vous dans un restaurant?
Non, je ne suis pas dans un restaurant. Est-ce que je suis
derrière la porte? Non, vous n'êtes pas derrière la porte, vous
êtes à côté de la porte. Est-ce que je suis la mère de Robert?

15

Non, Madame Bonneau est la mère de Robert. Est-ce que la
télévision est dans l'appartement? Oui, elle est dans
l'appartement. Où est le jardin? Il est derrière la maison.
Où est la télévision? Elle est entre le bureau et le mur.

C. EXPLICATION.

Verbe être. . .to be.

FORME AFFIRMATIVE:

	SUJET	VERBE	
Singulier	je	suis	I am (Masc., Fem.)
	tu	es	You are (Familiar form only)
	il	est	He is, it is (Masc.)
	elle	est	She is, it is (Fem.)
Pluriel	ils	sont	They are (Masc.: people, things)
	elles	sont	They are (Fem.: people, things)
	nous	sommes	We are (Masc., Fem.)
	vous	êtes	You are (Masc., Fem., SINGULIER et PLURIEL)

FORME NEGATIVE:

	SUJET	NEGATIVE	VERBE	NEGATIVE	
Singulier	Je	ne	suis	pas	I am not
	Tu	n'	es	pas	You are not
	Il	n'	est	pas	He (it) is not
	Elle	n'	est	pas	She (it) is not
Pluriel	Ils	ne	sont	pas	They are not
	Elles	ne	sont	pas	They are not
	Nous	ne	sommes	pas	We are not
	Vous	n'	êtes	pas	You are not

FORME INTERROGATIVE (1) avec Est-ce que:

	EST-CE QUE	SUJET	VERBE	
Singulier	Est-ce que	je	suis?	Am I?
	Est-ce que	tu	es?	Are you ?
	Est-ce qu'	il	est?	Is he? Is it?
	Est-ce qu'	elle	est?	Is she? Is it?

Leçon II

FORME INTERROGATIVE (1) avec Est-ce que: (continued)

	EST-CE QUE	SUJET	VERBE	
Pluriel	Est-ce qu'	ils	sont?	Are they?
	Est-ce qu'	elles	sont?	Are they?
	Est-ce que	nous	sommes?	Are we?
	Est-ce que	vous	êtes?	Are you?

Remarque: Est-ce que devant une voyelle. . .Est-ce qu'

Ex: Est-ce qu'ils sont sous la table?
     Est-ce qu'elle est derrière le bureau?

FORME INTERROGATIVE (2) Inversion

	VERBE	SUJET	
Singulier	suis	– je?	Am I?
	es	– tu?	Are you (familiar form)
	est	– il	Is he? Is it?
	est	– elle?	Is she? Is it?
Pluriel	sont	– ils?	Are they? (Masc.)
	sont	– elles?	Are they? (Fem.)
	sommes	– nous?	Are we?
	êtes	– vous?	Are you?

Ex: Est-il dans le jardin? (Is he, it, in the garden?).
     Sont-ils sous le bureau? (Are they under the desk?).
     Sommes-nous avec un ami? (Are we with a friend?).

(See page 14 for formation of questions with inversion when a NOUN is subject).

Tu and Vous. Tu is used with family members, with children and among close friends, particularly those of the same generation. Vous (which can be singular or plural), is used generally and is therefore the form used throughout this book for you. Use the tu form when talking to fellow students.

C.I. EXERCICES ECRITS. (Written exercises).

Remplacez les tirets par la forme correcte du verbe être.

Ex: Le professeur_____sous la table.
     Le professeur_ est _sous la table.

17

1. Nous_____dans la cuisine.
2. Tu_____sous la table.
3. M. Bonneau_____le père de Marie.
4. Les enfants_____dans le jardin.
5. Je_____sur la télévision.
6. Madame Bonneau et Madame Ousse_____à côté de la porte.
7. _____-tu devant la fenêtre?
8. Vous_____dans le jardin.
9. La table_____-elle dans la cuisine?
10. Les stylos_____-ils dans le sac?

C.II. Récrivez les phrases ci-dessus 1-6 à la forme négative.
       (Rewrite the above sentences in the negative form).

C. <u>EXERCICES ORAUX.</u>

I. Répondez aux questions suivantes:

1. Est-ce que le professeur est devant la table?
2. La serviette est-elle sur la table?
3. Le stylo est-il dans le sac?
4. Est-ce que la fenêtre est à côté de la porte?
5. Sommes-nous dans le jardin?
6. Est-ce que vous êtes dans la cuisine?
7. Etes-vous à côté de la table?
8. Où êtes-vous?
9. Où suis-je?
10. Où est le sac?
11. Où sont les étudiants?
12. Est-ce que les pieds du professeur sont dans la classe de français?
13. Sommes-nous dans le restaurant?
14. Où sommes-nous?
15. Sommes-nous dans la classe de français le samedi?
16. Etes-vous entre deux amis?

Leçon II

Vocabulaire

à	at, to	petit-enfant	grandchild
actrice f	actress	restaurant m	restaurant
ami m	friend	soeur f	sister
amie f	friend	sofa m	sofa
appartement m	apartment	sous	under
aussi	also	sur	on
autre	other	table f	table
avec	with	tante f	aunt
beau-père m	father-in-law	télévision f	television
belle-mère	mother-in-low	voyelle v	vowel
bureau m	desk, office		
chien m	dog		
classe f	class		
consonne f	consonant		
côté m	side		
cousin m	cousin		
cousine f	cousin		
cuisine f	kitchen		
dans	in		
de	of, from		
derrière	behind		
devant	in front of		
enfant mf	child		
entre	between		
femme f	woman, wife		
fille f	daughter		
fils m	son		
frère m	brother		
garçon m	boy		
généralement	generally		
grand'mère f	grandmother		
grand-père m	grandfather		
jardin m	garden		
livingroom m	livingroom		
maison f	house		
mari m	husband		
mère f	mother		
mur m	wall		
oncle m	uncle		
ou	or		
où	where		
père m	father		

EXPRESSIONS: à côté de...by the side of, beside
              classe de français...French class
              du...of the (masc.: explained in Leçon III)
ci-dessus...above; ci-dessous...below

Leçon III

Contents: A. <u>du</u>, <u>de la</u>, <u>de l'</u>, <u>des</u>: <u>of the</u>

Use of <u>c'est</u> and <u>il est</u>, <u>elle est</u>

B. Time of day

C. Prepositions to use before countries, states and towns

21

A. PRESENTATION

C'est l'appartement de Madame Bonneau; c'est l'appartement de la mère.
C'est le chien de Marie; c'est le chien de la jeune fille.
Le pull-over de Robert est sur la table; le pull-over du frère est sur la table.
La tête de M. Bonneau est grande; la tête du père est grande.
La valise de Robert et de Marie est sur l'étagère; la valise des enfants est sur l'étagère.
La porte de l'appartement est près du jardin.

EXPLICATION: de : ... of

SINGULIER

de + le	>	du	exemple:	le pull-over du frère
				l'étagère du garage
de + la	>	de la	exemple:	l'appartement de la mère
				à côté de la maison
de + voyelle (m. et f.)	>	de l'	exemple:	la porte de l'appartement
				la porte de l'auto

PLURIEL

de + les	>	des	exemple:	la valise des enfants
				les plans des villes

Before a proper name, use simply de ---equivalent to English usage. Exemples: la valise de Robert
                                    la tête de M. Bonneau

EXERCICES ECRITS

A. Remplacez les tirets par de, d', du, de l', de la, ou des:

1. C'est l'auto_____père.
2. C'est le bras_____jeune fille.
3. Où sont les valises_____parents? Elles sont près_____étagère.
4. C'est le pied_____fils_____M. Laval.
5. Le jardin_____appartement est à côté_____garages.
6. La carte_____pays est dans l'auto_____soeur_____Robert.
7. C'est la chemise_____garçon.
8. Où est le manteau_____grand-père?
9. Voilà la valise_____enfant.
10. Voici la maison_____actrice.

Leçon III

EXERCICES ORAUX

A. Répondez aux questions suivantes:

1. Où est le sac de l'étudiante?
2. Où sont les chaises des étudiants?
3. Est-ce que l'université est loin de la ville?
4. Etes-vous dans l'auto du professeur?
5. Où est l'horloge de la classe de français?
6. Où sont les autos des étudiants?
7. Est-ce que le professeur est près du mur?
8. Chez vous, le garage est-il à côté de la maison?
9. Chez vous, est-ce que les valises sont sur l'étagère?
10. Etes-vous à côté d'un étudiant?

B. PRESENTATION

La maison de la famille Laval est à Paris. C'est le jour du
départ pour les vacances; l'auto des Laval est dans le garage
à côté de la maison: c'est une Renault. La mère est près de
l'auto et le père est à côté des valises. Il est en pleine
panique. Où est la carte du pays? Elle n'est pas dans l'auto.
Voilà une carte. Pourquoi est-elle sur l'étagère du garage?
Ah, c'est le plan de la ville. Quel dommage! Les routes sont
marquées seulement sur la carte du pays. Et maintenant où sont
les valises des enfants et où sont les enfants? Ils ne sont
probablement pas loin du garage, mais où sont-ils? Ah, ce n'est
pas un jour agréable

Enfin on est ensemble! Mais quelle heure est-il? Est-il tôt ou
tard? Oh, il est onze heures du matin. On n'est pas en avance;
au contraire, on est en retard.

B.1. EXPLICATION

C'est (Ce + est) (This is, it is) (It is...use c'est before a
                   noun with an article or proper noun)

C'est + article + nom. . .Ex: C'est un sac
                               C'est le père

C'est + nom propre . . . Ex: C'est Robert
                               C'est Mme Laval

Interrogatif: Est-ce un sac? (Is it a purse?)
               Est-ce le père? (Is it the father?)

Négatif: Ce n'est pas un sac (It is not a purse)
          Ce n'est pas le père (It is not the father)

23

Leçon III

Il est, elle est (It is)

il est ┼ préposition ┼ nom   Ex: Voilà le stylo; il est sous la
                                            table.

elle est ┼ préposition ┼ nom   Ex: Où est la maison? Elle est dans
                                            la ville.

Pluriel: Ils sont   Ex: Où sont les livres? Ils sont
                                            sur la table.

        Elles sont   Ex.   Voici les chemises; elles sont
                                            sous la table.

In expressions of time always use il est:
                               Ex.   il est tôt
                                     il est tard
                                     il est onze heures du matin

B.II.   L'heure: Quelle heure est-il?

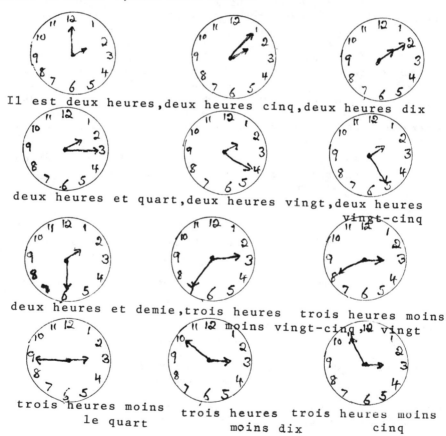

Il est deux heures, deux heures cinq, deux heures dix

deux heures et quart, deux heures vingt, deux heures
                                                  vingt-cinq

deux heures et demie, trois heures   trois heures moins
                                 moins vingt-cinq, vingt

trois heures moins   trois heures   trois heures moins
     le quart   moins dix   cinq

24

B.III. ON. . .one (people, they, you...used more than English one)

Ex: on est en retard. . .one (you, we they) is late
    on n'est pas en retard. . .one is not late
    on ⊹ third person singular   of verb Ex: on est en retard

EXERCICES ECRITS

B.I.Remplacez les tirets par c'est ou il est, elle est:

1. _____la porte de l'auto.
2. Où est la carte? _____sous la table.
3. Voilà une valise; _____derrière le sofa.
4. Voilà une maison; _____la maison des Laval.
5. Voilà Michel; _____un étudiant intelligent.
6. Où est la jupe de Mme Laval? _____près de la valise.
7. Voilà le jardin; _____le jardin du grand-père.
8. Voici le livre, _____sous le bureau.
9. Voici le garage; _____loin de la maison.

B.II. Ecrivez en toutes lettres: (write out in full)

1. 1:25 p.m.
2. 10:17 a.m.
3. 7:45 p.m.
4. 12:15 a.m.
5. 11:30 a.m.
6. 11:05 p.m.

EXERCICES ORAUX

B.I. Répondez aux questions suivantes:

1. Quelle est la date aujourd'hui?
2. Quelle est la date du premier jour de l'année?
3. Quelle est la date du dernier jour de l'année?
4. Quelle heure est-il?
5. A quelle heure êtes-vous dans la cuisine?
6. A quelle heure êtes-vous dans l'auto?
7. A quelle heure êtes-vous devant la télévision?
8. Est-il midi maintenant?
9. Où êtes-vous à midi et demie? (généralement)
10. Où êtes-vous à cinq heures dix du soir?
11. Est-ce un jour agréable?
12. Est-ce une classe magnifique?
13. Est-ce la serviette de l'étudiant?
14. Est-ce le stylo du professeur?
15. Il est onze heures du soir. Est-il tôt ou tard?
16. Etes-vous généralement à l'heure ou en retard?

C. PRESENTATION

En France, on voyage de sept heures du matin jusqu'à six heures du
soir. Ce sont les coutumes du pays. Avec une Renault le voyage
de Paris à Bordeaux et de Bordeaux à Biarritz n'est pas long.
Ce n'est pas comme aux Etats-Unis où la distance du Texas ou de la
Californie à Chicago ou en Virginie est immense. Alors, en route
pour une expédition magnifique!

C. EXPLICATION

in, to...villes...à	Ex: Je suis à Biarritz On voyage à Rome Ils sont à Londres Tu es à New York
In, to...pays féminins...en	Ex: On voyage en France Nous sommes en Angleterre Les amis sont en Espagne
In, to...pays masculins...au	Ex: Toronto est au Canada On voyage au Portugal Robert est au Brésil
(Pluriel)	Nous sommes aux Etats-Unis

(Countries of which the name ends in e are feminine: exception,
Mexique. Ex: Nous sommes au Mexique).

In, to...états américains

féminins...en	Ex:	en Virginie en Californie
masculins...dans le	Ex:	dans le Texas dans le Wisconsin
devant une voyelle...dans l'	Ex:	dans l'Idaho

C. EXERCICES ECRITS

Remplacez les tirets par en, au, aux ou à:

1. Je suis____Angleterre.
2. Nous sommes____Paris.
3. Le Président est____Vietnam.
4. La grand'mère est____Londres.
5. Nous sommes____Etats-Unis.
6. Marie n'est pas____Suisse.
7. Robert est____Canada.
9. On voyage____Brésil.

C. EXERCICES ORAUX

Répondez aux questions suivantes:

1. Etes-vous à Bordeaux maintenant?
2. Sommes-nous en Allemagne?
3. Est-ce que le professeur est au Japon?
4. Est-que je suis en Angleterre?
5. Où est le Vatican?
6. Le Louvre est-il à Paris ou à Londres?
7. Où est le Kremlin?
8. Où est Paris?
9. Où est Madrid?
10. Où est Berlin?

Leçon III

Vocabulaire

à	to, at	voici	here is
agréable	pleasant	voilà	there is
année f	year		
anniversaire m	birthday		
appartement m	apartment		
après-midi m	afternoon		
auto f	car		
carte f	map		
chaise f	chair		
chez moi	at my house		
chez vous	at your house		
comme	like, as		
coutume f	custom		
départ m	departure		
dernier	last		
distance f	distance		
enfin	at last		
ensemble	together		
étagère f	shelf		
état m	state		
famille f	family		
garage m	garage		
grand(e)	big		
heure f	hour		
horloge f	clock		
jusqu'à	until		
loin (de)	far (from)		
long(ue)	long		
magnifique	magnificent		
matin m	matin		
musée m	museum		
pays m	country		
pour	for		
pourquoi	why		
près de	near		
probablement	probably		
quel (le)	what (adjective)		
route f	road, route		
seulement	only		
soir m	evening		
tard	late		
tôt	early		
université f	university		
vacances f pl	vacation		
valise f	suitcase		
ville f	town		

Vocabulaire (suite)

Expressions:

Quel dommage!	What a pity!
Quelle est la date?	What is the date?
Quelle heure est-il?	What is the time?
au contraire	on the contrary
en avance	early (ahead of time)
à l'heure	on time
en retard	late (behind time)
en pleine panique	in complete panic
en route	on the way
en voyage	one travels

Les Pays: (féminins)

L'Allemagne	Germany
L'Angleterre	England
La Belgique	Belgium
La Chine	China
L'Espagne	Spain
La France	France
L'Irlande	Ireland
L'Italie	Italy
La Russie	Russia
La Suisse	Switzerland

Les Pays: (masculins)

Le Canada	Canada
Les Etats-Unis	United States
Le Japon	Japan
Le Luxembourg	Luxembourg
Le Mexique	Mexico
Le Portugal	Portugal
Le Vietnam	Vietnam

Remarque:

du matin a.m.   Ex: 6:30 a.m. six heures et demie du matin
du soir   p.m.   Ex: 6:30 p.m. six heures et demie du soir

de l'après-midi...in the afternoon
                Ex: 2:00 p.m. deux heures de l'après-midi

(Note that _midi_ and _minuit_ are self-explanatory as in English;
do not add _du matin_ or _du soir_).

Leçon IV

Contents: A. <u>Il y a</u> (<u>there is</u>, <u>there are</u>)

             B. Partitive: <u>du</u>, <u>de la</u>, <u>de l'</u>, <u>des</u> (<u>Some</u>, <u>any</u>)

                     <u>de</u> after transitive verb in the negative

             C. Irregular verb: <u>avoir</u>

(<u>des</u>* is included for convenience in this unit; it is not really a partitive but the plural of <u>un</u>, <u>une</u>).

(*A transitive verb is one which takes a direct object, such as <u>avoir</u>)

(<u>Etre</u> is intransitive because it does not take a direct object).

A. <u>PRESENTATION</u>

Une auto est dans la rue. <u>Il y a</u> une auto dans la rue.
Une carte est sur l'étagère. <u>Il y a</u> une carte sur l'étagère.
Une carte n'est pas sur l'étagère. <u>Il n'y a pas</u> de carte sur
  l'étagère.
Des cartes sont dans la cuisine. <u>Il y a</u> des cartes dans la cuisine.
Des cartes ne sont pas dans la cuisine. <u>Il n'y a pas</u> de cartes
  dans la cuisine.
Des étudiants intelligents sont dans la classe. <u>Il y a</u> des
  étudiants intelligents dans la classe.
Des étudiants intelligents ne sont pas dans la classe. <u>Il n'y a</u>
  <u>pas</u> d'étudiants intelligents dans la classe.
Deux arbres ne sont pas derrière la maison. <u>Il n'y a pas</u> deux
  arbres derrière la maison.

A. EXPLICATION

Il y a (invariable) states existence (there is, there are)

Ex: Il y a une auto dans la rue. (There is a car in the road).
Il y a des étudiants dans la classe. (There are some students in the class).
Il y a du soleil aujourd'hui. (There is sun today).

Interrogation: Est-ce qu'il y a une auto dans la rue?
Y a-t-il une auto dans la rue?
Est-ce qu'il y a du soleil aujourd'hui?
Y a-t-il du soleil?

Négation: Il n'y a pas de
Ex: il n'y a pas de soleil
Il n'y a pas d'.
Ex: Il n'y a pas d'auto

EXERCICES ECRITS

A.I. Répondez aux questions suivantes:

1. Y a-t-il une auto dans la rue?
2. Y a-t-il des chaises dans le livingroom?
3. Est-ce qu'il y a un stylo dans la serviette du professeur?
4 Y a-t-il des étudiants intelligents dans la classe de français?

A.II. Ecrivez les phrases suivantes à l'interrogatif:

Ex: Il y a un chien dans le jardin.
Y a-t-il un chien dans le jardin?
Est-ce qu'il y a un chien dans le jardin?

1. Il y a une jupe sous le bureau.
2. Il y a des tasses dans la cuisine.
3. Il y a des livres sur l'étagère.

A. EXERCICES ORAUX

Répondez aux questions suivantes:

1. Est-ce qu'il y a une table dans la classe de français?
2. Est-ce qu'il y a un nez dans la classe de français?
3. Y a-t-il une chaise près du mur?
4. Chez vous, y a-t-il une étagère dans la cuisine?
5. Chez vous, y a-t-il un jardin derrière la maison?

6. Qu'est-ce qu'il y a dans le livingroom?
7. Qu'est-ce qu'il y a dans la classe de français?
8. Y a-t-il une jambe dans la classe de français?

B. PRESENTATION

La radio: Mesdames, Mesdemoiselles, Messieurs, aujourd'hui
dimanche le temps est beau dans presque toute la France. Il y a
du soleil dans la région parisienne et. . .

Monique ferme la radio. Elle a soudain une idée merveilleuse:
un pique-nique à la campagne. Elle téléphone à des amis, Paul,
Suzanne et Brigitte. Ils acceptent avec plaisir car ils n'ont
pas de projets précis.

Monique: (au téléphone): "Paul, avez-vous une voiture?"

Paul: "Non, je n'ai pas de voiture, mais Brigitte a une vieille
auto en bonne condition."

B. EXPLICATION

Le partitif: du, de la, de l', des

du ⊤ nom masculin   Ex: Il y a du jambon (There is some
ham)

de la ⊤ nom féminin   Ex: Il y a de la confiture de fraises
(There is some strawberry jam)

de l' ⊤ nom devant voyelle   Ex: Est-ce qu'il y a de l'eau?
(Is there any water?)

des ⊤ nom pluriel   Ex: Y a-t-il des autos?
(Are there any cars?)

Remarque: In English the partitive is often omitted.
Ex: There are cups on the table
In French the partitive is never omitted:
Ex: Il y a des tasses sur la table.

Négation. After a negative verb (except être) un, une, du, de la,
de l', des become de or d'

Ex: Il y a de l'eau mais Il n'y a pas d'eau
Il y a du soleil mais Il n'y a pas de soleil
Il y a un chien dans le jardin mais Il n'y a pas de chien
dans le jardin
Il y a une jupe sur la table mais Il n'y a pas de jupe sur
la table

Leçon IV

Négation (suite)

Ex: Nous avons une voiture mais nous n'avons pas de voiture
                                    (We haven't a car)
     J'ai un livre mais Je n'ai pas de livre (I haven't a book)
     Il y a des livres mais il n'y a pas de livres

Remarque: For the conjugation of avoir see part C

B. EXERCICES ECRITS

Remplacez les tirets par du, de l', de la, des, de ou d':

1. J'ai_____lait dans le réfrigérateur.
2. Il y a_____pommes sur l'étagère.
3. Nous avons_____autos dans le garage.
4. Y a-t-il_____vin?
5. Il y a_____eau dans la bouteille.
6. Paul n'a pas_____voiture.
7. Y a-t-il_____pluie aujourd'hui?
8. Avez-vous_____chemises?
9. Je n'ai pas_____bouteilles de champagne.
10. Les enfants n'ont pas_____parents.
11. Il y a_____fromage dans le réfrigérateur.

B. EXERCICES ORAUX

Répondez aux questions suivantes:

1. Est-ce qu'il y a du sel dans l'océan?
2. Y a-t-il du soleil aujourd'hui?
3. Chez vous, qu'est-ce qu'il y a dans le réfrigérateur?
4. Y a-t-il une classe de français le dimanche?
5. Où y a-t-il des autos?
6. Où y a-t-il des livres?
7. Y a-t-il des serpents en Irlande?
8. Y a-t-il des éléphants aux Etats-Unis?
9. Qu'est-ce qu'il y a dans une piscine?
10. Chez vous, y a-t-il des arbres?
11. Y a-t-il de l'eau dans la classe de français?
12. Y a-t-il neuf jours dans une semaine?

C. PRESENTATION

Les amis sont donc en route pour le pique-nique. Ils découvrent
un site agréable et pittoresque. On descend de la voiture.
Brigitte a des assiettes, des couteaux et des fourchettes. "Mais
avons-nous des verres?" demande Paul. Ah, justement, Suzanne

35

Présentation (suite)

a des tasses en plastique. Et surprise! Monique apporte du
jambon, du beurre, des radis. Et Suzanne? Elle a des oeufs,
du pain, des pommes et de la confiture de fraises. Ils ont
aussi deux bouteilles de vin, mais est-ce qu'il y a de l'eau?
Non, il n'y a pas d'eau. Tant pis! L'atmosphère est formidable
et les quatre amis sont très heureux.

C. EXPLICATION

Verbe Avoir ...to have

affirmatif

	sujet	verbe	objet
singulier	j' tu il, elle	ai as a	
pluriel	ils, elles nous vous	ont avons avez	

Ex:

Brigitte	a	une vieille auto.
Suzanne	a	des assiettes.
Ils	ont	deux bouteilles de vin.

négatif

sujet	neg.	verbe	neg.	objet
singulier				
je	n'	ai	pas	
tu	n'	as	pas	
il, elle	n'	a	pa	
pluriel				
ils, elles	n'	ont	pas	
nous	n'	avons	pas	
vous	n'	avez	pas	

(Note: un, une, du, de la, des change to de after negative).

Verbe <u>Avoir</u> (suite)

<u>Forme Interrogative</u>:

singulier

Verbe		Sujet
(Est-ce que j'ai)		
as	-	tu
a -t	-	il
a -t	-	elle

pluriel

ont	-	ils
ont	-	elles
avons	-	nous
avez	-	vous

Ex:

	avons	-	nous	des tasses?
	a -t	-	il	une voiture?
Monique	a -t	-	elle	une auto?
Paul et Marie	ont	-	ils	des projets précis?

<u>Remarque</u>: 1. Do not use inversion with <u>je</u>; use <u>Est-ce que j'ai</u>?
2. Notice the <u>t</u> in the interrogative forms of <u>il</u> and <u>elle</u>.
The reason behind both these exceptions is to avoid an unpleasant sound.

<u>EXERCICES ECRITS</u>

C.I.   Remplacez les tirets par la forme correcte du verbe (use <u>être</u> ou <u>avoir</u> according to the sense).

1. Vous_____une jupe.
2. Il_____un livre.
3. Il y_____un arbre dans le jardin.
4. Vous_____dans la classe de français.
5. Ils_____un appartement.
6. Le professeur_____un sac.
7. Les oeufs_____sur la table.
8. Je ne_____pas derrière la maison.
9. Elle_____du fromage.
10. Elles_____des tasses.
11. Nous_____une carte du pays.
12. La jeune fille n'_____pas près du lac.

C.II.   Ecrivez les phrases ci-dessus (below) à la forme inter-rogative: (inversion)

1. Vous avez des projets précis.
2. Il a du beurre.

3. Elle a une voiture.
4. Nous avons un téléphone.
5. Monique a une soeur.
6. Robert et Marie ont des tasses en plastique.
7. Les serpents ont des fraises.
8. Le lac est pittoresque.

C. <u>EXERCICES ORAUX</u>
Répondez aux questions suivantes:

1. Avez-vous un frère?
2. Avez-vous des amis?
3. Est-ce que j'ai une tête?
4. Est-ce qu'un serpent a des jambes?
5. Un chien a-t-il des oreilles?
6. Avons-nous des classes le quatre juillet?
7. Est-ce que les éléphants ont des valises?
8. Avez-vous une voiture?
9. Qu'est-ce que vous avez dans la cuisine?
10. Est-ce que les étudiants ont des livres?
11. Est-ce que j'ai un manteau?
12. Avons-nous une radio?

agréable	pleasant	pour	for
apporter	to bring		(preposition)
arbre m	tree	précis	precise
assiette f	plate	presque	almost
beau	beautiful	projet m	project
beurre m	butter	quarante	forty
bientôt	soon	Qu'est-ce que	what
bouteille f	bottle	radis m	radish
café m	coffee	réfrigérateur m	refrigerator
car	for (because)	région f	region
confiture f	jam	rue f	street
couteau m	knife	sandwich m	sandwich
demander	to ask	sel m	salt
donc	therefore	semaine f	week
drapeau m	flag	serpent m	snake
eau f	water	site m	site
éléphant m	elephant	soleil m	sun
fermer	to shut	soudain	suddenly
formidable	terrific	tasse f	cup
fourchette f	fork	téléphone m	telephone
fraise f	strawberry	temps m	weather
fromage m	cheese	toute	all
heureux	happy	verre m	glass
idée f	idea	vieille	old
jambon m	ham	vin m	wine
justement	exactly, as it happens	voiture f	car
lac m	lake		
lait m	milk		
merveilleuse	wonderful		
nappe f	tablecloth		
océan m	ocean		
oeuf m	egg		
ouest m	west		
pain m	bread		
parisienne	Parisian		
pique-nique m	picnic		
piscine f	swimming pool		
pittoresque	picturesque		
plaisir m	pleasure		
pluie f	rain		
pomme f	apple		

Expressions: au téléphone....on the telephone
en plastique....made out of plastic
en bonne condition....in good condition
ils acceptent....they accept
ils découvrent....they discover
on descend....one descends   tant pis!....too bad!

Leçon V

Contents: A. Feminine form of regular adjectives

              B. Plural form of regular adjectives

              C. Change of des to de when adjective precedes the noun

                   Use of n'est-ce pas

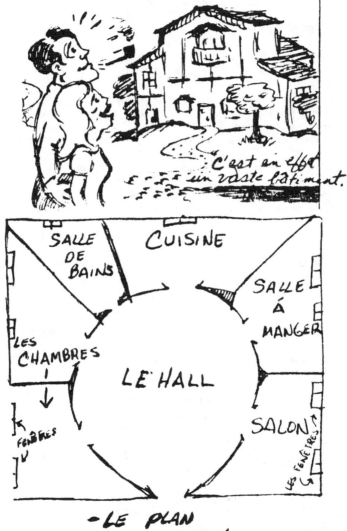

C'est en effet un vaste bâtiment.

- LE PLAN DE LA MAISON -

Leçon V

A. PRESENTATION

Le garçon est grand; la jeune fille est grande.
J'ai un petit appartement; il a une petite maison.
Le livre noir est sur la table; la jupe noire est sur l'étagère.
Robert est fatigué; Marie n'est pas fatiguée.
L'auto de Robert est grande; l'auto de Marie est petite.
Le pull-over est jaune; la chemise est jaune.

A. EXPLICATION

Adjectives in French agree with the noun in gender (masculine or feminine) and in number (singular or plural).

Ex: J'ai un petit appartement (masculine)
    Il a une petite maison (feminine). Add e to the masculine to form the feminine.
    L'appartement est grand (masc.), la maison est grande

Adjectives which end in e (masc.) do not change for the feminine:

Ex: Le sol est rouge; la chemise est rouge.
    Un hall immense ouvre sur le salon; c'est une salle immense.

Adjectives which end in é add an e for the feminine.

Ex: Il est enthousiasmé; elle est enthousiasmée.
    Le garçon est fatigué; la jeune fille est fatiguée.

A. EXERCICES ECRITS

Remplacez les tirets par la forme correcte de l'adjectif:

Ex: Il y a une chemise___sur le tapis: Il y a une chemise bleue sur le tapis.

1. Un arbre_____est près du lac. (vert)
2. Marie est_____(enthousiasmé)
3. Il y a un mur_____dans la salle à manger. (bleu)
4. Une cuisine_____ouvre sur le salon. (immense)
5. Il y a une_____étagère dans le jardin. (grand)
6. La jeune fille est_____(fatigué)
7. J'ai une auto_____(rouge)
8. Robert est un_____garçon. (petit)
9. Le soleil est quelquefois_____(jaune)
10. Je suis_____(blond)

A. EXERCICES ORAUX

Répondez aux questions suivantes:

Ex: De quelle couleur est le stylo? Il est bleu (noir, vert, etc.)

1. De quelle couleur est le jambon?
2. De quelle couleur est le ciel?
3. De quelle couleur est le ciel à minuit?
4. De quelle couleur est le beurre?
5. De quelle couleur est la confiture de fraises?
6. De quelle couleur est la porte?
7. Etes-vous fatigué?
8. Avez-vous un stylo noir?
9. Avez-vous une auto jaune?
10. Avez-vous un manteau noir?

B. PRESENTATION

Léon, un grand jeune homme brun, et Christiane, une svelte jeune
femme blonde, sont de jeunes mariés. Ils cherchent une maison
confortable car l'appartement présent est petit et sombre.
Christiane regarde quelques annonces dans le journal France Soir
et trouve en petites lettres: à louer, vaste maison de campagne
avec grand jardin...prix raisonnable: tel. 05-39-35.

B. EXPLICATION

Le pluriel des adjectifs est généralement s:

Ex: l'appartement est petit; les appartements sont petits.
    la maison est grande; les maisons sont grandes.
    le budget est restreint; les budgets sont restreints.
    elle est fatiguée; elles sont fatiguées.

Adjectives which end in s do not change in the masculine plural:

Ex: Voilà un mur gris; voilà des murs gris.
    Le film est mauvais; les films sont mauvais.

MAIS: Voilà une maison grise (fem. sing.); voilà des maisons
      grises. (fem. pl.)
      L'histoire est mauvaise (fem. sing.); les histoires sont
      mauvaises (fem. pl.)

B. EXERCICES ECRITS

Remplacez les tirets par la forme correcte de l'adjectif:

1. Les stylos sont____(noir)
2. Les carreaux du sol sont____(rouge)
3. Aux Etats-Unis les prix sont____(élevé)
4. Les étudiants de la classe de français sont____(intelligent)
5. Une étudiante n'est pas____(présent)
6. Les jambes du grand-père sont____(gris)
7. Les pièces de la maison sont____(vaste)
8. La classe de français est____(intéressant)
9. Il y a des manteaux____dans le hall (gris)
10. Robert et Marie ne sont pas____(présent)

B. EXERCICES ORAUX

Répondez aux questions suivantes:

1. De quelle couleur sont les radis?
2. De quelle couleur sont les serpents?
3. Est-ce que les éléphants sont roses?
4. De quelle couleur sont les pommes?
5. Comment sont les étudiants de la classe de français?
6. Comment est le professeur?
7. Comment est l'université?
8. Chez vous, est-ce que la cuisine est sombre?
9. Comment est la salle à manger?
10. Comment sont les chambres?

C. PRESENTATION

Léon téléphone immédiatement pour visiter la maison. C'est en
effet un vaste bâtiment. Un hall immense ouvre sur le salon et
sur la salle à manger à droite, sur deux chambres à gauche, et
enfin au fond, il ouvre sur la cuisine et la salle de bains.
Chaque pièce a de larges fenêtres qui donnent sur un beau jardin
et l'ensemble est clair avec des murs bleus, des portes vertes et
un sol en carreaux rouges. Léon et Christiane sont enthousiasmés
et demandent tout de suite le prix du loyer à la propriétaire.
Mon Dieu, le prix est très élevé et leur budget est restreint!
Mais la propriétaire est aimable et compréhensive et la maison est
très jolie. Léon et Christiane sont complètement satisfaits de
leur transaction.

Leçon V

C. EXPLICATION

When the adjective precedes the noun in the plural, <u>des</u> becomes
<u>de</u>:

Ex: Léon et Christiane sont <u>de</u> jeunes mariés
                              (adj.) (noun) plural
      Chaque pièce a <u>de</u> larges fenêtres.
                     (adj.) (noun) plural

If the adjective comes after the noun, <u>des</u> does not change:

Ex: l'ensemble est clair avec <u>des</u> murs bleus
                                (noun) (adj.)

(Explanation of placement of adjectives is in Leçon VI).

Use of the expression <u>n'est-ce pas?</u>

Leon est un jeune homme, n'est-ce pas? (Leon is a young man,
isn't he?)
Vous avez un pull-over jaune, n'est-ce pas? (You have a yellow
sweater, haven't you?)
Il y a une grande cuisine, n'est-ce pas? (There is a big kitchen,
isn't there?)
Ils sont satisfaits, n'est-ce pas? (They are satisfied, aren't
they?)

C. EXERCICES ECRITS

Remplacez les tirets par <u>des</u> ou <u>de</u>:

1. La classe de français a_____grandes fenêtres.
2. Le professeur a_____oreilles jaunes.
3. Nous avons_____petites tasses.
4. Il y a_____jolies fleurs dans le jardin.
5. J'ai_____amis sympathiques.
6. Il y a_____larges tables dans le salon.
7. Elle n'a pas_____jolies mains.
8. Ils n'ont pas_____pain brun.
9. Léon a_____chemises rouges.
10. Il y a_____étudiants enthousiasmés dans la classe de
    français.

C. EXERCICES ORAUX

Répondez aux questions suivantes:

45

1. Y a-t-il de grandes fenêtres chez vous?
2. Y a-t-il de petites tables dans la classe de français?
3. Avez-vous du fromage jaune dans le réfrigérateur?
4. Y a-t-il de jolis arbres près de chez vous?
5. Avez-vous de grands frères?
6. Y a-t-il des chaises confortables dans la classe de français?
7. Y a-t-il des professeurs compréhensifs?
8. Comment est le prix des livres?
9. Avez-vous des amis sympathiques?
10. Est-ce que la salle de bains a de larges fenêtres?
11. Vous êtes intelligent, n'est-ce pas?
12. La leçon est facile, n'est-ce pas?

Leçon V
Vocabulaire

aimable	kind	large	broad, wide
américain	American	leur	their
annonces f pl	advertisements	louer	to rent
arbre m	tree	loyer m	rent
bâtiment m	building	marié	married
bleu	blue	mauvais	bad
blond	blonde	noir	black
brun	brown,dark(hair)	ouvrir	to open
budget m	budget	(Leçon X)	
chambre f	bedroom	par	by
chaque	each	pièce f	room
chercher	to look for	pour	for,
(Leçon VII)			in order to
ciel m	sky	présent	present
clair	clear	prix m	price
complètement	completely	propriétaire	owner
confortable	comfortable	m f	
demander	to ask	quelque	some
(Leçon VII)		quelquefois	sometimes
difficile	difficult	raisonnable	reasonable
drapeau m	flag	regarder	to look at
élevé	high, elevated	(Leçon VII)	
enfin	at last	restreint	limited
ensemble	together	rose	pink
enthousiasmé	excited	rouge	red
facile	easy	salle f	room
fatigué	tired	salle à manger	diningroom
fleur f	flower	f	
français	French	salle de bains	bathroom
franc m	franc	f	
gris	grey	salon m	livingroom,
hall m	hall		drawingroom
histoire f	story,history	satisfait	satisfied
homme m	man	sol m	floor
immédiatement	immediately	sombre	dark, somber
immense	immense	svelte	slim
intéressant	interesting	sympathique	likeable
jaune	yellow	tapis m	carpet
joli	pretty	transaction f	transaction
journal m	newspaper	trouver	to find
		(Leçon VII)	
		université f	university
		vaste	vast
		vert	green
		visiter	to visit
		(Leçon VII)	

47

EXPRESSIONS:

à droite	on the right
à gauche	on the left
au fond	at the back
de quelle couleur	of what colour
en carreaux rouges	of red tiles
en effet	indeed
en petites lettres	in small print
jeunes mariés	newlyweds
Mon Dieu	Good gracious!
qui donnent sur	which give on to
tout de suite	immediately
comment est	what is (it) like?

Leçon VI

Contents: A. Adjectives (irregular in agreement).

              B. Adjectives with special forms in the masculine
singular before a vowel.

                    Plural of nouns and adjectives ending in -eau.

              C. Place of Adjectives (before or after the noun).

Leçon VI

A. <u>PRESENTATION</u>

Elle a un <u>beau</u> jardin; j'ai une <u>belle</u> fleur.
Elle a un <u>bon</u> ami; j'ai une <u>bonne</u> amie.
Elle a un radis <u>frais</u>; j'ai une pomme <u>fraîche</u>.
Robert est <u>gentil</u>; Marie est <u>gentille</u>.
C'est un <u>long</u> livre; c'est une <u>longue</u> leçon.
C'est un <u>nouveau</u> pull-over; c'est une <u>nouvelle</u> blouse.
C'est le <u>premier</u> jour; c'est la <u>première</u> classe.
Ils ont un <u>vieux</u> chien; j'ai une <u>vieille</u> bicyclette.

A. <u>EXPLICATION</u>

Adjectifs irréguliers:
1.

Masc. Sing.	Masc. Pl.	Fem. Sing.	Fém. Pl.
blanc	blancs	blanche	blanches
bon	bons	bonne	bonnes
doux	doux	douce	douces
exceptionnel	exceptionnels	exceptionnelle	exceptionnelles
frais	frais	fraîche	fraîches
gentil	gentils	gentille	gentilles
gros	gros	grosse	grosses
long	longs	longue	longues

2. Tous les adjectifs qui se terminent par -<u>eux</u> > -<u>euse</u> (fem.)
(All adjectives which end in -eux become -<u>euse</u> in the feminine).

heur<u>eux</u>	heur<u>eux</u>	heur<u>euse</u>	heur<u>euses</u>

3. Tous les adjectifs qui se terminent par -<u>if</u> > -<u>ive</u> (fem.).

act<u>if</u>	act<u>ifs</u>	act<u>ive</u>	act<u>ives</u>
compréhens<u>if</u>	compréhens<u>ifs</u>	compréhens<u>ive</u>	compréhens<u>ives</u>

4. Tous les adjectifs qui se terminent par -<u>er</u>, <u>ier</u> > <u>ère</u>, <u>ière</u> (fem.).

cher	chers	ch<u>ère</u>	ch<u>ères</u>
prem<u>ier</u>	prem<u>iers</u>	prem<u>ière</u>	prem<u>ières</u>
dern<u>ier</u>	dern<u>iers</u>	dern<u>ière</u>	dern<u>ières</u>

Leçon VI

A. EXERCICES ECRITS

Ecrivez la forme correcte de l'adjectif:

1. C'est la_____leçon (dernier)
2. Les jeunes filles sont_____(gentil)
3. C'est une_____étudiante (bon)
4. Les chiens de Robert sont_____(gros)
5. La_____classe est à huit heures du matin (premier)
6. Marie et Suzanne sont_____(heureux)
7. L'eau est_____(frais)
8. La classe de français n'est pas_____(long)
9. La grand'mère de Léon est très_____(actif)
10. C'est une idée_____(merveilleux)
11. La nature est_____(doux)
12. Il y a des livres_____sur l'étagère (rouge)

A. EXERCICES ORAUX

Répondez aux questions suivantes:

Ex: Comment est votre (your) jardin?
     Il est petit.

1. Comment est votre maison?
2. Comment est votre auto?
3. Comment est le professeur?
4. Est-ce que votre pull-over (blouse, chemise, manteau) est
   blanc?
5. Est-ce que votre mère est gentille?
6. Avez-vous des valises chères?
7. Avez-vous un bon chien?
8. Avez-vous des pommes fraîches dans le réfrigérateur?
9. Est-ce que la leçon est longue?
10. Est-ce que votre première classe est à huit heures?
11. De quelle couleur sont les murs?
12. Etes-vous actif?

B. PRESENTATION

Tous les étés nous allons à un petit lac merveilleux, le lac
Vadnais, où nous passons quelques bonnes heures par semaine.
Quel bel endroit! Le lac bleu est entouré de beaucoup d'arbres
qui créent une atmosphère verte très particulière. Il y a
quelques bateaux à voiles blanches mais pas de bateaux-moteurs
pour le ski nautique; simplement quelques vieilles barques
où les pêcheurs passent toute la journée à attendre de petits
poissons.

B. EXPLICATION

Certains adjectifs (irréguliers) ont une forme masculine spéciale
devant une voyelle (au singulier). (Certain irregular adjectives
have a special masculine form in front of a vowel in the singular).

Masc. sing.	Masc. sing. devant voyelle	Masc. pl.	Fém. sing.	Fém. Pl.
beau	bel	beaux	belle	belles
nouveau	nouvel	nouveaux	nouvelle	nouvelles
vieux	vieil	vieux	vieille	vieilles

Ex: C'est un beau livre; c'est un bel enfant.
J'ai un nouveau stylo; il a un nouvel ami; ils ont de
nouveaux amis.
J'ai un vieil appartement; voilà de nouveaux appartements;
voilà les belles maisons.

Remarque: Les mots qui se terminent par-eau (nom et adjectif)...
          Pl: -eaux.
(Words which end in -eau, nouns and adjectives, add -x for the
plural).

Ex: le bateau (masc. sing.)   les bateaux (masc. pl.)
     l'eau   les eaux
     le beau château   les beaux châteaux

B. EXERCICES ECRITS

Mettez la forme correcte de l'adjectif:

1. Les bateaux sont_____(nouveau)
2. Les maisons sont_____(vieux)
3. J'ai une_____amie (beau)
4. Il y a de_____livres dans la bibliothèque (beau)
5. Nous sommes près du_____appartement (vieux)
6. Robert a une_____auto (vieux)
7. C'est un_____endroit (beau)
8. Les_____appartements sont près du lac (nouveau)
9. Il a de_____idées (nouveau)
10. Voilà la_____blouse (nouveau)
11. J'ai de_____fleurs (beau)
12. La serviette du professeur est_____(nouveau)

B. <u>EXERCICES ORAUX</u>

Répondez aux questions suivantes:

1. De quelle couleur est un lac?
2. De quelle couleur sont les arbres?
3. De quelle couleur est la maison du Président des Etats-Unis?
4. Comment sont les poissons?
5. Comment sont les étudiants de la classe de français?
6. Etes-vous heureux maintenant?
7. Y a-t-il des manteaux blancs dans la classe de français?
8. Avez-vous une vieille voiture?
9. Avez-vous un nouvel appartement?
10. Y a-t-il un bel étudiant dans la classe de français?
11. Etes-vous dans une belle université?
12. Avez-vous un bel enfant?

C. <u>PRESENTATION</u>

Nous, nous aimons rester sur le bord du lac et contempler la
nature <u>magnifique</u>. Divers oiseaux chantent dans les arbres
<u>touffus</u>; des écureuils <u>rapides</u> et <u>timides</u> sautent d'un arbre à
un autre pendant qu'une brise <u>douce</u> et <u>fraîche</u> souffle de temps en
temps. Nous restons là durant de <u>longs</u> moments et nous perdons
le sens du temps dans un paradis <u>exceptionnel</u>.

C. <u>EXPLICATION</u>

<u>Place des adjectifs.</u>
1.
En français en général les adjectifs suivent le nom: (follow the
noun)

Ex: Il y a quelques voiles blanches.
                    (nom)   (adj.)
        Nous aimons contempler la nature magnifique.
                                      (nom)   (adj.)
        Des écureuils rapides et timides sautent.
            (nom)   (adj.)   (adj.)
        J'ai une pomme fraîche.
                  (nom)   (adj.)

2. Certains adjectifs précèdent <u>en général</u> le nom: (certain
adjectives, those listed below, generally come before the noun).

beau	Ex:	le beau lac
bon		une bonne amie
gentil		une gentille jeune fille
grand		Il y a de grands arbres près du lac

gros	Voici une grosse pomme
jeune	C'est une jeune fille
joli	Avez-vous de jolies fleurs?
petit	le petit lac est entouré d'arbres
mauvais	C'est une mauvaise idée
vieux	C'est un vieil écureuil
nouveau	Il a une nouvelle chemise
large	La salle a de larges fenêtres
dernier	Ce n'est pas la dernière chaise
premier	Ce n'est pas la première leçon

3. Certains adjectifs suivent toujours le nom: (certain adjectives ALWAYS follow the noun).

a) adjectifs de forme: Ex: un jardin carré
une table rectangulaire
un lit rond

b) adjectifs de nationalité:
Ex: un étudiant français
une voiture allemande
un professeur américain

c) adjectifs de couleur:
Ex: la Maison Blanche
le lac bleu
un ciel noir

C. EXERCICES ECRITS

Récrivez les phrases suivantes avec les adjectifs: (ATTENTION à la PLACE des adjectifs et à des ou de)

Ex: Il y a des oiseaux dans le jardin (petit): Il y a de petits oiseaux dans le jardin.

1. C'est une région (beau)
2. J'ai une maison (carré)
3. Voilà le lac (grand)
4. Les pieds de Robert sont sous la table (gris)
5. Il y a des oeufs (blanc)
6. Nous n'avons pas de livres (rouge)
7. J'ai une grand'mère (anglais)
8. C'est une université (pittoresque)
9. Avez-vous une voiture? (vieux)
10. Les étudiantes sont (heureux) et (sympathique)

54

11. Elle a des oreilles (beau)
12. Il y a des étudiants dans la classe de français (merveilleux)
13. Est-ce qu'il y a des pêcheurs sur le lac? (vieux)
14. Il y a des écureuils dans le jardin (joli)
15. Les jeunes filles sont dans le jardin (espagnol)

C. EXERCICES ORAUX

Répondez aux questions suivantes:

1. De quelle couleur est le drapeau américain?
2. Comment sont les oiseaux?
3. Avez-vous une voiture chère?
4. Y a-t-il une cuisine rectangulaire chez vous?
5. Y a-t-il une table ronde dans la classe de français?
6. Avez-vous une voiture allemande?
7. Y a-t-il des arbres touffus chez vous?
8. Est-ce le premier jour de la semaine?
9. Y a-t-il des écureuils à l'université? Comment sont-ils?
10. Avez-vous une salle à manger carrée?
11. Avez-vous une amie anglaise?
12. Y a-t-il des murs blancs chez vous? Où sont-ils?

Vocabulaire

actif (adj., irr.)	active	gentil (adj.irr.)	nice
allemand	German	gros (adj.irr.)	heavy, large
anglais	English	heureux (adj.irr.)	happy
atmosphère f	atmosphere	japonais	Japanese
barque f	small boat	là	there
bateau m	boat	leçon f	lesson
bateau-moteur m	motor boat	long (adj.irr.)	long
beau (adj.irr.)	beautiful	merveilleux (adj.irr.)	marvelous
beaucoup de	a lot of	moment m	moment
bibliothèque f	library	nature f	nature
bicyclette f	bicycle	nautique	aquatic
blanc (adj. irr.)	white	nouveau (adj.irr.)	new
bon (adj. irr.)	good	oiseau m	bird
bord m	edge	paradis m	paradise
brise f	breeze	particulier (adj.irr.)	special
carré	square	pêcheur m	fisherman
chanter	to sing	pendant que	while
cher (adj.irr.)	expensive	poisson m	fish
chinois	Chinese	quel(le)	what
contempler	to contemplate	qui	who
créer	to create	rapide	rapid
dernier (adj.irr.)	last	rectangulaire	rectangular
divers	diverse, varied	rond	round
doux (adj.irr.)	gentle, sweet	sauter	to jump
durant	during	simplement	simply
écureuil m	squirrel	ski nautique m	water skiing
endroit m	place	timide	timid, shy
entouré (de)	surrounded (with)	touffu	bushy
espagnol	Spanish	vieux (adj.irr.)	old
exceptionnel (adj.irr.)	exceptional	voile f	sail
frais (adj.irr.)	fresh		

<u>EXPRESSIONS:</u>

Tous les étés...every summer
nous allons...we go
nous passons...we spend, pass
quelques bonnes heures par semaine...several good hours a week
passent toute leur journée à attendre...spend all day waiting for
souffle de temps en temps...blows from time to time
nous restons...we stay
nous perdons le sens du temps...we lose all sense of time
pas de bateaux-moteurs...no motor boats

Leçon VII

Contents: A. <u>au</u>, <u>à la</u>, <u>à l'</u>, <u>aux</u>. . .to the, at the

(Note exceptions for towns, states and countries. Leçon III).

B. First group of regular verbs.

(<u>Etre</u> and <u>avoir</u> are irregular verbs, because the endings and stem of each person are different and have to be memorized separately. The verbs in this chapter are regular: the endings for each person are the same in every verb of which the infinitive ends in <u>er</u>).

C. Possessive adjectives (my, his, her, our, your, their).

Leçon VII

A. PRESENTATION

Voilà la jeune fille; je parle à la jeune fille.
Voilà l'actrice; tu parles à l'actrice.
Voilà le garçon; il parle au garçon.
Voilà les garçons; nous parlons aux garçons.
Voilà les jeunes filles; vous parlez aux jeunes filles.
Voilà les enfants; ils parlent aux enfants.

A. EXPLICATION

au, à la, à l', aux. . .to the, at the

à ÷ le ÷ nom masculin au: nous parlons au garçon
à ÷ la ÷ nom féminin à la: nous téléphonons à la dame
à ÷ l' ÷ nom ÷ voyelle à l': nous parlons à l'actrice
                              nous parlons à l'homme
à ÷ les ÷ nom pluriel aux: nous parlons aux garçons
                            nous parlons aux dames

Remarque: Pour les villes, états et pays voir Leçon III. (en
France, dans le Texas, au Mexique, etc.)

à devant un nom propre. . .nous parlons à Marie
                           nous parlons à Madame Laval

Leçon VII

Remplacez les tirets par <u>au</u>, <u>à la</u>, <u>à l'</u>, <u>aux</u> ou <u>à</u>:

1. Nous ne parlons pas___garçon.
2. Robert parle____grand'mére.
3. Nous sommes____maison.
4. Parlez-vous____Monsieur Laval?
5. Je donne les livres____étudiants.
6. Il est____Portugal.
7. Ils parlent____écureuil.

A. EXERCICES ORAUX

Répondez aux questions suivantes:

1. A quelle heure êtes-vous à la bibliothèque?
2. Etes-vous à l'université le soir?
3. Avez-vous une piscine à la maison?
4. Etes-vous au lit à une heure de l'après-midi?
5. Etes-vous à l'hôpital maintenant?
6. De quelle heure à quelle heure êtes-vous au lit?
7. Etes-vous généralement au cinéma le samedi soir?
8. Où êtes-vous maintenant? (ville, état, pays)

B. PRESENTATION

Un jeune homme et une jeune fille <u>discutent</u>. La conversation est
animée car ils <u>expriment</u> leurs goûts sur plusieurs sujets.
Louise: Alors Pierre, tu <u>n'aimes</u> pas le cinéma? Il y a pourtant
des stars très attirantes. Par exemple, <u>j'adore</u> Robert Redford.
Il <u>possède</u> un sourire magnifique et il <u>joue</u> bien!
Pierre: C'est ton goût! Moi, je <u>préfère</u> la télévision. Mon
frère et moi nous <u>restons</u> dans nos fauteuils confortables et nous
<u>regardons</u> surtout les films policiers qui <u>nécessitent</u> des acteurs
dynamiques. Après beaucoup de poursuites les policiers <u>trouvent</u>
les coupables, ils <u>tirent</u> quelques coups de revolver et tout est
fini!
Louise: <u>Appelez</u>-vous cela un programme intéressant? Eh bien,
que <u>pensez</u>-vous toi et ton frère de Marilyn Monroe?
Pierre: Ah, je <u>déteste</u> le cinéma, mais j'<u>avoue</u> aimer la musique;
j'<u>écoute</u> toute sorte de musique, et Mademoiselle Louise, comment
<u>trouve-t-elle</u> cela?

B. <u>EXPLICATION</u>

Verbes réguliers premier groupe en -<u>er</u>

Ex: parl<u>er</u>, discut<u>er</u>, trouv<u>er</u>, donn<u>er</u>.

Forme affirmative:

Parler

Sujet	Verbe
je	parle
tu	parles
il, elle	parle
ils	parlent
nous	parlons
vous	parlez

Singulier: je, tu, il, elle
Pluriel: ils, nous, vous

Ex: <u>Nous parlons</u> aux garçons. (We speak/we are speaking to the boys).
<u>Je parle</u> à Robert Redford (I speak/I am speaking to Robert Redford).

Forme négative:

Sujet	Neg #1	Verbe	Neg #2
Les garçons	ne	parlent	pas

(the boys do not speak)

Vous	ne	parlez	pas

(You do not speak/you are not speaking)

Forme interrogative:

Verbe		Sujet

Singulier

(Est-ce que je parle?)

Parles - tu?
(do you speak/are you speaking?)

Parle -t - il?
(does he speak/is he speaking?)

Pluriel

Parlent - ils?
(do they speak/are they speaking?)

Parlons - nous?
(do we speak/are we speaking?)

Parlez - vous?
(do you speak/are you speaking?)

60

Leçon VII

Remarque: Instead of the inversion for for Je, use Est-ce que, which may also be used with any other pronoun as an alternative to inversion. The t in parle-t-il, parle-t-elle is used to avoid an awkward meeting of vowels.

Ex: Ferme-t-il la porte? Oui, il ferme la porte. Non, il ne ferme pas la porte. (Does he shut the door? Yes, he shuts the door. No, he does not shut the door).

Inversion après les pronoms interrogatifs:

Pourquoi (Why)   Ex: Pourquoi poses-tu la question?
Quand (When)   Ex: Quand parles-tu au professeur?
Comment (How)   Ex: Comment organisez-vous un voyage?
Où (Where)   Ex: Où reste-t-il le soir?

EXERCICES ECRITS

B.I.   Ecrivez la forme correcte du verbe:

1. Je (détester)   5. Tu (regarder)
2. Nous (demander)   6. Ils (donner)
3. Il (trouver)   7. Vous (penser)
4. Je (apporter)   8. Marie et Suzanne (chercher)
                           9. Nous (manger)

B.II.   Ecrivez la forme négative des verbes 1-6 ci-dessus:

1.
2.
3.
4.
5.
6.

B.III.   Ecrivez la forme interrogative des verbes 5-8 ci-dessus:
         (inversion)

5.
6.
7.
8.

61

B. <u>EXERCICES ORAUX</u>

Répondez aux questions suivantes:

1. Parlons-nous français?
2. Aimez-vous le cinéma?
3. Quand regardez-vous la télévision?
4. Où écoutez-vous la radio?
5. Aimez-vous le vin?
6. Est-ce que le professeur arrive en retard?
7. Parlons-nous de la politique?
8. Est-ce que je parle à un étudiant?
9. Est-ce que je pose des questions aux étudiants?
10. Les oiseaux chantent-ils le matin?
11. Les écureuils sautent-ils? Où sautent-ils?

C. <u>PRESENTATION</u>

Louise: Pourquoi <u>poses-tu</u> une telle question? <u>Nous ne possédons</u>
<u>pas</u> les mêmes goûts, voilà tout. A propos, quand <u>penses-tu</u>
aller en Europe avec ton frère Michel? Comment <u>organisez-vous</u>
votre voyage?
Pierre: Nous <u>ignorons</u> pour le moment les horaires des avions.
A l'agence de voyages ou à l'aéroport les employés <u>donnent</u> les
renseignements. Ce soir <u>nous téléphonons</u> à la dame de l'agence;
elle est très serviable. Malheureusement nos passeports
<u>expirent</u> dans une semaine et notre voyage est terminé si <u>nous</u>
<u>restons</u> ici sans rien faire. Mes parents sont inquiets car
leur voyage <u>coincide</u> avec notre départ.
Louise: Votre problème n'est pas très sérieux. Je <u>désire</u> aussi
visiter l'Europe avec mon ami, mais dites-moi un secret: comment
une jeune fille <u>trouve-t-elle</u> un compagnon de voyage à la fois
beau et millionnaire?

C. <u>EXPLICATION</u>

Les adjectifs possessifs s'accordent avec le nom en genre et en
nombre. (Possessive adjectives agree with the noun in gender and
in number).

M (sing)	F (sing)	M&F (pl)	
mon	ma	mes	my
ton	ta	tes	your (familiar form)
son	sa	ses	his, her, its
leur	leur	leurs	their
notre	notre	nos	our
votre	votre	vos	your

62

Ex: Nous restons dans <u>nos</u> fauteuils (We remain in our armchairs)
Ils expriment <u>leurs</u> goûts (They express their tastes)
Organisez-vous <u>votre</u> voyage? (Are you planning your trip?)
<u>Leur</u> voyage coincide avec <u>notre</u> départ (Their trip coincides
   with our departure)
Il regarde <u>sa</u> maison (He looks at his house)
Marie adore <u>son</u> père (Marie adores her father)

Remarque: Devant une voyelle <u>ma</u>, <u>ta</u>, <u>sa</u> se transforment en
           <u>mon</u>, <u>ton</u>, <u>son</u>. (Before a vowel <u>ma</u>, <u>ta</u>, <u>sa</u> become
           <u>mon</u>, <u>ton</u>, <u>son</u>).

Ex: Je reste avec <u>mon</u> amie (I remain with my girlfriend)
Il regarde <u>son</u> auto (He looks at his car)
Nous adorons <u>son</u> appartement (We love his/her apartment)
Où est <u>ton</u> université? (Where is your university?)

C. EXERCICES ECRITS

Remplacez les tirets par la forme correcte de l'adjectif possessif:

1. Nous sommes inquiets parce que_____passeports expirent demain.
2. A quelle heure êtes-vous à_____dernière classe?
3. Pierre a_____serviette mais je n'ai pas_____serviette.
4. Où sont les pieds de Louise et de Pierre? _____pieds sont
    par terre.
5. Tu organises_____voyage.
6. Où est le manteau de Madame Laval? Voilà_____manteau.
7. Mon voisin cherche_____auto.
8. Ils ont une nouvelle auto; voici_____auto.
9. Les étudiants regardent_____professeur.
10. Voilà le nez du professeur. Est-ce votre nez? Non, c'est
    _____nez.
11. Il n'écoute pas_____mère.
12. Etes-vous_____amie? (Are you <u>my</u> friend?)
13. _____nouvelle auto est belle (<u>his</u>)

C. EXERCICES ORAUX

Répondez aux questions suivantes:

1. Fermez-vous la porte de votre chambre le soir?
2. Travaillez-vous dans votre jardin?
3. Votre père travaille-t-il dans son jardin?
4. Est-ce que vos amis parlent de leurs problèmes?
5. Regardons-nous nos livres?
6. Qu'est-ce que je regarde?
7. Qu'est-ce que votre voisin regarde?

8. Est-ce que j'écoute toujours mes étudiants?
9. Est-ce que les étudiants pensent à leur professeur pendant le week-end?
10. Avouez-vous vos fautes à votre frère ou à votre soeur?
11. Est-ce que votre cou est long?
12. Est-ce que votre bon ami est attirant?

Leçon VII

Vocabulaire

à	to, at	ici	here
acteur m	actor	ignorer	to be ignorant of
adorer	to adore		
aéroport m	airport	inquiet(ète)	worried
agence de voyage f	travel agency	jouer	to play, act
aimer	to like, love	lit m	bed
aller (Vb. irr. VIII)	to go	malheureusement	unfortunately
		manger (nous mangeons)	to eat
alors	then, so		
animé(e)	animated	même	same
appeler (Vb. irr. XX)	to call	nécessiter	to necessitate
		organiser	to organize
argent m	money	parce que	because
arriver	to arrive	parler	to speak
attirant(e)	attractive	passeport m	passport
avouer	to avow, admit	pendant	during
beaucoup de	a lot of	penser	to think
ce (adj.)	this	plusieurs	several
cela (pron.)	that	politique f	politics
charmant(e)	charming	posséder	to possess
chercher	to look for	pourquoi	why
coincider	to coincide	poursuite f	pursuit
confortable	comfortable	pourtant	however
coup m	shot, blow, kick	préférer	to prefer
coupable	guilty	problème m	problem
dame f	lady	quand	when
demain	tomorrow	quelque	some
détester	to detest	quelquefois	sometimes
désirer	to desire	renseignements m pl.	information
discuter	to argue, discuss		
donner	to give	rester	to remain
dynamique	dynamic	revolver m	revolver
écouter	to listen to	semaine	week
expirer	to expire	sérieux(se)	serious
exprimer	to express	serviable	obliging
faute f	fault	sourire m	smile
fauteuil m	armchair	star f	film star
film m	film	tel (telle)	such, such a
film policier m	detective movie	terminé(e)	finished
fini(e)	finished	tirer	to draw (a revolver)
goût m	taste	toi	you (fam)
homme m	man	toujours	always
hôpital m	hospital	tout	everything
horaire m	timetable	tout(e,s,es)	all
horaire des avions	plane timetable	travailler	to work

65

trouver	to find
visiter	to visit
voisin(e)	neighbor
voyage m	voyage
voyager	to travel

EXPRESSIONS

à la fois	at the same time
à propos	by the way
compagnon de voyage...	travelling companion
dites-moi	tell me
par exemple	for example
par terre	on the ground
sans rien faire	without doing anything

Leçon VIII

Contents: A.   Four seasons: in winter, in spring, etc.

              B.   Three irregular verbs: <u>aller</u>, <u>faire</u>, <u>venir</u>.

                    The immediate future (equivalent to the English, "I am going to...work, swim, go, etc.).

              C.   Idiomatic expressions with <u>faire</u>.

Leçon VIII

A. <u>PRESENTATION</u>

L'hiver...décembre, janvier, février. <u>En</u> hiver nous skions.
Le printemps...mars, avril, mai. <u>Au</u> printemps nous cultivons
  notre jardin.
L'été...juin, juillet, août. <u>En</u> été nous jouons.
L'automne...septembre, octobre, novembre. <u>En</u> automne nous
  travaillons.

A. <u>EXPLICATION</u>

Présentation is self-explanatory.

A. <u>EXERCICES ECRITS</u>

Répondez aux questions suivantes:

  1. Quand plante-t-on des radis?
  2. Travaillez-vous en été?
  3. Quand les feuilles des arbres sont-elles rouges?
  4. En quelle saison skiez-vous?
  5. Sommes-nous en classe en été?

A. <u>EXERCICES ORAUX</u>

Répondez aux questions suivantes:

  1. Nagez-vous en hiver? Où nagez-vous en été?
  3. De quelle coulcur sont les feuilles en automne?
  4. En quelle saison est la fête nationale française?
  5. En quelle saison plante-t-on les légumes?
  6. En quelle saison trouve-t-on de jolies fleurs dans le jardin?
  7. Quelle saison préférez-vous?
  8. Jouez-vous toujours en été?

B. <u>PRESENTATION</u>

C'est l'hiver en France. <u>Il fait froid</u> et Sandra et Kim <u>vont</u> donc
<u>aller</u> dans des magasins pour acheter toutes sortes d'articles
contre le froid. "Tout d'abord <u>vous allez</u> dans un magasin de
chauffage", conseille le propriétaire de l'appartement, "et vous
demandez un petit appareil de chauffage." Mais l'appareil n'est
pas suffisant. <u>Il pleut</u>, <u>il fait humide</u>, et en plus <u>il fait
beaucoup de vent</u>. Quel dommage pour les deux jeunes Américaines
qui <u>viennent</u> de Californie où <u>il fait chaud</u> et où <u>il ne neige pas</u>.
Mais peu importe, <u>elles vont jouir</u> de leur séjour même s'il fait
<u>mauvais temps</u>! "Alors <u>nous allons acheter</u> des vêtements chauds,"
décide Sandra. Voilà le Printemps, un grand magasin. <u>Elles vont</u>

tout d'abord au rayon de lainages où elles font quelques achats:
des cardigans, des gants, et des écharpes magnifiques et bon
marché; puis Sandra va au rayon de chaussures où elle essaie des
bottes confortables pendant que Kim va acheter de la laine pour
tricoter.

B. EXPLICATION

ALLER - verbe irrégulier (the root changes according to the
        pronoun).
(to go)

	S	V
Singulier	je	vais
	tu	vas
	il	va
	elle	va
Pluriel	ils	vont
	elles	vont
	nous	allons
	vous	allez

Ex: Vous   allez dans un magasin de
                           chauffage.

       Elles   vont au rayon de lainages.

FAIRE
(to do, to make)

	S	V
Singulier	je	fais
	tu	fais
	il	fait
	elle	fait
Pluriel	ils	font
	elles	font
	nous	faisons
	vous	faites

Ex: Il   fait   froid.
       Elles   font   quelques achats.

VENIR
(to come)

	S	V
Singulier	je	viens
	tu	viens
	il	vient
	elle	vient
Pluriel	ils	viennent
	elles	viennent
	nous	venons
	vous	venez

Ex: Les Américaines   viennent de Californie.

LE FUTUR IMMEDIAT...comme en anglais le verbe aller (to go) +
autre verbe à l'infinitif est employé pour
exprimer le futur immédiat.

Le futur immédiat:

aller	verbe infinitif

Ex: Nous allons   acheter   We are going to buy.
     Elles vont   terminer   They are going to finish.
     Il va   venir   He is going to come.

Comparez:
Présent:

Sujet	Verbe	Objet
Nous	achetons	des vêtements chauds.
Elles	terminent	leurs courses.

Futur immédiat:

Sujet	Verbe	Infinitif	Objet
Nous	allons	acheter	des vêtements chauds.
Elles	vont	terminer	leurs courses.

Futur immédiat forme négative:

Sujet	Neg.	Verbe	Neg.	Infinitif	Objet
Nous	n'	allons	pas	acheter	des vêtements chauds.
Elles	ne	vont	pas	terminer	leurs courses.

70

Leçon VIII

B.I. Mettez la forme correcte du verbe:
1. Je____à l'université. (aller)
2. Tu____quelques achats. (faire)
3. Vous____de France. (venir)
4. Nous____dans le Texas. (aller)
5. Ils____leurs exercices. (faire)
6. Elle____de la bibliothèque. (venir)

B.II. Ecrivez les phrases au futur immédiat:

Ex: Je mange du pain...Je vais manger du pain.
     Robert voyage...Robert va voyager.

1. Je donne les leçons.
2. Il pleut.
3. Ils vont au restaurant.
4. Robert et Marie ont du jambon.
5. Il fait froid.
6. Nous travaillons.
7. Vous venez.
8. Je suis professeur.

EXERCICES ORAUX

   B. Répondez aux questions suivantes:

1. Où allez-vous après la classe de français?
2. Quand allez-vous au rayon de chaussures?
3. Pourquoi va-t-on à l'hôpital?
4. Est-ce que vos amis vont souvent chez vous?
5. Comment venez-vous à l'université?
6. Est-ce que le professeur vient de France?
7. A quelle heure venons-nous à la classe de français?
8. Est-ce que les étudiants viennent à l'université le dimanche?
9. Qu'est-ce que vous faites maintenant?
10. Qu'est-ce que je fais maintenant?
11. Qu'est-ce que vous allez faire demain?
12. Est-ce que je vais aller à mon bureau?
13. Est-ce que le Président va venir à notre classe?
14. Qu'est-ce que les étudiants font le soir?

C. PRESENTATION

Enfin elles vont terminer leurs courses chez le marchand de vin et
liqueurs car elles ont besoin de rhum pour faire un "grog" chaud
le soir à la maison. "Nous n'allons pas faire de promenade ce

71

soir?" demande Kim.   "Non", répond Sandra; "demain oui, s'<u>il fait
beau et frais</u>, mais maintenant il est trop tard."   Et les jeunes
filles, satisfaites de leurs achats, <u>vont faire face</u> maintenant
à l'hiver français!

C. EXPLICATION

Emplois de <u>faire</u>

faire une promenade	to take a walk
faire la cuisine	to do the cooking
faire le ménage	to do the housework
faire la vaisselle	to do the dishes
faire les courses	to do the errands
faire la lessive	to wash (clothes)
faire le marché	to do the marketing, grocery shopping
faire face à	to face up to
faire attention	to pay attention

<u>Le temps</u> (weather expressions)

il fait chaud	it's hot
il fait froid	it's cold
il fait frais	it's cool
il fait beau	it's fine
il fait humide	it's damp
il fait du vent	it's windy
il fait de l'orage	it's stormy
il fait du brouillard	it's foggy
il fait du soleil	it's sunny
il fait mauvais (temps)	it's bad (weather)

<u>Autres expressions du temps</u>

il neige	it's snowing
il gèle	it's freezing
il pleut (pleuvoir, to rain)	it's raining

Quel temps fait-il? (What is the weather like?)...Il fait beau,
  il pleut, etc.

C. EXERCICES ECRITS

Répondez aux questions suivantes:

1. Quel temps fait-il aujourd'hui?
2. Quand faites-vous des courses?

3. Les chiens font-ils du golf?
4. Fait-il humide dans le désert?
5. En quelle saison fait-il du vent?
6. Fait-il du soleil à minuit?
7. Quand fait-il très froid?
8. Où faites-vous le marché?
9. Est-ce que les étudiants font attention au professeur?
10. Où neige-t-il généralement?

C. <u>EXERCICES ORAUX</u>

Répondez aux questions suivantes:

1. Quel temps fait-il?
2. Qui fait le ménage chez vous?
3. Faites-vous du tennis le weekend?
4. Qu'est-ce que vous faites le soir?
5. Quand faites-vous un pique-nique?
6. Qui fait la cuisine chez vous?
7. A quelle heure faites-vous la lessive?
8. Allez-vous faire la vaisselle?
9. Faites-vous une promenade quand il fait de l'orage?
10. Qu'est-ce que vous allez faire en été?
11. Allons-nous avoir un examen demain?
12. Est-ce que les étudiants font toujours attention au professeur?
13. Comment est le ciel quand il pleut?
14. En quelle saison gèle-t-il?

achat m	purchase	lainage m	woolens
acheter	to buy	laine f	wool
appareil m	appliance	liqueur f	liquor
après	after	légumes m pl.	vegetables
article m	article	magasin m	store
automne m	autumn, Fall	malade	ill
beaucoup de	a lot of	marchand m	merchant
bon marché	cheap	nager	to swim
besoin m	need	neige f	snow
botte f	boot	neiger	to snow
chauffage m	heating	peut-être	perhaps
chaussure f	shoe	planter	to plant
conseiller	to advise	pleuvoir	to rain
cultiver	to cultivate	printemps m	Spring
demain	tomorrow	puis	then
donc	therefore	qui	who
écharpe f	scarf	rayon m	department
enfin	at last		(in a store)
en plus	furthermore	rhum m	rum
été m	summer	saison f	season
essayer	to try,	séjour m	stay
	to try on	skier	to ski
faire	to do,	sorte f	sort, kind
	to make	souvent	often
fête	national	suffisant	sufficient
nationale f	holiday	supermarché m	supermarket
feuille f	leaf	terminer	to end, finish
gant m	glove	travailler	to work
geler	to freeze	tricoter	to knit
hiver m	winter	trop	too, too much
jouer	to play	vêtements m pl.	clothes
jouir (de)	to enjoy		
ici	here		

EXPRESSIONS: contre le froid...against (for) the cold
en laine...made out of wool   en quelle saison...in what season
même si...even if   pendant que...while
peu importe...no matter   tout d'abord...at first

D'AUTRES EXPRESSIONS AVEC FAIRE
faire du tennis...to play tennis
faire du golf...to play golf
faire du piano...to play the piano
faire du français...to study French
faire un pique-nique...to go for a picnic
faire du camping...to go camping

Leçon IX

Contents: A. Second group of regular verbs (-<u>ir</u>)

           B. List of very common irregular verbs.

           C. Direct objects 1) form
                            2) place in the sentence

Leçon IX

A. PRESENTATION

Je commence mon dîner ; je finis mon dîner.
Tu commences ton travail; tu finis ton travail.
Il commence sa classe; il finit sa classe.
Nous détestons le livre; nous choisissons un
autre livre.
Vous détestez le programme; vous choisissez un
autre programme.
Ils détestent le film; ils choisissent un autre film.
Tu restes à la maison; tu grossis.
Il n'arrose pas la pelouse; l'herbe ne verdit pas.
Nous ne travaillons pas; nous ne réussissons pas à
nos examens.
Vous nagez en hiver; vous n'obéissez pas à vos
parents.
Ils travaillent; ils bâtissent de nouvelles maisons.

A. EXPLICATION

in leçon VII you learned the first group of regular
verbs, the group in which the infinitive ends in-er.
Ex: parler, demander, rester, All regular verbs in
this group have the same endings in the present
tense. In this leçon you are learning the second
group of regular verbs, the group in which the infinitive ends in -ir. Ex: finir, choisir. In this
group are found many verbs formed from adjectives
which you already know. Ex: rougir formed from
rouge. (See vocabulary).

Verbe -ir (deuxième groupe) CHOISIR.

	Sujet	Verbe
Sing.	Je	choisis
	Tu	choisis
	Il, elle	choisit
Pluriel	Ils, elles	choisissent
	Nous	choisissons
	Vous	choisissez

76

Leçon IX

Ex:
```
Elle              choisit        le nom d'un docteur
Je                finis          la leçon
Ils               bâtissent      la maison
Nous         ne   réussissons    pas
Le ciel      ne   noircit        pas
```

A. EXERCICES ECRITS

Ecrivez la forme correcte du verbe:

1. Il (obéir)
2. Vous (réussir)
3. Ils (brunir)
4. Nous (parler)
5. Je (jouir)

6. Nous (être)
7. Je (choisir)
8. Vous (réfléchir)
9. Ils (aimer)
10. Elles (bâtir)

A. EXERCICES ORAUX

Répondez aux questions suivantes:

1. Choisissez-vous vos amis?
2. Rougissez-vous quelquefois?Quand rougissez-vous?
3. A quelle heure la classe finit-elle?
4. Obéissez-vous à vos parents?
5. Est-ce que les feuilles verdissent en automne?
6. Quand grossissez-vous?
7. Jouissez-vous de la neige?
8. Réfléchissez-vous à la situation politique?
9. Quand les cheveux blanchissent-ils?
10. A quelle heure le soleil rougit-il?
11. Quand réfléchissez-vous au français?
12. Est-ce que les étudiants jouissent des vacances?
13. Réussissez-vous généralement aux examens?
14. En quelle saison l'herbe verdit-elle?

Leçon IX

B. PRESENTATION

Aujourd'hui Sandra ne finit pas ses devoirs
comme d'habitude. Kim <u>sait</u> que son amie est malade.
Elle choisit le nom d'un docteur dans l'annuaire et
elle demande si elles <u>peuvent</u> prendre rendez-vous pour
l'après-midi. Sandra obéit à son amie sans difficultés
car elle <u>ne veut pas</u> être malade pendant longtemps.
Chez le docteur: Kim: "Bonjour, docteur, mon amie
<u>veut</u> être examinée car elle ne va bien."
Le docteur à Sandra: "<u>Pouvez-vous</u> dire quelles réactions vous avez, mademoiselle?" Sandra: "Docteur,
je <u>ne sais pas</u> exactement mais je <u>ne peux pas</u> manger et
je vomis souvent."
Le Docteur: "Avez-vous de la fièvre? Vous <u>ne savez</u>
<u>pas</u>? Eh bien, je vais vous examiner dans quelques
minutes. Vous choisissez une place confortable sur
la table d'examen pendant que je réfléchis à vos
symptômes."

B. <u>EXPLICATION</u>

Verbes irréguliers: <u>pouvoir</u>   vouloir, savoir,dire.

POUVOIR	Sujet	Verbe	Objet
Sing.	Je	peux	
	Tu	peux	
	Il	peut	
	Ils	peuvent	
	Nous	pouvons	
	Vous	pouvez	

Ex:	Elles		peuvent prendre rendez-vous
	Je	ne	peux pas manger

Remarque: Forme interrogative première personne
(2) possibilitiés: <u>Puis-je</u>? Est-ce que je peux?
Ex: Puis-je venir? (May I come?)
     Puis-je rester? (May I stay?)

VOULOIR

Sujet	Verbe	Objet
Je	veux	
Tu	veux	
Il	veut	
Ils	veulent	
Nous	voulons	
Vous	voulez	

Sing. : Je, Tu, Il
Pluriel. : Ils, Nous, Vous

Ex:

Nous	voulons		un docteur
Je	veux		réussir
Nous ne	voulons	pas	de docteur.

SAVOIR

Sujet	Verbe	Objet
Je	sais	
Tu	sais	
Il	sait	
Ils	savent	
Nous	savons	
Vous	savez	

Ex:

Kim	sait		sa leçon.
Sandra ne	sait	pas	sa leçon.
Nous	savons		nager.
Ils ne	savent	pas	conduire.

DIRE

Sujet	Verbe	Objet
Je	dis	
Tu	dis	
Il	dit	
Ils	disent	
Nous	disons	
Vous	dites	

Ex:

Le docteur	dit		la vérité
Vous ne	dites	pas	la vérité

79

B.   EXERCICES ECRITS

Ecrivez la forme correcte du verbe:
1. Il (pouvoir)
2. Je(savoir)
3. Nous (pouvoir)
4. Ils (savoir)
5. Vous (dire)
6. Je (dire)

7. Ils (pouvoir)
8. **Vous** (vouloir)
9. Je (pouvoir)
10. Ils (vouloir)
11. Il (savoir)
12. (Pouvoir)-je?

B.   EXERCICES ORAUX

Répondez aux questions suivantes:

1. Savez-vous les verbes irréguliers?
2. Voulez-vous une bonne note?
3. Dites-vous toujours votre opinion?
4. Savez-vous nager? Pouvez-vous nager en hiver?
5. Est-ce que les enfants savent parler français?
6. Voulez-vous être riche?
7. Pouvez-vous écouter la radio dans votre auto?
8. Savez-vous conduire? Est-ce que les enfants
   peuvent conduire?
9. Est-ce que je dis toujours la vérité?
10. Qu'est-ce que vous voulez faire maintenant?
11. Pouvez-vous aller en Europe? Voulez-vous aller
    en Europe?
12. Qu'est-ce qu'on dit à la fin de la classe?
13. Est-ce que je sais parler anglais?
14. Qui sait guérir les malades?
15. Est-ce que les étudiants peuvent choisir
    leurs professeurs?

80

Leçon IX

C. PRESENTATION

Après l'examen le docteur dit à Kim : Si votre
amie peut prendre de la pénicilline, je la prescris
immédiatement et vous pouvez l'acheter à la pharmacie.
C'est, à mon avis, une grippe intestinale. Nous
pouvons la guérir très vite. Voilà mon numéro de
téléphone. Vous m'appelez si vous ne réussissez pas à
trouver le médicament.
Sandra: Merci docteur. Maintenant nous voulons savoir
comment nous pouvons vous payer.
Le docteur: Pas de difficulté. Vous pouvez me payer
maintenant si vous voulez. C'est trente-cinq -francs.
Sandra et Kim: Merci docteur et au revoir!
Le docteur: Au revoir mesdemoiselles et meilleure
santé!

C. EXPLICATION

Pronom **Direct** (objet)

	devant consonne	devant voyelle	=
Sing.	me te le, la	m' t' l'	me you him, her, it
Pl.	les nous vous	les nous vous	them us you

Ex: Elle cherche le livre.
Elle le cherche.

Il prescrit la pénicilline.
Il la prescrit.

Elle ne finit pas ses devoirs.
Elle ne les finit pas.

Leçon IX

Remarque: In French the pronoun as direct object
is placed <u>between</u> the subject and the
verb. This order is different from
the English word order.

Ex: I call her.   she calls me
             Je <u>l'</u>appelle.   elle <u>m'</u>appelle

Word order in the negative in French:
                    Je ne <u>l'</u>appelle pas.
                    Elle ne <u>m'</u>appelle pas.

Word order when there are two verbs in the sentence:

          Vous pouvez acheter <u>la pénicilline.</u>
          Vous pouvez <u>l'</u>acheter.

          Je sais faire <u>la vaisselle.</u>
          Je sais <u>la</u> faire.

Forme négative: Vous ne pouvez pas l'acheter.
                 Je **ne sais pas** la faire.
The pronoun is usually the object of the second
verb, and is therefore placed before it.

Remarque: if question is., <u>Je vous</u> verbe:
                    Response is..<u>Vous me</u> verbe
           if question is--<u>Vous me</u> verbe:
                    Response is..<u>Je vous</u> verbe
Ex: Est-ce que   <u>je vous</u> aime? Oui,<u>vous m'</u>aimez.
    Est-ce que <u>vous me</u> désirez?Oui, <u>je vous</u> désiré.

    (ou Me désirez-vous?)

82

Leçon IX

C. EXERCICES ECRITS

Remplacez les mots soulignés (underlined)
par un pronom:

1. Il finit la pénicilline.
2. Nous avons nos livres.
3. M. Bonneau arrose la pelouse.
4. Elle choisit son manteau.
5. Les professeurs expriment leurs goûts.
6. Il ne dit pas la vérité.
7. Nous savons son numéro de téléphone.
8. Il ne choisit pas ses vêtements.
9. Les étudiants ne finissent pas leur travail.
10. Je n'ai pas la grippe.
11. Elle a le stylo.
12. Il peut guérir les malades.
14. Je ne veux pas finir mon examen.
15. Il ne va pas apporter ses livres.
16. Voulez-vous écouter la radio?
17. Est-ce que les chiens aiment trouver
    les écureuils?

C. EXERCICES ORAUX

Répondez aux questions suivantes: (Use direct
object pronouns in your answers.)

1. Regardez-vous la télévision?
2. Ecoutez-vous les oiseaux?
3. Faites-vous le ménage?
4. Savez-vous la date?
5. Aimez-vous les examens?
6. A quelle heure finissez-vous votre travail?
7. Est-ce que vos parents vous aiment?
8. Est-ce que le Président des Etats-Unis
   nous regarde?
9. Est-ce que vous me regardez?
10. Est-ce je vous écoute?
11. Aimez-vous regarder la télévision?
12. Pouvez-vous finir la leçon aujourd'hui?
13. Savez-vous faire la cuisine?
14. Voulez-vous écouter la radio maintenant?
15. Est-ce que je vous regarde?
16. Est-ce que vous m'écoutez à minuit?
17. Est-ce que votre mère vous déteste?
18. Est-ce que nous vous écoutons?

annuaire	m	directory
arroser		to water
bâtir		to build
cheveux	m pl	hair
choisir		to choose
commencer		to begin
conduire (XIII)		to drive (a car)
déjeuner	m	lunch
devoirs	m pl	homework
dîner	m	dinner
dire		to say
encore		still
énorme		enormous
études	f pl	studies
exactement		exactly
examen	m	examination
fièvre	f	fever
finir		to finish
grippe	f	flu
guérir		to cure
herbe	f	grass
journée	f	day, day's activities
malade		ill
médicament	m	medicine
nom	m	name
note	f	note, grade
obéir		to obey
opinion	f	opinion
pelouse	f	lawn
pénicilline	f	penicillin
pouvoir		to be able (can, may)
prescrire (XIII		to prescribe
réaction	f	reaction
réfléchir (à)		to reflect, think about
réponse	f	reply
réussir		to succeed
riche		rich
sans		without
savoir		to know
si		if
stationner		to park
symptôme	m	symptom
travail	m	work
utiliser		to use
vérité	f	**truth**
vite		quickly

vomir	to vomit
vouloir	to want, wish

Leçon IX

Vocabulaire.

EXPRESSIONS.

à mon avis	in my opinion
comme d'habitude	as usual
meilleure santé	better health
pas de difficulté	no difficulty
pendant longtemps	for a long time
prendre rendez-vous	to make an appointment
(prendre (vb. irr. XI)	(to take)

Verbs formed from adjectives

blanc	blanchir	to grow white, whiten
brun	brunir	to turn brown
grand	grandir	to grow, become tall
gros	grossir	to grow fat, put on weight
noir	noircir	to blacken, grow black
rouge	rougir	to redden, blush
vert	verdir	to become green
vieux	vieillir	to age, become old

Leçon X

Contents: A. Forms of the indirect objects.
Its place in the sentence.
Its place when there are two verbs
in the sentence.

B. Third group of <u>regular</u> verbs, those
with infinitive ending in <u>-re</u>.
Irregular verbs <u>recevoir apercevoir devoir</u>
<u>voir offrir</u> (ouvrir, découvrir,
couvrir, souffrir)

C. Numbers 40–
Date with year.

87

Leçon X

PRESENTATION

Je finis la leçon: je la finis. J'obéis au
professeur: je lui obéis.
Il voit la jeune fille: il la voit. Il parle à
la jeune fille: il lui parle.
Le marchand donne les bouteilles aux dames: il
leur donne les bouteilles.
Vous faites votre composition: vous la faites.
Vous donnez votre composition au professeur: vous
lui donnez votre composition.
Ils aiment leur mère: ils l'aiment. Ils téléphonent
à leur mère: ils lui téléphonent.
Robert et Marie adorent leurs parents: ils les
adorent; Ils obéissent à leurs parents: ils
leur obéissent.
Me téléphonez-vous? Oui, je vous téléphone.
Est-ce que je te réponds? Oui, tu me réponds.
Allez-vous nous écrire? Oui, je vais vous écrire.
Est-ce que Robert et Marie vont nous écrire?
Oui, ils vont nous écrire.

Leçon X

A. EXPLICATION

Objets indirects

Sujet	Objet indirect	Verbe
	me	to me
	m'(devant une voyelle)	
	te (t')	to you (fam)
	lui	to him, to her
	nous	to us
	vous	to you
	leur	to them (m&f

Ex: Le marchand   leur   donne les bouteilles
    (le marchand donne la bouteille aux dames)

    Kim   lui   demande   le prix
    (Kim demande le prix à la fleuriste)

    Je ne   lui   obéis   pas
    (Je n'obéis pas au professeur)

Remarque: L'objet indirect troisième personne (lui,
           leur) indentifié par à au, à l'ou aux
           devant le nom.
(Noun indirect objects, as opposed to direct objects,
are easily indentifiable in French because of the à
etc. in front of the noun)

Ex: Elles communiquent leurs impressions aux étudiants
     Elles leur communiquent leurs impressions.

     Il parle à Marie
     Il lui parle

     Marie parle à Robert
     Elle lui parle.

     Je téléphone à ma soeur.
     Je lui téléphone.

Leçon X

Exemples avec les autres pronoms indirects:

Est-ce que je vous pose des questions? Oui,
vous me posez des questions.

Me posez-vous des questions? Non, je ne vous
pose pas de questions.

Est-ce que nous vous avouons nos fautes? Oui,
nous vous avouons nos fautes.

Est-ce que vous me prêtez votre stylo? Non,
je ne vous prête pas mon stylo.

Le pronom avec deux verbes:

Allez-vous parler à votre cousin? Oui, je
vais lui parler. Non, je ne vais pas lui parler.

Veux-tu me donner de l'argent? Oui, je veux
te donner de l'argent. Non, je ne veux pas te
donner de l'argent.

Puis-je vous offrir des fleurs? Oui, vous
pouvez m'offrir des fleurs. Non, vous ne
pouvez pas m'offrir de fleurs.

EXERCICES ECRITS

A. I. Récrivez les phrases et remplacez les mots
      soulignés par un pronom: (rewrite the sentences
      and replace the underlined words by a pronoun.

1. J'obéis à mon père.
2. Il donne les livres aux enfants.
3. Vous prêtez votre voiture à la vieille dame.
4. Les étudiants répondent toujours à leurs professeurs.
5. Ils téléphonent à leurs parents le soir.
6. On ne parle pas aux hommes.
7. Je ne donne pas le livre à Robert.

Leçon X

A. II. Récrivez les phrases suivantes et remplacez
       les mots soulignés par un pronom:

1. Vous allez parler au professeur.
2. On doit répondre à son père.
3. Je ne peux pas parler à ma soeur.
4. Nous ne devons pas prêter notre voiture à la
   vieille dame.
5. Voulez-vous parler au professeur?
6. Est-ce que le professeur doit donner les examens
   aux étudiants?

A. EXERCICES ORAUX

Répondez aux questions suivantes:

1. Parlez-vous au professeur?
2. Parlez-vous souvent à vos parents?
3. Empruntez-vous de l'argent à votre mère?
4. Donnez-vous quelque chose à vos invités?
5. Téléphonez-vous au Président des Etats-Unis?
6. Obéissez-vous aux agents de police?
7. Est-ce que le Président des Etats-Unis vous
   téléphone?
8. Est-ce que le professeur vous parle maintenant?
9. Est-ce que je vous donne vos examens?
10. Est-ce que je vous dis toujours la vérité?
11. Est-ce que vous me posez des questions?
12. Est-ce que vous me prêtez votre voiture?

B. PRESENTATION

C'est le week-end. Nos deux amies américaines,
Sandra et Kim, ne perdent pas de temps. Elles parlent
à beaucoup d'étudiants français. Elles leur
communiquent leurs impressions sur la France. Elles
rencontrent des familles françaises et aujourd'hui elles
reçoivent avec joie un mot des Chatain:
                    Chères Sandra et Kim,
            Nous vous attendons ce soir à dîner à
            sept heures et demie et nous vous
            envoyons notre adresse: 15 Place de la
            Victoire.
            Au plaisir de vous voir.

Il est déjà cinq heures. Les deux jeunes filles
vont tout de suite chez la fleuriste et lui posent
des questions sur le genre de fleurs à offrir.
La fleuriste, très aimable, leur montre une plante
avec de grosses fleurs bleues. Kim lui demande le prix.
"C'est trente francs", lui répond la dame. Ah, c'est
trop cher pour les jeunes filles; elles aperçoivent
soudain dans un coin une douzaine de belles tulipes
rouges et voient l'étiquette: douze francs. La
fleuriste leur enveloppe le bouquet et leur rend la
monnaie de huit francs sur vingt francs.

B. EXPLICATION

Verbes réguliers en -re (troisième groupe) Ex: perdre

	Sujet	Verbe	
		root	(ending)
Sing.	Je	perd	s
	Tu	perd	s
	il	perd	-
Pl.	ils, elles	perd	ent
	nous	perd	ons
	vous	perd	ez

Ex: Sandra perd Kim

   Vous attendez un taxi (you wait for a taxi)
   Je perds patience
   J'entends le bruit des voitures (I hear the noise
   of the cars)
   Je ne réponds pas au professeur (I do not answer
   the professor.
   Il vend sa voiture (he sells his car)

(Note the difference between the endings of the first
three persons je tu il in verbs which end in -er (first
group) and those which end in -re (third group) in the
infinitive)

Leçon X

<u>Verbes irréguliers</u> 1) <u>recevoir</u>   to receive

	Sujet	Verbe (root)	ending
Sing.	Je	reç	ois
	Tu	reç	ois
	Il, elle	reç	oit
Pl.	ils, elles	reç	oivent
	nous	rec	evons
	vous	rec	evez

Ex: Elles <u>reçoivent</u> avec joie un mot des Chatain.
      Nous recevons nos amis chez nous

Remarque: c+o =ç   ex: reçois, reçoivent
          c+e =c   ex: recevez, recevons

Conjugué comme <u>recevoir</u> : <u>apercevoir</u>   to perceive

ex: J'aperçois la Tour Eiffel   (I perceive the
    Eiffel Tower)

    Sandra et Kim <u>aperçoivent</u> leurs hôtes (Sandra
    and Kim perceive their hosts)
    Le chauffeur aperçoit Sandra.

2) <u>devoir</u>   to owe, to have to (must)

	Sujet	Verbe
Sing.	Je	dois
	Tu	dois
	Il, elle	doit
Pl	Ils, elles	doivent
	Nous	devons
	Vous	devez

Ex: Elles <u>doivent</u> parler français. (They must
    speak French)
    Devez-vous étudier? (Must you study?)
    Je vous <u>dois</u> dix francs (I owe you ten francs)

Leçon X

3) <u>Voir</u>

	Sujet	Verbe
Sing.	Je	vois
	Tu	vois
	Il, elle	voit
Pl	Ils	voient
	Nous	voyons
	Vous	voyez

Ex: Vous <u>voyez</u> la Tour Eiffel
    Je ne vous <u>vois</u> pas maintenant

<u>Verbe irrégulier:</u> offrir (irregular because this
                    -ir verb group has -er endings)

Sujet	Verbe
J'	offre
Tu	offres
Il, elle	offre
Ils, elles	offrent
Nous	offrons
Vous	offrez

Conjugués comme offrir: ouvrir
                                couvrir
                                souffrir
                                découvrir

Ex: Je découvre la vérité.
    Ils couvrent les plantes
    On ouvre la porte
    La fleuriste leur offre une plante.
    La jeune fille ne souffre pas aujourd'hui.

B. EXERCICES ECRITS-

Mettez la forme correcte du verbe:

1. Je (vendre)
2. Ils (attendre)
3. On (voir)
4. Nous (apercevoir)
5. Vous (perdre)
6. Il (vendre)
7. Je (recevoir)
8. Les étudiants (offrir)
9. Il (aller)
10. Nous (voir)
11. Je (entendre)
12. Il (devoir)
13. Tu (prêter)
14. Elles (recevoir)
15. Ils (ouvrir)

B. EXERCICES ORAUX.

Répondez aux questions suivantes:

1. Perdez-vous souvent la clé de votre auto?
2. Perdez-vous patience? Pourquoi?
3. Attendez-vous souvent vos amis?
4. Apercevez-vous la Tour Eiffel maintenant?
5. Entendez-vous le bruit des voitures maintenant?
6. Recevez-vous souvent vos amis chez vous?
7. Qu'est-ce que vous voyez maintenant?
8. Quand ouvrez-vous la fenêtre?
9. Quand devons-nous parler français?
10. Doit-on obéir aux agents de police?
11. Couvrez-vous les fleurs quand il fait froid?
12. Est-ce que je vous dois de l'argent?

C. PRESENTATION

Sandra et Kim sont maintenant à la station de taxi. Un
taxi arrive. "Vous attendez, mesdemoiselles?" leur
demande le chauffeur. "Oui, monsieur; 15 Place de
la Victoire s'il vous plaît." Le chauffeur n'entend
pas l'adresse à cause du bruit des voitures.
"Où voulez-vous aller?"
Sandra perd patience et répète brusquement l'adresse.
Après un quart d'heure ells descendent devant la
maison des Chatain.

Leçon X

"Bonsoir Kim, bonsoir Sandra, nous vous _recevons_
avec plaisir.

Les deux Américaines _leur offrent_ les fleurs et les
Chatain sont très touchés.
Elles entrent dans le salon.
Vous _voyez_ la Tour Eiffel par la fenêtre?" _leur_
demande M. Chatain. "Ah, quelle vue magnifique!"
Les invitées _entendent_ avec joie la charmante voix
des hôtes et _leur répondent_ en français. Quel progrès
elles font tous le jours! Ensuite, les Chatain _leur_
offrent un apéritif délicieux. Nous sommes ravis de
cette occasion," _leur_ dit Kim, "et nous _vous_ avouons
que c'est pour nous une expérience unique."
Tant mieux," _leur_ _répond_ Madame Chatain. "Maintenant
le dîner est prêt. Vourlez-vous bien passer à table."

C. EXPLICATION

40	quarante	100	cent
41	quarante et un	101	cent un
42	quarante-deux	102	cent deux..etc
43	quarante-trois..etc.	200	deux cents
50	cinquante	201	deux cent un
51	cinquante et un	202	deux cent deux..etc.
52	cinquante-deux..etc.	1000	mille (invariable)
60	soixante	2000	deux mille
61	soixante et un	1.000.000	un million
62	soixante-deux..etc.		
70	soixante-dix	Remarque:	_et_ _un_ Ex: Vingt
71.	soixante et onze		_et_ un
72.	soixante-douze..etc.		
80.	quatre-vingts	Exception:	quatre-vingt-un
81.	quatre-vingt-un		
82.	quatre-vingt-deux..etc.		_et_ _onze_ Ex:
90.	quatre-vingt-dix		soixante et onze.
91.	quatre-vingt-onze	Exception:	quatre-vingt-
92.	quatre-vingt-douze..etc.		onze.

Date: employez _mil_ Ex: 1977.. mil neuf cent soixante-
dix-sept
1066.. mil soixante-six

B.C...avant Jésus-Christ
A.D. .après Jésus Christ

96

C. __EXERCICES ECRITS__

CI. Ecrivez en toutes lettres les dates suivantes:

1. 7/12/1789
2. 25/11/1901
3. 15/5/1831
4. 1/8/1367
5. Aujourd'hui

CII. Répondez aux questions suivantes:

1. Vous me rendez vite vos exercices, n'est-ce pas?
2. Me prêtez-vous votre livre?
3. Me parlez-vous?
4. Est-ce que je vous parle?
5. Est-ce que vous nous offrez des fleurs?
6. Est-ce que vous me téléphonez à une heure du matin?
7. Est-ce que je vais vous rendre vos exercices?

C. __EXERCICES ORAUX__

Répondez aux questions suivantes:

1. Quelle est la date demain?
2. Quelle est la date de votre anniversaire?
3. Quelle est la date de l'anniversaire de votre mère?
4. Allez-vous être à l'université en mil neuf cent quatre-vingt-sieze?
5. Quand pouvez-vous finir vas études ici?
6. Puis-je vous emprunter cinquante et un dollare?
7. Avez-vous quarante-quatre dollars dans le portefeuille?
8. Quand voulez-vous vendre votre voiture?
9. Est-ce que je vais vous poser trente-trois questions?
10. Quel est votre numero de téléphone?
11. Pouvez-vous me prêter soixante et un dollars?

adresse f	address
agent de police m	policeman
apercevoir	to perceive
attendre	to wait for
autobus m	bus
bonsoir	good evening
bruit m	noise
brusquement	brusquely
cadeau m	gift
charmant(e)	charming
clé f	key
coin m	corner
communiquer	to communicate
couvrir	to cover
découvrir	to discover
déjà	already
délicieux(se)	delicious
deuxième	second
devoir	to owe, to have to(must)
douzaine f	dozen
écrire (v.irr.XI)	to write
emprunter	to borrow
ensuite	afterwards
entendre	to hear
entrer	to enter
envelopper	to wrap, envelop
envoyer	to send
étiquette f	label, etiquette
fleuriste mf	florist
genre m	sort, kind
gens m pl	people
guerre f	war
hôte m	host
invité(e) mf	guest
joie f	joy
mondial(e)	world (adj)
monnaie f	change
montagne f	mountain
montrer	to show
offrir	to offer
ouvrir	to open
patience f	patience
perdre	to lose
plante f	plant
portefeuille m	wallet

prêt(e)	ready
prêter	to lend
recevoir	to receive
refuser	to refuse
rencontrer	to meet
rendre	to give back, to render
répondre	to answer
soudain	suddenly
souffrir	to suffer
touché(e)	touched
tout de suite	immediately
trop	to, too much
voir	to see
voix f	voice
vue f	view

EXPRESSIONS

à cause de	because of
elles ne perdent pas de temps	they do not lose any time
quelque chose	something
tant mieux	so much the better
s'il vous plaît	please
ravi(e) de	delighted by, with

Leçon XI

Contents: A. Order of pronouns when there are both
                direct and indirect in a sentence.
            B. Demonstrative adjectives (this, that,
                those, these)
            C. Irregular verbs <u>prendre</u>, <u>mettre</u>, and
                compounds. <u>lire</u>, <u>écrire</u>, <u>boire</u>.

            Plural forms of words ending in <u>-al</u>.
            (Nouns and adjectives.)

Leçon XI

A. PRESENTATION

Vous me donnez le livre; vous me le donnez.
Je te donne le stylo; je te le donne.
Les enfants ne nous donnent pas les fleurs;
ils ne nous les donnent pas.
Il va vous prêter le livre; il va vous le prêter.
Ils ne veulent pas vous donner la voiture; ils ne
veulent pas vous la donner.
Nous prêtons notre maison à Jacques; nous la lui
prêtons.
Voulez-vous offrir votre auto à Marie? Voulez-vous
la lui offrir?
Donnez-vous votre stylo au professeur? Le lui
donnez-vous? Non, je ne le lui donne pas.
Donnez-vous vos impressions à vos parents? Les leur
donnez-vous? Je ne les leur donne pas.
Me posez-vous cette question? Me la posez-vous? Oui,
je vous la pose
Voulez-vous donner le stylo au professeur? Voulez-vous
le lui donner? Oui, je veux le lui donner.
Voulez-vous montrer vos livres à vos parents? Voulez-
vous les leur montrer? Oui, je veux les leur montrer.

A. EXPLICATION

L'ordre des pronoms quand il y a un objet et un
objet indirect:

Pronoms directs et indirects	pron. direct	pron. indirect
me, m'	le	lui
te t'	la	leur
nous	l'	
vous	les	

Ex: Je vous donne le stylo..Je (sujet) vous (pron. in-
      direct) le (pron. direct) donne (verbe)

      M. Chatain nous montre ses photos..Il (sujet) nous
      (pron. ind.) les (pron. dir.) montre (verbe)

102

Leçon XI

La fleuriste vend la plante aux jeunes filles. <u>Elle</u>
(sujet) <u>la</u> (pron.dir.) <u>leur</u>(pron.ind.) vend(verbe).
Le jeune homme prête son imperméable à l'agent de
police. <u>Il</u>(sujet) <u>le</u>(pron.dir.) <u>lui</u>(pron.ind.)
prête (verbe)

(For examples of negative, interrogative and sentences
with two verbs, see Présentation A.)

Rule: first and second person pronouns(me,te,nous,vous)
always come first whether they are direct or indirect
objects. With two third personpronouns (le,la,l',
les (direct) and lui,leur (indirect), the direct
object preceds the indirect object.

A. <u>EXERCICES ECRITS</u>

Remplacez les mots soulignés par un pronom: récrivez
les phrases:

1. Je montre <u>la Tour Eiffel à son ami</u>.
2. Nous rendons <u>nos compositions au professeur</u>.
3. La fleuriste donne <u>la monnaie aux jeunes filles</u>.
4. Je ne prête pas <u>ma voiture aux étudiants</u>.
5. Il ne veut pas exprimer <u>ses goûts à sa mère</u>.
6. Il sait communiquer <u>ses impressions à Marie</u>.
7. Montre-t-il <u>sa nouvelle horloge à son frère</u>?
8. Puis-je offrir <u>les fleurs à Mme Laval</u>?
9. Nous ne donnons pas <u>le portefeuille à l'agent de
                                    police</u>.
10. Il ne peut pas apercevoir <u>l'étudiant blonde</u>.

A. <u>EXERCICES ORAUX</u>
Répondez aux questions suivantes:

1. Est-ce que vous me montrez vos exercices?
2. Est-ce que je vous rends votre examen?
3. Est-ce que vous me prêtez votre imperméable?
4. Est-ce que je vous donne ma photo?
5. Offrez-vous votre chaise au professeur?
6. Empruntez-vous leurs magazines à vos amis?
7. Prêtez-vous votre voiture à un autre étudiant?
8. Est-ce que votre père vous prête sa voiture?
9. Est-ce que votre voisin vous dit son opinion?

10. Dites-vous votre opinion à votre voisin?
11. Est-ce que vous me donnez votre portefeuille?
12. Voulez-vous me donner votre argent?
13. Puis-je vous emprunter la voiture?
14. Pouvez-vous dire la vérité à vos parents?
15. Devez-vous montrer vos notes à votre père?
16. Est-ce que je vous exprime mes goûts?
17. Obéissez-vous vite aux agents de police?
18. Est-ce que vous me répondez en espagnol?

B. PRESENTATION

Voilà les Chatain et leurs invités assis à table. Quel
spectacle luxueux, cette vaisselle de Limoges, ces
verres en cristal de Baccarat. ce plat de hors-d'oeuvre
plein de mets appétissants et tous ces vins, blancs,
rouges, rosés sur cette nappe brodée! Les jeunes filles
apprennent peu à peu l'étiquette française. Quelquefois
elles ne comprennent pas tous les rituels: par exemple,
en France pourquoi met-on les deux mains sur la table?
Aux Etats-Unis les Américains mettent seulement une
main. Une autre différence importante: les Français
prennent leur fourchette avec la main gauche et leur
couteau avec la main droite et ne changent pas: coutume
très bizarre! "Vous prenez du vin, je suppose?" leur
demande M. Chatain. "Avec les hors-d'oeuvre nous
buvons seulement du vin blanc et avec la viande les
Français boivent du vin rouge. J'espère que vous
buvez du champagne car j'ai une bouteille "Cuvée
spéciale" juste pour vous."

B. EXPLICATION

Ce, cet, cette, ces...adjectifs démonstratifs(this,these)

nom avec consonne

		S	P
M		ce	ces
F		cette	ces
nom (avec voyelle M		cet	ces
F		cette	ces

Ex: nom (avec consonne) .. ce plat de hors-d'oeuvre(m.)
                             cette nappe brodèe.   (f.)

     nom (avec voyelle)   cet accueil chaleureux (m.)
                             cette amie américaine (f.)

Pluriel. . ces   ces plats de hors-d'oeuvre
                             ces accueils chaleureux
                             ces nappes brodées
                             ces amies américaines

B. EXERCICES ECRITS

Remplacez les tirets par ce, cet, cette, ces:

1._____exercices sont faciles.
2. Je vais faire la lessive _____ soir.
3. _____étudiant est intelligent.
4. J'étudie_____leçons.
5. _____maison est pittoresque.
6. Nous faisons un pique-nique près de _____arbre.
7. _____hors-d'oeuvre sont délicieux.
8. Il veut prendre _____bateau.
9. _____animal est mauvais.
10. Il peut acheter_____manteau.

B. EXERCICES ORAUX

Répondez aux questions suivantes:

1. Cette leçon est-elle courte?
2. Ou êtes-vous assis ce matin?
3. Savez-vous bien ces pronoms?
4. Qu'est-ce que vous allez faire ce soir?
5. Qu'est-ce que vous voyez par cette fenêtre?
6. Est-ce que je vous pose clairement ces questions?
7. Pouvez-vous aller en France cette année?
8. Voulez-vous faire du ski cet hiver?
9. Allez-vous écrire à un ami cet après-midi?
10. Devez-vous travailler cet été?
11. Allez-vous voyager cet automne?
12. Puis-je vous emprunter ce stylo?

Leçon XI

11. Cette clé est-elle la clé de mon bureau?
12. De quelle couleur sont ces murs? (ces chaussures, ces cheveux)

C. PRESENTATION

C. Cet accueil chaleureux surprend les deux jeunes filles qui ne connaissent pas les coutumes françaises en ce moment. Elles lisent beaucoup de livres sur la cuisine et l'étiquette françaises et on comprend alors la différence entre la France et l'Amérique.

M. Chatain s'intéresse beaucoup aux activités intellectuelles des jeunes filles. "Lisez-vous l'Express, le Nouvel Observateur, le Monde?" demande-t-il. "Je reçois régulièrement ces magazines, et je vous les envoie chaque lundi si vous voulez, car vous apprenez à comprendre ainsi la mentalité française.

Vos parents vous écrivent sans doute pour savoir vos impressions. Est-ce que vous les leur envoyez de temps en temps? Je vous le conseille fortement. J'ai un ami américain qui m'écrit régulièrement et m'envoie des articles de journaux; je les lui renvoie avec mes réactions. C'est une correspondance très enrichissante pour l'un et l'autre."

Mme Chatain va vers le tourne-disque et met un des disques français pendant le dessert. Sandra l'apprécie beaucoup. Les Chatain le lui offrent en souvenir de cette charmante soirée. Que les Français sont accueillants!

C. **EXPLICATION**

C. Verbes Irréguliers:

1) Prendre   to take

Sujet	Verbe	Comp.
je	prends	
tu	prends	
il, elle	prend	
ils, elles	prennent	
nous	prenons	
vous	prenez	

S. (singular group: je, tu, il/elle)
Pl. (plural group: ils/elles, nous, vous)

EX: Les Français   **prennent** leurs fourchettes
                                          avec la main gauche.

    Cet accueil   **surprend** les jeunes filles.

Remarque: Conjugez comme **prendre**:
           apprendre   to learn
           comprendre   to understand
           surprendre   to surprise

2) Mettre   to put

Sujet	Verbe	Comp.
je	mets	
tu	mets	
il, elle	met	
ils, elles	mettent	
nous	mettons	
vous	mettez	

S. (singular group: je, tu, il/elle)
P. (plural group: ils/elles, nous, vous)

EX: Les Américains   **mettent** seulement une main
                                         sur la table.

     Les Chatain   **promettent** un disque.

Conjugez comme mettre:
admettre   to admit
omettre   to omit
permettre   to permit, allow
soumettre   to submit

3. Lire   to read

	Sujet	Verbe	Comp.
S.	je	lis	
	tu	lis	
	il, elle	lit	
Pl.	ils, elles	lisent	
	nous	lisons	
	vous	lisez	

EX: Elles   <u>lisent</u>   beaucoup de livres.

4) Ecrire   to write

	Sujet	Verbe	Comp.
S.	j'	écris	
	tu	écris	
	il, elle	écrit	
	ils, elles	écrivent	
	nous	écrivons	
	vous	écrivez	

EX: Vos parents   <u>écrivent</u>   sans doute.

5)   Boire   to drink

	Sujet	Verbe	Comp.
S.	je	bois	
	tu	bois	
	il, elle	boit	
P.	ils, elles	boivent	
	nous	buvons	
	vous	buvez	

Ex: Les Français   <u>boivent</u>   du vin rouge.

Nous   <u>buvons</u>   seulement du vin blanc.

Leçon XI

CII.   Les noms terminés par al:

noms singulier: al   Pluriel: aux

        un journal   des journaux
        un animal   des animaux
        un cheval   des chevaux

Les adjectifs terminés par al:

masc. sing.   fem. sing.   masc. pl.   fem. pl.

oral   orale   oraux   orales
normal   normale   normaux   normales
spécial   spéciale   spéciaux   spéciales

C.   EXERCICES ECRITS

   I.   Ecrivez la forme correcte du verbe:

1.   Nous (apprendre) le français.
2.   Ils (prendre) du vin.
3.   Les étudiants (boire) du café.
4.   Je (lire) ces magazines.
5.   Tu (mettre) un gilet.
6.   Mon professeur (comprendre) l'espagnol.
7.   Ils (lire) de bons livres.
8.   Les rituels nous (surprendre).
9.   Est-ce qu'il vous (écrire) quelquefois?
10. Je (omettre) les accents.
11. Nous vous (promettre).
12. Je (écrire) mes lettres le soir.
13. Tu (boire) de l'eau.
14. Nous le (surprendre).
15. Vous nous (écrire).

   II.   Récrivez les phrases au pluriel:
         Ex: J'ai un grand journal
              Nous avons de grands journaux.

1.   Il a un animal domestique.
2.   J'écris mon exercice oral.
3.   Lit-il un journal intéressant?
4.   Elle a une bouteille spéciale.
5.   Un ami provincial vient me voir.
6.   Il te montre un beau cheval.

Leçon XI

C.   <u>EXERCICES ORAUX</u>

Répondez aux questions suivantes:

1.   Prenez-vous le couteau avec la main gauche?
2.   Apprenez-vous l'allemand?
3.   Est-ce que les coutumes étrangères vous
     surprennent?
4.   Qu'est-ce que vous buvez avec la viande?
5.   Est-ce que vous me comprenez toujours?
6.   Quand mettez-vous les deux pieds sur la table?
7.   Est-ce que je vous lis mes lettres?
8.   Quand met-on un manteau? Où met-on un disque?
9.   Quand lisez-vous le journal? Est-ce que les
     chevaux peuvent le lire?
10. Est-ce que les étudiants doivent écrire les
     exercices écrits? Ecrivez-vous les questions
     orales?
11. Admettez-vous toujours vos fautes?
12. Omettez-vous quelquefois les accents?
13. Est-ce que vos parents vous comprennent?
     Comprenez-vous toujours vos parents?
14. Qu'est-ce que les Français boivent avec les
     hors-d'oeuvre?
15. Est-ce que je vous permets de parler anglais?

accueil m	welcome
accueillant(e)	friendly, welcoming
activité f	activity
ainsi	thus
animal m	animal
appétissant(e)	appetizing
apprécier	to appreciate
apprendre	to learn
assis(e)	seated
boire	to drink
brodé(e)	embroidered
chaleureux(se)	warm
changer	to change
chaque	each, every
chat(te) mf	cat
cheval m	horse
clairement	clearly
comprendre (v. irr.)	to understand
connaître	to know (v. irr. Leçon XVII)
conseiller	to advise
correspondance f	correspondence
court(e)	short
cristal m	crystal
coutume f	custom
délicieux(se)	delicious
différence f	difference
disque m	record
droit(e)	right
écrire	to write
emprunter	to borrow
enrichissant(e)	enriching
envoyer (v. irr. LeçonXII) to send	
espérer	to hope
étranger (ère)	foreign
fortement	strongly
goûter	to taste
imperméable m	raincoat
intellectuel (le)	intellectual
juste	just
lire (v. irr.)	to read
luxueux(se)	luxurious
magazine m	magazine

mentalité f	mentality
mets m pl.	food
mettre	to put
nappe f	tablecloth
oral(e)	oral
photo f	photo
plat m	dish, platter
plein(e) de	full of
prendre (v. irr.)	to take
prêter	to lend
réguliérement	regularly
rituel m	ritual
rosé m	rosé (wine)
seulement	only
soirée f	evening, evening party
spécial(e)	special
supposer	to suppose
surprendre	to **surprise**
tourne-disque m	record player
tranquille	tranquil
vaisselle f	dishes (set of)
vers	towards
viande f	meat

EXPRESSIONS

de temps en temps	from time to time
en ce moment	at this time
en cristal	made out of crystal
peu à peu	little by little
s'intéresser (à)	to be interested (in)

Leçon XII

Contents: A. Adjectives which change meaning
              according to their position before
              <u>or</u> ofter the noun they qualify.

            B. <u>-er</u> **verbs** which are regular in endings
              but have small variations in the stem.
              <u>-ir</u> verbs which do not belong to the
              second group of regular verbs (cf.
              Leçon IX.)

            C. The impersonal expression <u>il faut</u>
              (infinitive: <u>falloir</u>)

113

Leçon XII

A. PRESENTATION

Voici ma chambre; elle est propre; c'est ma propre
chambre; j'aime une chambre propre.

Ma chère amie vend sa voiture; c'est une voiture chère;
je ne peux pas l'acheter.
Quand je vois mon ancienne école, j'aperçois que
c'est une école ancienne.

C'est une femme pauvre;elle n'a pas d'argent. Cette
pauvre femme est malheureuse parce qu'elle n'a pas
d'amis.

C'est un homme seul,il n'a pas d'amis. Nous n'avons
qu'une seule vie.
C'est une femme d'un certain âge; ce n'est pas une
femme d'un âge certain.

Mon professeur est un brave homme, il est bon et
honnête. C'est aussi un homme brave, il a beaucoup de
courage.

A. EXPLICATION

Adjectifs qui changent la signification de l'expression
selon leur place avant ou après le nom: (Some
adjectives change meaning according to their place
before or after the noun)

Ma propre chambre...my own room
Ma chambre propre...my clean room

Une chère amie...a dear friend
Une voiture chère...an expensive car

mon ancienne école...my former school
une école ancienne...my old school

une femme pauvre...a poor woman (without money)
une pauvre femme...a poor woman (unhappy)

114

une homme <u>seul</u>...a lonely man
une <u>seule</u> vie...only one life

<u>Certains</u> amis...certain friends (some)
Des amis <u>certains</u>..sure friends

un <u>brave</u> homme...a good man
un homme <u>brave</u>...a brave man

un **grand** homme...a great man
un homme <u>grand</u>... a tall man

Remarque: le contraire de cher (chère) est <u>bon marché</u>
(expression invariable)

A. EXERCICES ECRITS

Récrivez les phrases avec les adjectifs: faites
attention à la forme et à la place des adjectifs;
faites tous les changements nécessaires.

1. Le président part quelquefois de la Maison (blanc).
2. Il a des amis (bon, intellectuel).
3. Abraham Lincoln est un homme (grand, grand).
4. Il perd son argent; c'est un étudiant (pauvre).
5. C'est un appareil (nouveau, cher).
6. Elle fait le ménage et voilà une maison (propre).
7. Je n'apprécie pas mets (certain, appétissant).
8. Voilà des pamplemousses (gros, jaune).
9. C'est la chose que je désire (seul).
10. Avec mon professeur, je vais visiter un monument
    (ancien)(ancien).
11. Regardez l'arbre! (beau, vieux)

A. EXERCICES ORAUX.

Répondez aux questions suivantes:

1. Achetez-vous vos propres vêtements?
2. Où y a-t-il des monuments anciens?
3. Combien de vies avez-vous?
4. Est-ce que certains animaux sont jaunes? Quels
   animaux?
5. Est-ce qu'une Cadillac est une voiture bon marché?
6. Est-ce que la reine d'Angleterre est une femme
   pauvre?

7. Y a-t-il de la poussière dans une chambre propre?
8. Allez-vous voir quelquefois votre ancienne école?
9. Recevez-vous vos chers amis chez vous?
10. Comment êtes-vous quand vous n'avez pas d'argent?

B. PRESENTATION

Jacques part le soir par le train de 22h. pour
Marseille où il a rendez-vous d'affaires le lendemain.
Ses collègues partent le jour suivant mais il faut
quitter Paris à quatre heures du matin. Ils ne
dorment pas assez la nuit précédente et ne sont donc
pas en forme. Jacques dort huit heures la nuit et il
lui faut au moins ce nombre d'heures pour être alerte.
Il réfléchit: "Combien d'heures de sommeil faut-il
pour mes collègues? Il leur faut peut-être seulement
cinq ou six heures. Mais s'ils sortent le soir pour
dîner ou pour aller au cinéma après une longue journée
de travail, ils sont fatigués." Jacques arrive donc
à la gare vers 20 heures et prend son train, quai
numéro 3. Sa couchette numéro 3198 est reservée à
l'avance. Elle est difficile à trouver. Enfin la
voilà! Mais il faut d'abord dîner.

B. EXPLICATION

Included in this chapter are verbs of which the infinitive ends in -or but which are not conjugated like
regular verbs in -ir such as finir, choisir. Instead,
they are conjugated like -re verbs. They are therefore irregular, even though their endings are similar.
Verbs conjugated here are partir. dormir, sortir.
More verbs of this type will be added later. Also
included are -er verbs which are regular but have a
small variation in the root.

Leçon XII

Verbes irréguliers: **partir**   **dormir**   **sortir**

S.	vb.	S.	vb.	S.	vb.
je	pars	je	dors	je	sors
tu	pars	tu	dors	tu	sors
il	part	il	dort	il	sort
ils	partent	ils	dorment	ils	sortent
nous	partons	nous	dormons	nous	sortons
vous	partez	vous	dormez	vous	sortez

Verbes (premier groupe) qui changent ou ajoutent
un accent:

acheter		essayer		envoyer	
S.	vb.	s.	vb.	s.	vb.
j'	achète	j'	essaie	j'	envoie
tu	achètes	tu	essaies	tu	envoies
il	achète	il	essaie	il	envoie
ils	achètent	ils	essaient	ils	envoient
nous	achetons	nous	essayons	nous	envoyons
vous	achetez	vous	essayez	vous	envoyez

Remarque: changes occur in the **3** syllable forms:
<u>nous</u> & <u>vous</u>.

B. EXERCICES ECRITS

Mettez la forme correcte du verbe:

1. Nous (partir)
2. Vous (sortir)
3. Ils (essayer)
4. Ils (dormir)
5. Ils (faire)
6. Tu (sortir)
7. Je (acheter)

8. Il (envoyer)
9. on (acheter)
10. Ils (envoyer)
11. Vous (acheter)
12. Elles (partir)
13. Vous (essayer)
14. Ils (avoir)

117

Leçon XII

B. EXERCICES ORAUX

Répondez aux questions suivantes:

1. Quand êtes-vous en forme?
2. A quelle heure partons-nous de la classe?
3. Sortez-vous toujours le samedi soir?
4. Combien d'heures dormez-vous généralement?
5. Essayez-vous de nouvelles chaussures? Où les essayez-vous?
6. Envoyez-vous vos notes à vos parents?
7. Où achète-t-on des écharpes?
8. A quelle heure partez-vous de l'université?
9. Qu'est-ce que vous achetez au supermarché?
10. Qu'est-ce qu'on envoie à Noël?

C. PRESENTATION

Il va examiner le wagon-restaurant, qui est très confortable. Il voit sur chaque nappe blanche un vase avec des fleurs. Les voyageurs peuvent regarder le paysage pendant que le train marche. Mais il ne faut pas être pressé car les garçons de service prennent leur temps. Jacques adore cette manière de voyager. Le chef de gare siffle, le train part doucement. Jacques est satisfait dans son compartiment. Il dort si longtemps que l'heure de dîner est passée et, pauvre Jacques, il lui faut attendre jusqu'au petit déjeuner pour pouvoir manger.

C. EXPLICATION

Il faut   Falloir   to be necessary.

    a) il faut   infinitif...it is necessary, one must.

        affirmative: ex: il faut quitter Paris à l'heure.

        négative: : ex. il ne faut pas quitter Paris à 4 heures.

118

Leçon XII

b) il   pron. ind.   objet...
   il me faut   I need
   il te faut   you need (familiar)
   il lui faut   he, she needs
   il nous faut   we need
   il vous faut   you need (one or more persons)
   il leur faut   they need

EX: il leur faut seulement peut-être 5 ou 6 heures
     de sommeil
     they perhaps need only 5 or 6 hours of sleep.

     il me faut une couchette
     I need a berth

     ils nous faut un passeport
     We need a passport

     il lui faut une nappe blanche
     she needs a white tablecloth

     il lui faut un vase
     he needs a vase

c) il   pronom indirect   verbe infinitif:

   il me faut   I must
   il te faut   you must (familiar)
   il lui faut   he, she must
   il nous faut   we must
   il vous faut   you must
   il leur faut   they must

EX: (Jacques) il lui faut attendre jusqu'au petit
               déjeuner.
               he must wait until breakfast

               (Les collègues de Jacques) il leur
               faut quitter Paris.
               they have to leave Paris, they
               must leave Paris.

119

Leçon XII

il nous faut travailler
we have to work, we must work

il me faut dîner
I must dine, I have to dine

C. EXERCICES ECRITS

Récrivez les phrases selon le modèle:

Ex: Je dois travailler...il me faut travailler.
Ex: Nous devons essayer...il nous faut essayer.
Ex: Vous devez avoir un passeport...Il vous faut
un passeport.
Ex: Ils doivent avoir du beurre... Il leur faut
du beurre.

1. Tu dois réussir
2. Vous devez écouter.
3. Ils doivent faire attention.
4. Je dois avoir une nouvelle chemise.
5. Elle doit avoir de l'argent.
6. Nous devons avoir du sel.
7. Elles doivent avoir au moins deux oeufs.
8. Les garçons de service ne doivent pas perdre
patience.
9. Jacques doit dormir huit heures.
10. Le professeur doit écouter ses étudiants.

C. EXERCICES ORAUX

Répondez aux questions suivantes:

1. Est-ce qu'il vous faut une nouvelle voiture?
2. Est-ce qu'il me faut des étudiants enthousiasmés?
3. Vous faut-il poser des questions en français?
4. Qu'est-ce qu'un lapin? Lui faut-il un sac de
couchage?
5. Prenez-vous au moins deux oeufs chaque jour?
6. Qu'est-ce qu'il vous faut maintenant?
7. Vous faut-il aller au laboratoire de langues?
Pourquoi?
8. Quand nous faut-il écrire des cartes postales?

9. Quand faut-il aller chez le docteur?
10. A quelle heure vous faut-il quitter la maison?
11. Combien d'heures de sommeil vous faut-il
12. Quand le chef de gare doit-il siffler?

VOCABULAIRE

acheter	to buy
alerte f	alert
assez	enough
bon marché (inv.)	cheap
cadeau m	gift
carte postale f	postcard
chaque	each
chat m	cat
chef de gare m	station master
collègue mf	colleague
compartiment m	compartment
couchette f	berth (bed on train)
courage m	courage
dîner m	to dine
dommage m	pity
donc	therefore
dormir	to sleep
doucement	gently, slowly
école f	school
enfin	at last
envoyer	to send
garçon de service m	waiter
gare f	station
honnête	honest
imperméable m	raincoat
journée f	day
lapin m	rabbit
lendemain m	the next day
malheureux(se)	unhappy
manière f	manner
marcher	to run (train, car etc)
nombre m	number
nuit f	night
par	by, through
partir	to depart
passé(e)	past

paysage m	scenery, countryside
pendant que	while
petit déjeuner m	breakfast
peut-être	maybe
poussière f	dust
précédent(e)	preceding
pressé(e)	in a hurry
quai m	platform
qui	who, which
quitter	to leave
reine f	queen
réservé(e)	reserved
sac de couchage m	sleeping bag
seulement	only
si	so, if
siffler	to whistle
sommeil m	sleep
sortir	to go out
suivant(e)	following
temps m	time, weather
travail m	work
vers	towards
vie f	life
voyageur m	traveller
wagon-restaurant m	dining car on train

EXPRESSIONS

à l'avance...	in advance
d'abord ...	at first
nous n'avons qu'une seule vie ...	we have only one life
falloir... (only il form used il faut)	to be necessary (must),to need
plus tôt ...	earlier
jusqu'à ...	until
si longtemps ...	such a long time
au moins ...	at least
combien de ...	how many
en forme ...	in good shape
laboratoire de langues m ...	language lab
rendez-vous d'affaires m	business appointment
selon le modèle	according to the model

Leçon XIII

Cherchons un hôtel!

Contents: Imperative (command) verb form

Place of pronouns with the imperative verb form

Relative pronouns (who, whom, which, of whom, of which)

Irregular verb <u>suivre</u> (to follow)

Leçon XIII

A. PRESENTATION

Il vous faut partir. . .Partez!
Il vous faut essayer. . .Essayez!
Il te faut sortir. . .Sors!
Il nous faut envoyer un cadeau. . .Envoyons un cadeau!
Il nous faut trouver son adresse. . .Trouvons son adresse!
Il te faut choisir le livre. . .Choisis le livre!
Il ne te faut pas venir. . .Ne viens pas!
Il ne nous faut pas dormir. . .Ne dormons pas!
Il ne vous faut pas acheter de jupes. . .N'achetez pas de jupes!

A. EXPLICATION L'impératif (Command form)

Contrastez: Forme affirmative du présent

Sujet	Verbe	Objet
Tu	choisis	un cadeau
Nous	envoyons	une lettre
Vous	faites	la vaisselle

Forme affirmative de l'impératif

Sujet	Verbe	Objet
_____	Choisis	un cadeau !
_____	Envoyons	une lettre !
_____	Faites	la vaisselle!

Contrastez: Forme Négative du présent

Sujet	Neg. 1	Verbe	Neg. 2	Objet
Tu	ne	choisis	pas	le cadeau
Nous	ne	trouvons	pas	son adresse
Vous	ne	mettez	pas	le manteau

Contrastez: Forme négative de l'impératif

Sujet	Neg. 1	Verbe	Neg. 2	Objet
_____	Ne	choisis	pas	le cadeau !
_____	Ne	trouvons	pas	son adresse
_____	Ne	mettez	pas	le manteau!

124

Leçon XIII

A. EXERCICES ECRITS

Récrivez à l'impératif affirmatif, puis à l'impératif négatif:

Ex.:	finir (vous)	finissez!	Ne finissez pas!
	partir (nous)	partons!	Ne partons pas!
	boire (tu)	bois!	Ne bois pas!

1. Chercher (nous)
2. Attendre (tu)
3. Prendre (vous)
4. Vendre (vous)
5. Ecouter (nous)
6. Ecrire (tu)
7. Ouvrir (vous)
8. Faire (vous)
9. Dormir (tu)
10. Lire (vous)
11. Aller (nous)
12. Venir (vous)
13. Sortir (tu)
14. Réussir (vous)
15. Boire (nous)
16. Envoyer (vous)

A. EXERCICES ORAUX

Dites au professeur ou à un autre étudiant de:

1. sortir
2. chercher le stylo
3. regarder la fenêtre
4. mettre la main sur la table
5. indiquer son nez
6. écrire son nom
7. fermer la porte
8. ouvrir la porte
9. rendre le stylo
10. faire une promenade.

B. PRESENTATION. Cherchons un hôtel

Monsieur et Madame Burger sont très fatigués. Ils cherchent un
hôtel. Voilà, ils trouvent l'hôtel de la Gare qui est devant eux.
Ils entrent. Monsieur Burger: Bonjour Monsieur. Avez-vous des
chambres pour ce soir?
Le propriétaire: Ah monsieur, vous avez de la chance. Nous avons
seulement trois chambres qui sont libres. Vous désirez trois
chambres, n'est-ce pas?
Monsieur Burger: Excusez-moi monsieur, je ne parle pas bien le
français. Nous désirons seulement une chambre.
Le propriétaire: Ah bon, choisissez-vous une chambre à un lit
pour deux personnes, une chambre à deux lits, avec salle de bains
ou cabinet de toilette?
Madame Burger: Donnez-nous une chambre à un lit pour deux
personnes, s'il vous plait. Hector, écoute-moi et décidons vite.
Monsieur Burger: Bon, ma chérie. (Au propriétaire) Dites-moi la
différence entre salle de bains et cabinet de toilette.
Le propriétaire: Certainement monsieur. La salle de bains a une
baignoire et W-C, mais le cabinet de toilette a seulement un
lavabo et un bidet.

Madame Burger: Hector, prends la chambre avec salle de bains.
Prenons-la; je suis très, très fatiguée.
Monsieur Burger: Alors monsieur, indiquez-nous la chambre avec
salle de bains et ne nous réveillez pas avant dix heures du matin.
Apportez-nous le petit déjeuner à 10 h. 30.

B. EXPLICATION

Impératif avec pronoms: Forme affirmative:

Verbe	Pronoms (direct et indirect)		
moi	vous	la	leur
toi	le	les	
nous	l'	lui	

Leçon XIII

Exemples:

Prends la chambre	...	prends - la (take it)
Choisissez le livre	...	choisissez-le (choose it)
Prenons la chambre	...	prenons-la (Let's take it)
Suivez le groom	...	suivez-le (follow him)
Parlez à cet homme	...	parlez-lui (talk to him)
		donnez-moi (give me)

Forme négative

Ne prends pas la chambre (Don't take the bedroom)
Ne choisissez pas le livre (Don't choose the book)
Ne prenons pas la chambre (Let's not take the bedroom)
Ne suivez pas le groom (Don't follow the bellhop)

Avec un pronom:

	Neg.	Pronom	Veber	Neg.
Prends-la	Ne	la	prends	pas
Choisissez-le	Ne	le	choisissez	pas
Donnez-les	Ne	les	donnez	pas
Parlez-moi	Ne	me	parlez	pas

Remarque:
l'impératif des verbes avoir, être et savoir est irrégulier:

avoir	être	savoir
aie	sois	sache
ayons	soyons	sachons
ayez	soyez	sachez

Ex: soyez tranquille
     n'ayez aucune crainte

B. EXERCICES ECRITS

Récrivez à l'impératif affirmatif et puis à l'impératif négatif;
utilisez des pronoms, objets directs ou indirects:

Ex: finir les exercices (vous)   dire notre opinion (nous)
     finissez-les   disons-la
     Ne les finissez pas   Ne la disons pas
     parler aux enfants
     parlez-leur
     Ne leur parlez pas

Leçon XIII

1. suivre le groom (nous)
2. parler au propriétaire (vous)
3. avoir la clé (vous)
4. répondre au professeur (tu)
5. commander le petit déjeuner (nous)
6. obéir à Robert et à Marie (vous)
7. écrire à nos parents (nous)
8. mentionner la date (nous)
9. être prudent (vous)
10. offrir les belles fleurs (vous)
11. savoir la vérité (tu)
12. dire la différence (vous)
13. faire le ménage (vous)

EXERCICES ORAUX

B.I. Dites au professeur ou à un autre étudiant de:
(EMPLOYEZ DES PRONOMS)

1. vous parler
2. vous répondre
3. nous écouter
4. regarder ses doigts
5. montrer ses clés
6. savoir la vérité
7. être prudent
8. prendre votre crayon
9. obéir aux agents de police
10. vous poser des questions

B.II. Forme négative des verbes ci-dessus:

C. PRESENTATION

Le propriétaire: D'accord monsieur. Ecrivez votre nom sur cette
fiche s'il vous plaît, et suivez le groom que vous voyez.
Le propriétaire au groom: Montrez-leur la chambre 40 et donnez-
leur les clés. N'oubliez pas cette fois-ci, donnez-les-leur.
Le groom: Bien, Monsieur. Mentionnez-leur s'il vous plaît
l'heure du départ.
Le propriétaire: Ah oui; monsieur, regardez la carte affichée sur
la porte de la chambre.
Monsieur Burger (qui rend la fiche): Entendu. Voilà la fiche
monsieur. Comment pouvons-nous commander le petit déjeuner dans
la chambre?
Le propriétaire: Ne vous en faites pas monsieur. Employez le
téléphone qui se trouve près du lit et psst. . .voilà le petit
déjeuner qui arrive immédiatement!
Madame Burger: La chambre dont vous parlez n'est pas bruyante,
j'espère.
Le propriétaire: Soyez tranquille madame, elle se trouve au 4 ème
étage, et n'ayez aucune crainte. Prenez l'escalier que vous

voyez à gauche. <u>Excusez-nous</u>, l'ascenseur <u>dont</u> la porte est
cassée, ne marche pas. <u>Ne l'employez pas</u>, je vous prie.
Madame Burger: Ah, c'est dommage.
Le propriétaire: Passez une bonne nuit!

C. <u>EXPLICATION</u> Les pronoms relatifs: <u>qui</u>, <u>que</u>, <u>dont</u>

<u>qui</u> (who...person, which...things) is SUBJECT of verb which
    follows)
    pronom relatif qui remplace un nom: ce nom est l'antécédent
    du pronom relatif.

Ex: Nous avons trois chambres <u>qui</u> sont libres (<u>chambres</u> est
    l'antécédent de <u>qui</u>)
    C'est M. Burger <u>qui</u> rend la fiche (M. Burger est l'antécédent
    de <u>qui</u>)

<u>que</u> (whom...person, which...things) (that) est l'<u>objet</u> du verbe
    qui suit:

Ex: Suivez le groom <u>que</u> vous voyez (le groom est l'antécédent du
    pronom <u>que</u>)
    Prenez l'escalier <u>que</u> vous voyez (l'escalier est l'antécédent
    de <u>que</u> et l'objet du verbe <u>vous voyez</u>)
    Voilà le film <u>qu</u>'ils regardent (<u>qu</u>'devant une voyelle. Le
    film est l'antécédent de <u>qu</u>' et l'objet du verbe <u>ils regardent</u>)
    Il choisit les cours <u>qu</u>'il va suivre. (les cours est
    l'antécédent de <u>qu</u>' et l'objet du verbe <u>il va suivre</u>).

<u>Remarque</u>: <u>qui</u> never becomes <u>qu</u>'. <u>Que</u> becomes <u>qu</u>' in front of a
    vowel).

(If you have trouble in deciding whether the relative pronoun is
the subject or object of the verb which follows, remember that <u>qui</u>
is almost always followed directly by the verb, whereas <u>que</u>, <u>qu</u>'
is almost always followed by a noun or pronoun before the verb).

Ex: Ils trouvent l'hôtel <u>qui</u> <u>est</u> devant eux. (Subject)
    Le cours <u>que</u> <u>je</u> suis est facile. (Object)

<u>dont</u> pronom relatif qui remplace une personne ou une chose (whose,
    of whom, of which)

Ex: Voilà M. Burger <u>dont</u> la femme est fatiguée. (There is M.
    Burger whose wife is tired).
    Ne prenez pas l'ascenseur <u>dont</u> la porte est cassée (Do not
    take the elevator of which the door is broken).
    Il lit un livre <u>dont</u> j'oublie le nom. (He is reading a book
    of which I forget the name).

C.II. Verbes irréguliers

<u>suivre</u>   <u>conduire</u>

Sujet	Verbe	Sujet	Verbe
je	suis	je	conduis
tu	suis	tu	conduis
il, elle	suit	il, elle	conduit
ils, elles		ils, elles	
	suivent		conduisent
nous	suivons	nous	conduisons
vous	suivez	vous	conduisez

Conjuguez comme suivre: <u>poursuivre</u>

<u>Remarque</u>: On <u>suit</u> un cours

Ex: Suivez-vous un cours d'histoire? Oui, je suis ce cours.
     (Are you taking a history course? Yes, I am taking that
     course).

EXERCICES ECRITS

C.I. Remplacez les tirets par les pronoms relatifs <u>qui</u>, <u>que</u>, ou
      <u>qu'</u>.

Ex: Voilà Robert____arrive. Voici le livre____nous lisons.
     Voilà Robert qui arrive. Voici le livre que nous lisons.

1. Entendez-vous les oiseaux____chantent le matin?
2. Voilà les bottes____nous allons acheter.
3. Montrez-moi les cadeaux____vous recevez.
4. Donnez-moi la clé____est sur la table.
5. Où est la voiture____on vend?
6. Voilà la chambre____est libre.
7. Chez nous c'est ma mère____fait la cuisine.
8. Je ne vois pas l'hôtel____nous cherchons.
9. C'est mon frère____aime faire du ski nautique.
10. Rendez-moi les journaux____il ne lit pas.

C.II. Refaites les phrases avec le pronom <u>dont</u>.

Ex.: Regardez cette jeune fille. La mère de cette jeune fille
      est très malade.
      Regardez cette jeune fille dont la mère est très malade.

Leçon XIII

1. Montrez-moi l'actrice; on parle beaucoup de l'actrice.
2. Voilà la maison; le jardin de la maison est beau.
3. Il poursuit la jeune fille; il ne sait pas l'adresse de la jeune fille.
4. Je parle de la vieille ville; j'oublie toujours le nom de cette ville.
5. C'est un homme; les idées de cet homme sont souvent merveilleuses.
6. C'est un cours; le professeur explique très bien les problèmes de ce cours.

EXERCICES ORAUX

C.I. Refaites ces phrases avec qui, que, qu' ou dont:

1. C'est Paris. Paris est la plus belle ville du monde.
2. La leçon est facile. Nous étudions la leçon.
3. Regardez le bel arbre. Nous parlons de cet arbre.
4. Les fleurs sont jolies. Il me donne les fleurs.
5. Les étudiants ont de bonnes notes. Ils viennent toujours en classe.
6. C'est la Renault. Elle veut acheter cette Renault.
7. Voici la maison. Je vous parle de cette maison.
8. C'est votre lettre. Je veux lire cette lettre chez nous.
9. C'est ma grand'mère. Elle fait la lessive chez nous.
10. Prenez la route. Je vous indique la route.
11. Ne suivez pas ce cours. Elle suit ce cours.
12. Voici le garçon. Le père du garçon est professeur d'allemand.

C.II. Répondez aux questions suivantes:

1. Quels cours suivez-vous?
2. Est-ce votre mère qui fait la cuisine chez vous?
3. Comprenez-vous toujours les questions que je vous pose?
4. Oubliez-vous quelquefois les devoirs que le professeur vous donne?
5. Est-ce que vos amis vous réveillent avant huit heures du matin?
6. Est-ce le propriétaire qui indique les chambres dans un hôtel?
7. Qu'est-ce que vous dites à votre amie quand elle est inquiète?
8. Est-ce que les cours que vous suivez sont faciles ou difficiles?
9. Savez-vous conduire? Conduisez-vous chaque jour?
10. Dites-moi le nom d'un athlète dont on parle beaucoup et dites-moi pourquoi.

Vocabulaire

d'accord	O.K.	eux	them
affiché(e)	posted, displayed	(Leçon XV)	
ascenseur m	elevator	excuser	to excuse
athlète mf	athlete	fatigué(e)	tired
auteur m	author	fiche f	card, form
avant	before	groom m	bellhop
baignoire f	bathtub	hôtel m	hotel
bidet m	bidet	indiquer	to indicate
bonsoir	good evening	lavabo m	washbasin
bruyant(e)	noisy	libre	free
cabinet de toilette m	washstand	marcher	to run, operate
		mentionner	to mention
cassé(e)	broken	oublier	to forget
certainement	certainly	poursuivre	to pursue
chance f	luck	que	that, whom, which
chéri(e) mf	dear	qui	who, which, that
commander	to order	réveiller	to wake up
cours m	course (in college)	suivre	to follow, to take (a course)
crayon m	pencil	tranquille	tranquil, calm
devoirs m pl	homework	se trouver	to be found
dont	of whom, of which, whose	W-C	W.C., toilet
entendu	agreed, O.K.		
entrer	to enter		
escalier m	stairs		
étage m	floor, story		

EXPRESSIONS

c'est dommage...it's a pity
cette fois-ci...this time
je vous prie...please (I beg of you)
n'ayez aucune crainte...have no fear, don't worry
ne vous en faites pas...don't worry
soyez tranquille...don't worry
s'il vous plaît...please
4 ème (quatrième)

Contents: A.   Formation of the <u>passé composé</u> (English perfect
tense: I have spoken, I have finished, etc.)

              B.   Past participle of irregular verbs.
When to use the <u>passé composé</u>.

              C.   The pronoun <u>en</u>. . .replaces phrases starting with
<u>du</u>, <u>de la</u>, <u>des</u>.

                 Place of <u>en</u> in a sentence.

A. PRESENTATION

Aujourd'hui je parle au Président; hier j'ai parlé au représentant.
Aujourd'hui tu choisis tes cours; hier tu as choisi tes cours.
Maintenant il entend le bruit des avions; ce matin il a entendu
la voix des oiseaux.
Cette année nous faisons du golf; l'année passée nous avons fait
du football.
Cette semaine vous ne voyez pas le défilé; la semaine passée
vous n'avez pas vu le feu d'artifice.
Aujourd'hui ils ne comprennent pas la question; hier ils n'ont pas
compris le professeur.

A. EXPLICATION

le passé composé avec avoir: Verbe auxiliaire avec participe
passé:

Sujet	Verbe auxiliaire	Participe passé
j'	ai	assisté
Tu	as	assisté
Il, elle	a	assisté
Ils, elles	ont	assisté
Nous	avons	assisté
Vous	avez	assisté

Ex: Tu as choisi tes cours...(You have chosen your courses)
Il a entendu la voix des oiseaux...(He has heard the
voice of the birds)

Forme négative

Sujet	Neg. 1	V. aux.	Neg. 2	Participe passé	Objet
Tu	n'	as	pas	choisi	tes cours
Il	n'	a	pas	entendu	la voix des oiseaux
Je	n'	ai	pas	parlé	

Forme interrogative

V. aux.	Pron. Sujet	Participe passé	Objet
Avons -	nous	entendu	la voix des oiseaux?
As -	tu	choisi	tes cours?
a -t-il		parlé?	
ont -	ils	volé?	

Leçon XIV

Participe passé des verbes réguliers

Premier groupe –er   parler   parlé
                       acheter   acheté
                       donner   donné

Ex: Il n'**a** pas donné ma lettre à sa mère...(He has not given my letter to his mother).

Deuxième groupe –er   finir   fini
                       choisir   choisi
                       réussir   réussi

Ex: a-t-il réussi? (Has he succeeded?)

Troisième groupe –re   vendre   vendu
                       entendre   entendu

Ex: J'ai entendu (I have heard).

A. EXERCICES ECRITS

Mettez les phrases suivantes à l'interrogatif puis au négatif:

Ex: Nous avons assisté au défilé.
      Avons-nous assisté au défilé?
      Nous n'avons pas assisté au défilé.

1. Elle a donné le cadeau au professeur.
2. Vous avez rendu les exercices.
3. Les étudiants ont regardé les jeunes filles.
4. Il a mangé.
5. Mes parents ont parlé au professeur.
6. Mes frères ont vendu leur voiture.
7. Il a pensé à son problème.
8. Elle a réfléchi.
9. Mon amie a grossi.

A. EXERCICES ORAUX

Répondez aux questions suivantes:

1. Avez-vous étudié aujourd'hui?
2. Avez-vous parlé ce matin?
3. Avez-vous fini les exercices écrits?
4. A-t-il neigé hier?
5. Avons-nous fermé la porte?
6. Avons-nous chanté aujourd'hui?

7. Avez-vous nagé récemment?
8. Est-ce que j'ai parlé français hier?
9. Avez-vous choisi vos parents?
10. Est-ce que vos parents ont vendu leur maison?
11. Vos amis ont-ils dîné au restaurant hier?
12. Votre père a-t-il acheté une nouvelle voiture cette année?
13. Avez-vous pensé à votre famille hier?
14. Est-ce que j'ai posé des questions?
15. Qui a répondu à mes questions?
16. Est-ce que le professeur a sauté aujourd'hui?

B. PRESENTATION

Paul et Suzanne ont assisté à la fête du 14 juillet à Paris. Ils écrivent à leurs amis américains, Joan et Peter, pour leur raconter leur court séjour dans la capitale.

"Chers Joan et Peter,
      Devinez ce que nous avons fait pour le 14 juillet? Nous avons assisté aux préparatifs du défilé qui commémore chaque année la prise de la Bastille, le mercredi 13 juillet. Nous avons décidé d'aller en voiture à l'endroit du défilé. Nous avons vu des barrières pour contenir les spectateurs du lendemain et l'estrade principale destinée au Président de France, aux représentants du gouvernement français et des gouvernements étrangers. Quelle vue admirable! Nous avons observé une immense plateforme couverte de tapis rouges avec des chaises en bois doré et nous y avons imaginé le Président et sa suite. Puis en face nous avons pu voir tous les chars blindés et les camions militaires prêts à défiler le 14 juillet. Soudain nous avons eu faim et il a fallu chercher un restaurant dans le septième arrondissement de Paris avant d'aller regarder vers minuit les bals populaires aux coins des rues. Mais nous avons dîné si tard que le lendemain matin malheureusement, nous avons dormi jusqu'à dix heures du matin. Alors nous avons simplement observé le défilé à la télévision.

B. EXPLICATION

Participe passé des verbes irréguliers

apercevoir	aperçu (recevoir, reçu)	pleuvoir	plu
avoir	eu	pouvoir	pu
boire	bu	prendre	pris (apprendre appris; comprendre compris surprendre surpris)

136

devoir	dû	savoir	su
dire	dit	suivre	suivi
dormir	dormi	voir	vu
écrire	écrit	vouloir	voulu
être	été		
faire	fait		
falloir (faut)	fallu		
lire	lu		
mettre	mis (permettre	permis	
	promettre	promis	
	omettre	omis	
	soumettre	soumis)	
ouvrir	ouvert		
	(offrir	offert	
	couvrir	couvert	
	découvrir	découvert	
	souffrir	souffert)	

Ex: J'ai reçu un cadeau
Il a plu hier
Avez-vous compris?
Ils ont promis
Nous n'avons pas ouvert

B.II. <u>Emploi du passé composé:</u>

1. Le passé composé exprime l'action dans le passé:

   Ex: Nous avons assisté au défilé.
   Hier j'ai fait du ski nautique. (Yesterday I water-skied).
   Il n'a pas fini ses devoirs. (He has not finished his homework.)

2. Le passé composé exprime généralement une action unique:
   (The passé composé generally expresses one action).

Ex: Nous avons pris la route du Champ de Mars. (We took the route of C.deM.).
Il a mis un manteau. (He put on a coat...He has put on a coat).
Je n'ai pas rendu mes exercices au professeur. (I have not given back my exercises to the professor).

B. <u>EXERCICES ECRITS</u>

Remplacez les tirets par la forme correcte du participe passé:

1. J'ai_____la vérité. (découvrir)
2. Nous avons_____la voix des oiseaux. (entendre)
3. Ils n'ont pas_____le marché. (faire)
4. Il y a_____un feu d'artifice. (avoir)
5. Le défilé a_____une vraie joie. (être)
6. Où avez-vous_____les camions? (voir)
7. Il a_____sortir. (falloir)
8. Ils ont_____voir les étincelles. (pouvoir)
9. Tout à coup j'ai_____. (savoir)
10. Mes amis n'ont pas_____partir. (vouloir)
11. As-tu_____le journal? (lire)
12. On n'a pas_____la porte. (ouvrir)
13. Qu'est-ce qu'elle a_____? (dire)
14. Elles n'ont pas_____la question. (comprendre)
15. Mme Chatain a_____un disque sur le tourne-disque. (mettre)

B. <u>EXERCICES ORAUX</u>

1. Avons-nous ouvert la porte?
2. Avez-vous fait du ski?
3. A-t-il plu hier?
4. Qui a découvert l'Amérique?
5. Avez-vous bu du café aujourd'hui?
6. Avez-vous bien dormi?
7. Est-ce que vos parents ont eu des enfants?
8. Est-ce que j'ai mis un pull-over aujourd'hui?
9. Avez-vous appris l'allemand?
10. Est-ce que quelque chose a eu lieu le quatorze juillet?
11. Avez-vous voulu nager la semaine passée?
12. Est-ce que le Président de l'université a assisté à notre classe?
13. Avez-vous écrit une lettre pendant le week-end?
14. Qui a tué le Président Kennedy?
15. Pourquoi avez-vous suivi un cours de français?

C. <u>PRESENTATION</u>

La partie la plus impressionante pour nous a été le défilé des parachutistes qui <u>ont marché</u> d'un pas grave et solennel d'un bout à l'autre de la route. Nous <u>en</u> parlons encore. Et enfin <u>nous avons entendu</u> les avions de chasse qui <u>ont marqué</u> la fin du défilé en volant juste au-dessus de notre hôtel. Mais ce n'est pas fini. <u>Il y a eu</u> le soir à dix heures, un feu

d'artifice qui a été une vraie joie pour les yeux; j'en ai été
ébahi: des étincelles de toutes les couleurs sur un ciel noir.
Les gens ont beaucoup applaudi; nous en avons fait de même.
Nous avons beaucoup regretté votre absence pour cette occasion.
A bientôt le plaisir de vous lire.

Amicalement,
Paul et Suzanne

C. EXPLICATION

en: Pronom qui remplace du, de la, de l', de, d', des:

en   est placé devant le verbe:

Ex: Nous parlons du défilé (we are talking about the parade).
     Nous en parlons (we are talking about it)
     Il n'a pas de voiture (he hasn't a car)
     Il n'en a pas (he hasn't one) (of them)
     Suzanne a des assiettes (Suzanne has some plates)
     Suzanne en a (Suxanne has some)

en avec le passé composé:

Sujet	Pron.	Aux.	Part. passé	
J'	en	ai	été	ébahi
Nous	en	avons	parlé	
Suzanne	en	a	eu	
Ils	en	ont	pris	

en   Forme négative:

Sujet	Neg. 1	Pron.	Aux.	Neg. 2	Part. passé
Nous	n'	en	avons	pas	parlé
Je	n'	en	ai	pas	été
Suzanne	n'	en	a	pas	eu

en   avec deux verbes (verbe ⊹ infinitif:) au présent

Sujet	verbe 1	Pron.	Infinitive	
je	veux	en	avoir	(I want to have some)
il	faut	en	prendre	(It is necessary to take some)
nous	pouvons	en	parler	(We can talk about it)

Forme négative avec deux verbes au présent

Sujet	Neg. 1	Verbe	Neg. 2	Pron.	Infinitif
Je	ne	veux	pas	en	avoir
Il	ne	faut	pas	en	prendre
Nous	ne	pouvons	pas	en	parler

en avec deux verbes au passé composé

Sujet	Verbe aux.	Part. Passé	Pron.	Infinitif
J'	ai	voulu	en	avoir
Il	a	fallu	en	prendre
Les avions	ont	pu	en	sortir

en avec deux verbes au passé composé: forme négative

Sujet	Neg. 1	Verbe aux.	Neg. 2	Part. passé	Pron.	Infinitif
Je	n'	ai	pas	voulu	en	prendre
Il	n'	a	pas	fallu	en	prendre
Les avions	n'	ont	pas	pu	en	sortir

Ex: en avec deux verbes au présent:
Je veux boire du lait (I want to drink some milk)
Je veux en boire (I want to drink some)

Ex: en avec deux verbes au présent forme négative:
Je ne veux pas sortir de l'église. (I do not want to come
out of the church).
Je ne veux pas en sortir (I do not want to come out of it).

Ex: en avec deux verbes au passé composé:
Ils ont voulu manger du fromage (They wanted to eat some
cheese).
Ils ont voulu en manger (They wanted to eat some).

Ex: en avec deux verbes au passé composé forme négative:
Ils n'ont pas voulu manger du fromage (They didn't want to
eat some cheese).
Ils n'ont pas voulu en manger (They didn't want to eat some).

Note: Position of en in the sentence follows the same rule which you have already learned for pronouns (IX, X, XI). Remember that the passé composé divides one verb into two halves; it is NOT in itself two verbs).

EXERCICES ECRITS

C.I. Remplacez les mots soulignés par un pronom et récrivez la phrase:

Ex: Il prend des pommes...Il en prend.
J'ai bu de l'eau fraîche...J'en ai bu.
Il y a de l'eau...il y en a.

1. Nous voyons des barrières.
2. Je n'ai pas de stylo.
3. Elle n'a pas eu d'argent.
4. Les Américains parlent souvent de la politique.
5. Nous avons pris du vin avec notre dîner.
6. Est-ce que les oiseaux ont des problèmes?
7. On n'a pas trouvé de fraises.
8. Il faut avoir de l'imagination.
9. Il a fallu sortir vite du restaurant.

C.II. Mettez les phrases suivantes au passé composé et remplacez les mots soulignés par un pronom:

Ex: Nous achetons des vêtements chauds...Nous en avons acheté.
Nous pouvons acheter du jambon...Nous avons pu en acheter.
Nous n'avons pas pu en acheter.

1. Tout à coup il fait du vent.
2. Elles jouissent de leur séjour.
3. Les policiers trouvent des coupables.
4. J'apprends de nouveaux mots.
5. Paul ne lit pas de journaux.
6. Je ne reçois pas de cartes postales.
7. Ils peuvent sortir de l'église.
8. Je veux prendre du thé.
9. Ils aiment faire du ski.
10. Il veut partir du défilé.
11. Ils ne veulent pas sortir du restaurant.
12. Nous ne devons pas partir des barrières.

EXERCICES ORAUX

C. Répondez aux questions suivantes: (utilisez le pronom en)

1. Est-ce que le professeur pose des questions?
2. Mettez-vous généralement des chaussures?

3. Parlons-nous de la politique?
4. Avez-vous des soeurs?
5. Faites-vous du tennis?
6. Avez-vous pris de l'eau aujourd'hui?
7. Avez-vous vu des camions récemment?
8. A-t-il fait du vent hier?
9. Est-ce que j'ai mis des gants aujourd'hui?
10. Avez-vous parlé récemment de vos problèmes?
11. Avez-vous reçu de bons cadeaux à Noël?
12. Où avez-vous acheté des livres?
13. Quand avez-vous vu des étincelles?
14. Voulez-vous faire du ski?
15. Pouvez-vous entendre des oiseaux maintenant?
16. Allez-vous suivre d'autres cours de français?
17. Est-ce que vos amis ont voulu boire du champagne hier?
18. A-t-il fallu poser des questions?
19. Est-ce que j'ai dû parler de la grammaire?
20. Avez-vous pu sortir de la ville l'été passé?

Leçon XIV

Vocabulaire

absence f	absence	joie f	joy
admirable	admirable	lendemain m	next day
applaudir	to applaud	lieu m	place
arrondissement m	district	malheureusement	unfortunately
assister à	to be present at	manquer	to miss
		marcher	to march, walk
au-dessus	above	marquer	to mark
bal m	dance	militaire	military
barrière f	barrier	parachutiste mf	parachutist
bois m	wood	partie f	part
bout m	end	pas m	step
camion m	truck	plateforme f	platform
capitale f	capital	populaire	popular
char blindé m	tank	préparatifs m pl	preparations
coin m	corner	principal(e)	principal
contenir	to contain	prise f	taking, capture
défilé m	parade, march	prochain(e)	next (of time)
défiler	to march past	raconter	to tell, narrate
destiné(e) à	intended for	récemment	recently
		regretter	to regret
deviner	to guess	représentant m	representative
doré(e)	gilded	revue f	review
ébahi(e)	dumbfounded	solennel(le)	solemn
église f	church	soudain	suddenly
endroit m	place	suite f	suite
estrade f	platform	tuer	to kill
étincelle f	spark	vers	towards
faim f	hunger	voler	to fly (steal)
feu d'artifice m	fireworks	vrai(e)	real, true
fin f	end		
gens m pl	people		
gouvernement m	government		
grave	weighty, grave		
hier	yesterday		
imaginer	to imagine		
impressionnant(e)	impressive		

EXPRESSIONS: amicalement...sincerely
à bientôt le plaisir de vous lire...hoping to hear from you soon
amicalement...sincerely
avion de chasse m ...fighter plane
avoir faim...to be hungry
avoir lieu...to take place
en face...opposite
en volant juste au dessus...by flying just above
nous avons fait de même...we did the same
si tard que...so late that   tout à coup...suddenly

Leçon XV

Contents:
A. Passé composé of verbs conjugated with _être_ instead of _avoir_ (only the verbs listed here).

B. Irregular verbs: Those with change of accent in the present tense.

Irregular presents of _mourir_ and _vivre_. Passé composé of _vivre_.

C. "Strong" pronouns and their uses.

Leçon XV

A. PRESENTATION

Je suis né à Londres; j'ai détesté Londres à cause du brouillard.
Tu es venu à Paris; tu as quitté Paris à cause de la circulation.
Il est allé à Los Angeles; il est parti à cause du bruit.
Nous sommes arrivés à Moscou; nous ne sommes pas retournés à
   cause du froid.
Vous avez vécu à Chicago; vous êtes devenus malades à cause du vent.
Ils sont morts; ils sont allés au ciel; ils y sont restés.

A. EXPLICATION

Passé composé ave être: Pour le passé composé de certains verbes
l'auxiliaire est être au lieu de avoir:

Liste des verbes avec l'auxiliaire être:

M	monter	je suis monté	(I climbed, I have climbed)
R	revenir	je suis revenu	(I came back, I have come back)
S	sortir	je suis sorti	(I went out, I have been out)
V	venir	je suis venu	etc.
A	arriver	je suis arrivé	
N	naître	je suis né	
D	descendre	je suis descendu	
E	entrer	je suis entré	(rentrer...je suis rentré)
R	retourner	je suis retourné	
T	tomber	je suis tombé	
R	rester	je suis resté	
A	aller	je suis allé	(I went, I have been)
M	mourir	il est mort	(He died, he has died)
P	partir	je suis parti	etc.

(Mrs. Vandertramp)

devenir	je suis devenu	(I have become, I became)
passer	je suis passé	

Remarque: le participe passé s'accorde avec le sujet en genre et
            en nombre.

146

Forme affirmative:

Sujet	V. Aux.	Part. passé
Je	suis	monté (e)
Tu	es	monté (e)
Il	est	monté
Elle	est	mont<u>ée</u>
Ils	sont	mont<u>és</u>
Elles	sont	mont<u>ées</u>
Nous	sommes	monté (e) s
Vous	êtes	monté (e) (s)

Forme négative:

Sujet	Neg. 1	V. Aux.	Neg. 2	Part. passé	
Nous	ne	sommes	pas	arrivés	
Les enfants	ne	sont	pas	tombés	
Ma mère	n'	est	pas	restée	chez moi

Forme interrogative:

Sommes-nous arrivés? Les enfants sont-ils tombés? Ma mère est-elle restée?

(On peut toujours utiliser <u>Est-ce que</u> comme d'habitude).

A. <u>EXERCICES ECRITS</u>

Récrivez les verbes suivants au passé composé:

1. Je viens
2. Tu arrives
3. Il naît
4. Elle devient
5. Nous entrons
6. Vous restez
7. Ils tombent
8. Elles retournent
9. Vous arrivez
10. Tu vois
11. Elle descend
12. Ils sortent
13. Je suis
14. Nous partons
15. On va

A. <u>EXERCICES ORAUX</u>

Répondez aux questions suivantes:

1. Quand êtes-vous né?
2. Où êtes-vous né?

3. Quand vos parents sont-ils nés?
4. Est-ce que vos grandparents sont morts?
5. A quelle heure êtes-vous arrivés en classe?
6. Est-ce que le professeur est arrivé à l'heure?
7. Comment êtes-vous venu ici?
8. Combien de temps êtes-vous resté au lit?
9. Etes-vous sorti samedi sori? A quelle heure êtes-vous rentré?
10. Votre professeur est-il allé en France?

B. PRESENTATION

Notre professeur de littérature à l'Institut pour étrangers en
France nous a emmenés voir un très agréable manoir en Touraine,
"le manoir de Saché" où Balzac a passé plusieurs années de sa vie.
L'autocar est parti à 9 heures du matin et nous sommes arrivés
vers 10 heures. Nous sommes passés directement au Manoir et plus
tard nous avons parcouru les environs de la demeure. Balzac
n'est pas né à Saché mais c'est là où il est mort. On peut voir
sa chambre toute petite et son lit à rideaux. Je suis monté dans
une petite tour particulière d'où la vue sur la campagne environ-
nante est magnifique.

B. EXPLICATION

Verbes irréguliers: i) avec un changement orthographique:
                         2 syllabes...è
                         3 syllabes...é

Ex: Espérer (to hope)

Sujet	Verbe
J'	espère
Tu	espères
Il	espère
Ils	espèrent
Nous	espérons
Vous	espérez

Conjugés comme espérer: préférer, suggérer, répéter, posséder.

Ex: J'espère lire les romans de Balzac,   Je vous suggère
     Ils possèdent un lit à rideaux.   quelque chose.
     Balzac préfère la campagne.

Passé composé de ces verbes: ...régulier: J'ai suggéré
                                            On a répété
                                            Ils ont préféré

148

Leçon XV

Verbes irréguliers: 2) <u>Vivre</u> conjugué comme <u>écrire</u> (Voir Leçon XI)
                          Part. passé: <u>vécu</u>
                          Mourir

Sujet	Verbe
Je	meurs
Tu	meurs
Il	meurt
Ils	meurent
Nous	mourons
Vous	mourez

Ex: Il meurt de fatigue.
     <u>Il a vécu</u> mais maintenant il est mort.

B. <u>EXERCICES ECRITS</u>

Répondez aux questions suivantes:

1. Quels cours espérez-vous suivre l'année prochaine?
2. Est-ce que je vous suggère une méthode d'étudier?
3. Balzac vit-il maintenant?
4. Avez-vous vécu au dix-neuvième siècle?
5. Préférez-vous la campagne ou la ville?
6. Est-ce que la plupart de vos amis possèdent une voiture?
7. Est-ce que je répète toujours les questions?
8. Est-ce que votre mère préfère le homard ou les escargots?
9. Est-ce que vos parents espèrent vous voir pendant les vacances?
10. Répétez-vous les verbes irréguliers au milieu de la nuit?

B. <u>EXERCICES ORAUX</u>

Répondez aux questions suivantes:

1. Espérez-vous réussir à l'examen?
2. Préférez-vous recevoir de l'argent ou des cadeaux pour votre
    anniversaire?
3. Quand mourez-vous de fatigue?
4. Est-ce que Napoléon vit maintenant?
5. Qu'est-ce que vous espérez devenir?
6. Quand est-ce que je répète les questions?
7. Pourquoi êtes-vous devenu étudiant?
8. Possédez-vous des souvenirs? D'où sont-ils venus?
9. Est-ce que le Président Roosevelt a vécu?
10. Est-ce que je vous suggère quelque chose?

C. <u>PRESENTATION</u>

Après notre visite <u>nous sommes sortis</u> du manoir et dans un café
nous avons dégusté un petit vin de Saché excellent. <u>Je suis
reparti</u> par le car, ravi de ma visite, car Saché a rappellé pour
moi des souvenirs très chers. J'ai surtout aimé les statuettes
des personnages de Balzac qu'on y montre. C'est chez les
propriétaires de ce château que <u>Balzac est resté</u> plusieurs anneés
et c'est <u>chez eux</u> qu'il a écrit la plupart de ses romans; <u>sans eux</u>
il ne pouvait pas composer tranquillement malgré le calme de la
nature, et il a été <u>pour eux</u> une source constante de variété
durant les soirées brillantes qui ont eu lieu dans le fameux
salon de réception.

C. <u>EXPLICATION</u>

<u>Pronoms disjoints</u>:   moi, toi, lui, elle
                    nous, vous, eux, elles

ces pronoms appelés <u>disjoints</u> sont employés:

1) après une préposition: (pour, par, après, sans, avec, devant,
                              derrière, à cause de, à côté de,
                              chez, etc.)

Ex: Balzac est resté <u>chez eux</u> (les propriétaires)
     Nous sommes revenus avec Marie; nous sommes revenus <u>avec elle</u>.
     J'ai aperçu ma soeur; elle est sortie <u>après moi</u>.
     Elle est assise <u>derrière vous</u>.

Remarque: on n'emploie pas un pronom disjoint après <u>à</u> (sauf dans
            les expressions idiomatiques ci-dessous (5).) parce que
            <u>à</u> devant une personne est un objet indirect: Voir
            Leçon X.

Ex. J'ai dit cela à Pierre...Je <u>lui</u> ai dit cela.

2) après l'expression: <u>C'est</u>, <u>Ce sont</u>:

Ex: C'est <u>moi</u> qui fais le ménage.
     C'est <u>lui</u> qui est sorti hier soir.
     C'est <u>elle</u> qui est venue.
     C'est <u>nous</u> qui sommes tombés.
     C'est <u>vous</u> qui avez lu les romans de Balzac.
     <u>Ce sont eux</u> qui ont inspiré Balzac.
     <u>Ce sont elles</u> qui sont devenues jolies.

3) comme forme emphatique:
Ex: <u>Moi</u>, j'aime le cinéma. <u>Toi</u>, tu ne l'aimes pas

Lui, il déteste les escargots. Elle, elle les choisit toujours.
Eux, ils sont allés en Angleterre. Elles, elles sont allées
en Allemagne.
Nous, nous avons pris du vin. Vous, vous n'en avez pas pris.

4) dans les sujets doubles:

Ex: Vous et moi sommes allés au cinéma.
Elle et lui ont fini leur travail.

5) pour exprimer la possession: à plus pronom.

Ex: Voilà la maison; elle est à moi. (it is mine).
Ne prenez pas ce livre; il est à lui. (it is his).
Elle a acheté cette robe; elle est à elle. (it is hers).
Ce sont leurs pieds; ils sont à eux. (they are theirs).
Voici un cadeau! Il est à vous. (it is yours).
Ne sortez pas; cette chambre est à nous. (it is ours).
Voici les chaussures de mon fils; elles sont à lui.

C. EXERCICES ECRITS

Remplacez les tirets par un pronom disjoint:

1. Notre professeur est parti sans_____.
2. Je suis allé chez mon oncle; j'aimebien aller chez_____.
3. Il aime votre mère; il sort souvent avec_____.
4. Ce sont_____qui sont partis.
5. _____, j'ai fait cela.
6. Suzanne et Marie sont riches; cette auto est à _____.
7. C'est_____qui es arrivé.
8. J'ai fait tout pour_____mais vous allez mourir malgré_____.
9. Il a parlé à M. Ousse; c'est_____qu'il a vu.
10. Je suis ravi de vous voir; venez près de_____.
11. Il ne sort pas souvent sans ses chiens mais ce matin il est
sorti sans_____.
12. On dit que c'est_____qui faites du piano.
13. Ces dames font du bruit mais il a parlé malgré_____.
14. C'est_____qui allons manger.
15. C'est_____qui suis ce cours; _____ils ne le suivent pas.

C. EXERCICES ORAUX

Répondez aux questions suivantes: (utilisez des pronoms)

1. Etes-vous venu ici avant moi?
2. Etes-vous sorti hier soir avec votre ami?
3. Est-ce vous qui faites la cuisine chez vous?

4. Suis-je à côté de vous?
5. Avez-vous pris le petit déjeuner chez votre mère?
6. Parlez-vous souvent au Président de l'université? Avez-vous parlé avec vos amis hier?
7. Est-ce que vous et votre soeur sortez souvent ensemble?
8. Est-ce que ce stylo est à vous ou à moi?
9. Est-ce le professeur qui doit vous aider?
10. Est-ce moi qui pose les questions la plupart du temps?
11. Est-ce qu'un petit garçon peut sortir sans ses parents?
12. Est-ce que ce sont les étudiants qui doivent faire les exercices écrits?

Vocabulaire

aider	to help	naître	to be born
autobus m	bus	parcourir	to wander around
bordé(d) de	edged with	passer	to spend, pass
brillant(e)	bright, brilliant	personnage m	character
		plusieurs	several
brouillard m	fog	quand même	just the same
calme m	calm	rappeler	to recall
campagne f	countryside	rentrer	to return (home),
circulation f	traffic		to re-enter
composer	to compose	repartir	to leave again
constant(e)	constant	répéter	to repeat
déguster	to taste, to sip	retourner	to return
demeure f	dwelling	revenir	to come back
descendre	to descend	rideau m	curtain
détester	to detest	roman m	novel
devenir	to become	salon de	reception hall
directement	directly	réception m	
dix-neuvième	nineteenth	sans	without
durant	during	siècle m	century
emmener	to take	source f	source
entrer (dans)	to enter	souvenir m	memory
environnant(e)	surrounding	statuette f	small statue,
environs m pl	surroundings		bust
escargot m	snail	suggérer	to suggest
étranger(ère)	stranger,	surtout	above all
m f	foreigner	tomber	to fall
fameux(se)	famous	tour f	tower
fatigue f	fatigue, tiredness	variété f	variety
		visite f	visit
homard m	lobster	vivre	to live
là	there		
littérature f	literature		
malgré	in spite of		
manoir m	manor		
méthode f	method		
monter	to go up, climb		
mourir	to die		

EXPRESSIONS

la plupart de...most of
il ne pouvait pas...he could not
à cause de...because of
au milieu de...in the middle of
combien de temps...for how long

Contents: Explanation of verbs which can be used reflexively and
in non-reflexive or transitive form.

A. Reflexive verbs: formation of present tense.

B. List of verbs which are almost always used
reflexively. (This is not a complete list.
You will be adding more later).

Note that most of these are regular verbs.
These are however some new irregular ones and
other irregular verbs conjugated like verbs which
you already know. All these are listed and you
should learn them carefully.

C. Tout etc. all

Quelque some

Chaque each, every

A. PRESENTATION

Je lave le chien; je me lave dans la salle de bains.
Tu regardes le miroir; tu te regardes dans le miroir.
Il brosse le chat; ensuite, il se brosse.
Elle réveille sa fille à 7 h. du matin; elle se réveille à
   6 h. et demie.
Nous demandons la réponse; nous nous demandons si le professeur
   sait la réponse.
Vous habillez lentement vos enfants; vous vous habillez vite.
Cette histoire m'intéresse; je m'intéresse à cette histoire.

A. <u>EXPLICATION</u>

Beaucoup de verbes peuvent être employés dans une forme simple avec
un objet <u>ou</u> dans une forme pronominale. Remarquez la différence:

Ex: <u>Forme simple</u>

Sujet	verbe	objet
Je	lave	la voiture
Je	regarde	ma soeur
Le coiffeur	rase	le client
La mère	réveille	sa fille
Paul	réveille	sa fille
Nous	levons	la main
Vous	habillez	votre frère

Ex: <u>Forme pronominale</u>

Sujet	pron.	verbe
Je	me	lave
Je	me	regarde (dans le miror)
Il	se	rase (d'abord)
La mère	se	réveille
Paul	se	réveille
Nous	nous	levons
Vous	vous	habillez

<u>Verbes pronominaux</u>: <u>Présent</u>

Ex: <u>se réveiller</u>

Sujet	Pron.	Verbe
Je	me	réveille
Tu	te	réveilles
Il, elle	se	réveille
Ils, elles	se	réveillent
Nous	nous	réveillons
Vous	vous	réveillez

Forme négative:

Sujet	Neg. 1	Pron	Verbe	Neg. 2
Je	ne	me	réveille	pas
Tu	ne	te	réveilles	pas
il, elle	ne	se	réveille	pas
Ils, elles	ne	se	réveillent	pas
Nous	ne	nous	réveillons	pas
Vous	ne	vous	réveillez	pas

Forme interrogative:

(Est-ce que je me réveille?)

Pron.	Verbe Sujet
Te	réveilles-tu?
Se	réveille-t-il?
Se	réveille-t-elle?
Se	réveillent-ils?
Se	réveillent-elles
Nous	réveillons-nous
Vous	réveillez-vous?

Ex: S'habille-t-il vite?
     Comment vous appelez-vous?
     Votre mère s'occupe-t-elle du ménage?
     Notre professeur se lève-t-il tard?

Remarque: me..m' devant une voyelle ou un h muet.
                Ex: Je m'habille.
           te..t' devant une voyelle ou un h muet.
                Ex: Tu t'arrêtes.
           se..s' devant une voyelle ou un h muet.
                Ex: Il s'occupe.

EXERCICES ECRITS

A.I. Mettez la forme correcte du verbe:
1. Je (se demander)
2. Tu (se marier)
3. Elles (s'occuper)
4. Ils (s'habiller)
5. Nous (se raser)
6. Je (se regarder)
7. Vous (se laver)
8. Je (se brosser)

Leçon XVI

A.II. Récrivez les phrases 1-4 ci-dessus à la forme négative.

A.III. Récrivez les phrases 2-5 ci-dessus à la forme interrogative:
(inversion).

A. <u>EXERCICES ORAUX</u>

Répondez aux questions suivantes:

1. A quelle heure vous levez-vous?
2. Vous réveillez-vous facilement?
3. Comment vous habillez-vous? (vite? lentement?)
4. Vous couchez-vous tôt or tard?
5. Où vous lavez-vous? Pourquoi vous lavez-vous?
6. Quand vous dépêchez-vous?
7. Est-ce que la plupart des étudiants s'intéressent à la
politique?
8. Est-ce que votre frère se rase?
9. Est-ce que je m'intéresse à mes étudiants?
10. Vous regardez-vous dans le miroir quand vous vous brossez?
11. Où tout le monde se dirige-t-il à cinq heures du soir?
12. Est-ce que vos parents vous appellent au téléphone? Comment
s'appellent-ils?

B. <u>PRESENTATION</u>

Brrrring. . .le téléphone sonne et Suzanne <u>se réveille</u> en sursaut.
Quoi! Il est déjà dix heures du matin? Elle répond au téléphone;
c'est son ami Paul qui l'invite à une surprise-partie pour ce
soir-là. C'est vraiment une surprise! Suzanne accepte l'invitation
et <u>se dépêche</u> de penser à <u>se préparer</u>. Elle ne peut pas <u>se coiffer</u>
toute seule; il faut aller chez le coiffeur. Elle prend rendez-
vous avec lui pour l'après-midi; puis elle <u>se lève</u> et <u>se lave</u>
assez rapidement parce que l'après-midi elle prendra, comme chaque
jour, un long bain, et <u>s'habille</u>. Elle <u>se dirige</u> vers la cuisine
et <u>se demande</u> comment elle va <u>s'habiller</u> pour le soir. Elle essaie,
peu après, une jolie robe verte assez longue; mais quelle horreur!
Ou Suzanne a grossi ou la robe a rétréci; de toute façon ça ne
va pas. Elle <u>se regarde</u> dans le miroir; il faut essayer quelque
autre ensemble.

B. <u>EXPLICATION</u>

Les verbes pronominaux sont assez nombreux en français. En plus
des verbes mentionnés il y a:

se soucier (de)
se séparer (de)
se fiancer

159

se marier
s'occuper (de)
se plaindre (de) verbe irrégulier: voir ci-dessous
s'en aller (conjugué comme <u>aller</u>: voir Leçon VIII)
         Ex: Je m'en vais
s'asseoir verbe irrégulier: voir ci-dessous
se rendre
s'endormir (conjugué comme <u>dormir</u>: voir Leçon XII)
         Ex: Il s'endort
se sentir (conjugué comme <u>partir</u> (Leçon XII) Ex: Je me sens
se passer
se souvenir (de) (conjugué comme <u>venir</u>: voir Leçon VIII)
         Ex: Ils se souviennent
se lever (conjugué comme acheter: voir Leçon XII) Ex: Je me lève

Verbes irréguliers <u>s'asseoir</u>, <u>se plaindre</u>

S'asseoir	Sujet	Pron.	Verbe	Comp.
S	Je	m'	assieds	dans la classe de français
	Tu	t'	assieds	
	Il, elle	s'	assied	
P	Ils, elles	s'	asseyent	
	Nous	nous	asseyons	
	Vous	vous	asseyez	

Se plaindre	Sujet	Pron.	Verbe
S	Je	me	plains
	Tu	te	plains
	Il, elle	se	plaint
P	Ils, elles	se	plaignent
	Nous	nous	plaignons
	Vous	vous	plaignez

B. <u>EXERCICES ECRITS</u>

Décrivez votre journée: Ex: Je me réveille à sept heures du matin, puis. . .

B. <u>EXERCICES ORAUX</u>
Répondez aux questions suivantes:

1. Qui prépare le petit déjeuner chez vous?
2. Est-ce que les oiseaux vous réveillent quelquefois?

3. A quelle heure votre père se réveille-t-il?
4. Quand lavez-vous ẏos vêtements? Quand vous lavez-vous?
5. Qui s'occupe du ménage chez vous?
6. Est-ce que le Président des Etats-Unis se soucie de vos problèmes?
7. Pourquoi vous plaignez-vous?
8. Est-ce que je me plains de mes étudiants?
9. Vous souvenez-vous de vos vacances? Où êtes-vous allé?
10. Où vous asseyez-vous le soir?
11. Allez-vous vous marier un jour?
12. A quelle heure allez-vous vous coucher ce soir?
13. Est-ce que je m'en vais vite après les classes?
14. A quelle heure vous endormez-vous généralement?

C. PRESENTATION

Soudain elle pense à toutes les jupes longues qu'elle a; elle en essaie une bleue avec un pull-over habillé. Cela lui va bien. Après le coiffeur, elle se maquille lentement; elle se met un peu de fard sur les paupières et sur chaque joue, et il est dé'jà huit heures du soir! Paul vient la chercher à 8 h. 30; elle est folle de joie en pensant qu'elle va danser, qu'elle va avoir, espère-t-elle, beaucoup de succès, et qu'elle va s'amuser jusqu'à 2 ou 3 heures du matin. Ce n'est pas elle qui va s'asseoir et faire tapisserie pendant toute la soirée! Et quand elle se couche enfin elle s'endort toute pleine de doux souvenirs et de doux rêves!

C. EXPLICATION

Tout, Chaque, Quelque

Chaque (adj.) reste invariable: Ex: Chaque jupe est longue.
(Each skirt is long).
Chaque étudiant parle.
(Each, every, student talks)
Chacun (pron.) masc.
Chacune (Pron.) fem. Ex: Chacun à son goût (Every man to his own taste).

Tout (adj.)

Masc. sing. tout masc. pl. tous
Fem. sing. toute fem. pl. toutes

Ex: Elle prend un bain tous les jours. (She takes a bath every day).
Tout le monde est ici (Everyone is here).

Expressions avec <u>tout</u> (adv.)

tout à coup...suddenly
tout à fait...quite
tout à l'heure...in a little while, a little while ago
pas du tout...not at all
tout de suite...immediately.

Ex: J'en ai pris tout à l'heure (I took some a little while ago)
     Il va venir tout à l'heure (He is going to come in a little
     while)

tout le monde (masc.)...everyone

Ex: Tout le monde est en classe aujourd'hui (Everyone is in class
     today).

<u>Quelque</u> mf sing. (adj.) some Ex: Il est allé quelque part
                                           (He went somewhere)
<u>Quelques</u> mf pl   (adj.) a few Ex: J'ai acheté quelques oeufs.
                                           (I bought a few eggs).

<u>Quelque chose</u> m something Ex: Je fais quelque chose (I do
                                        something).
<u>Quelqu'un(e)</u>   someone   Ex: Je vois quelqu'un (I see someone)

C. <u>EXERCICES ECRITS</u>

Ecrivez la forme correcte de l'adjectif: (tout, chaque ou quelque)

1. _____semaine je me dirige vers la bibliothèque.
 2. Il vient_____les jours.
 3. Elle doit s'intéresser à_____sujet.
 4. _____ma famille est à la montagne.
 5. Il a apporté_____pommes.
 6. Vous vous plaignez_____jour.
 7. _____les hommes se rasent.
 8. Se couche-t-il tôt_____soir?

C. <u>EXERCICES ORAUX</u>

Répondez aux questions suivantes:

1. Est-ce que toutes les femmes se maquillent? Pourquoi se
    maquillent-elles?
2. Vous rendez-vous quelque part après cette classe?
3. Vous sentez-vous bien tous les matins? Qu'est-ce que vous
    faites si vous ne vous sentez pas bien?

4. Vos paupières sont-elles tout à fait ouvertes maintenant?
5. Vous réveillez-vous en sursaut chaque matin?
6. Est-ce que quelques professeurs s'en vont tout de suite après chaque classe?
7. Allez-vous vous amuser tout l'été?
8. Est-ce que quelque chose vous intéresse beaucoup?
9. Vous asseyez-vous chaque matin à côté de quelqu'un?
10. Est-ce que tout le monde se soucie de vos erreurs?
11. Est-ce que quelques étudiants se plaignent toujours? Pourquoi?
12. Chez vous, est-ce que chacun s'occupe de ses propres projets?

Vocabulaire

s'amuser	to have a good time	se marier	to get married
		miroir m	mirror
appeler	to call	s'occuper de	to take care of
s'appeler	to be called	oeil (yeux) m	eye
s'asseoir	to sit down	se passer	to happen
brosser	to brush	paupière f	eyelid
se coiffer	to do one's hair	se plaindre	to complain
		se préparer	to prepare oneself
coiffeur m	hairdresser		
se coucher	to go to bed	peu	little
déjà	already	se raser	to shave oneself
se demander	to ask oneself, wonder	se rendre	to go
		rétrécir	to shrink
se dépêcher	to hurry	rêve m	dream
se diriger(vers)	to head for	se réveiller	to wake up
s'embellir	to make oneself beautiful	se sentir	to feel
		se soucier de	to care about, be concerned about
s'endormir	to go to sleep		
fard m	make-up	se souvenir de	to remember
se fiancer	to become engaged	surprise f	surprise
		surprise-partie f	private dance
habillé(e)	dressy		
s'habiller	to dress oneself	yeux (oeil) m pl	eyes
s'intéresser à	to be interested in		
joue f	cheek		
se laver	to wash oneself		
lentement	slowly		
se lever	to get up		
se maquiller	to put on make-up		

EXPRESSIONS:
s'en aller...to go away
ça ne va pas...that won't do
de toute façon...anyway
elle prendra...she will take
en pensant...thinking
en sursaut...with a start
faire tapisserie...to be a wallflower
fou (folle) de joie..mad with joy
quelle horreur!...horrors!
quelque part...somewhere
quoi!...what!
à la montagne...in the mountains

Leçon XVII

Contents: A. Difference between <u>savoir</u> and <u>connaître</u>.

Conjugation of <u>connaître</u>; présent and passé composé.

Conjugation of <u>savoir</u> (review).

<u>Amener</u> and <u>apporter</u>.

B. List of special expressions which use the verb <u>avoir</u>.

Adverbs of quantity: <u>beaucoup</u>

<u>trop</u>

<u>assez</u>

Position of these adverbs with the passé composé.

C. The pronoun <u>en</u> used with these adverbs.

The pronoun <u>en</u> used with numbers (including <u>un</u>, <u>une</u>).

A. PRESENTATION

Connaissez-vous cette jeune fille? Non. Mais je sais par coeur son numéro de téléphone.

Est-ce que votre neveu connaît Picasso? Non, mais il sait peindre.

Connaissez-vous cet arrondissement? Non, je ne sais même pas où je suis.

Connaissez-vous le manoir de Saché? Non, mais nous voulons savoir où il est parce que nous avons envie de le visiter.

Amenez-vous votre grand'mère au concert de Rock? Non, je ne l'amène pas parce qu'elle a mal à la tête, mais je vais lui apporter des disques.

On amène une grand-mère; on apporte des disques.

Le chauffeur amène le Président à la Maison Blanche; Il y apporte ses valises.

A. EXPLICATION Verbes irréguliers: connaître, savoir

Présent

	Sujet	Verbe	Objet
S	je	connais	la jeune fille
	tu	connais	mon neveu
	il	connaît	le manoir de Saché
P1	ils	connaissent	les peintures de Monet
	nous	connaissons	Tours
	vous	connaissez	la plage de Cassis

Passé composé: j'ai connu, etc.

Comparez: Connaître: to know by acquaintance

Savoir: to know after learning, to know how to

Leçon XVII

Présent

Sujet	Verbe	Objet
je	sais	la date
tu	sais	son addresse
il	sait	parler français
ils	savent	les verbes irréguliers
nous	savons	nager
vous	savez	qu'il est tard

Passé composé: j'ai _su_, etc.

Mener (_amener_, _emmener_) ... accent grave avec une syllabe
  (comme acheter)   pas d'accent avec deux syllabes

Présent

Sujet	Verbe	Objet
je	mène	les enfants
tu	mènes	ta grand'mère
il	mène	le défilé
il	mènent	les étudiants
nous	menons	les jeunes filles
vous	menez	la procession

Passé composé: j'ai _mené_, etc.

Amener   to bring ... les personnes
Apporter (verbe régulier)   to bring ... les choses

Ex: on _amène_ Monique à la plage; on _apporte_ des saucissons

EXERCICES ECRITS

A.I. Remplacez les tirets par la forme correcte du verbe _savoir_
     ou du verbe _connaître_

1. Vous_____le Président de l'université.
2. Il_____qu'il faut travailler.
3. Je_____la mère de Suzanne.
4. Robert_____faire la lessive.
5. Est-ce qu'un enfant_____toujours sa mère?

6. Ils_____l'église dont vous parlez.
7. Ils_____toujours la date.

A.II. Remplacez les tirets par la forme correcte du verbe <u>amener</u> or du verbe <u>apporter</u>.

1. Monique _____du jambon.
2. On_____les invités à table.
3. J'_____ma belle-mère à la bibliothèque (passé composé)
4. Le vent_____la poussière.
5. On_____des fleurs à un malade.

A. <u>EXERCICES ORAUX</u>

Répondez aux questions suivantes:

1. Savez-vous l'heure?
2. Est-ce que je vous connais?
3. Qu'est-ce qu'on apporte à un pique-nique?
4. Savez-vous l'impératif du verbe <u>savoir</u>? Qu'est-ce que c'est?
5. Savez-vous tous les verbes irréguliers?
6. Est-ce que le Président des Etats-Unis nous connaît?
7. Connaissez-vous les oeuvres de Balzac?
8. Quelle ville connaissez-vous bien?
9. Est-ce que votre ami vous amène à l'université?
10. Apportez-vous des légumes à la classe de français?

B. <u>PRESENTATION</u>

Quatre amis, Suzanne, Monique, Jean et Eric ont décidé de passer
une journée à la plage de Cassis. L'air de la mer est très frais
et d'abord Suzanne et Monique <u>ont froid</u>. <u>Elles ont la chair de</u>
<u>poule</u>; elles s'étendent sur le sable brûlant et ne bougent plus.
Après quelques instants Monique trouve qu'<u>elle a chaud</u> et va se
baigner dans l'eau limpide et fraîche. Suzanne, elle, ne nage
pas; <u>elle a tort</u>, pense Monique, car l'eau est si bonne! Mais
Suzanne <u>a peur</u> des grosses vagues, elle préfère chercher de beaux
coquillages dans les rochers près de la plage; <u>n'a-t-elle pas</u>
<u>raison</u>? Il est une heure et les deux garçons <u>ont faim</u> et <u>soif</u>
et <u>ils ont envie</u> de manger des hamburgers.

B. <u>EXPLICATION</u>

Certaines expressions en français sont construites et conjuguées
avec le verbe <u>avoir</u>:

avoir besoin de	to need, have need of
avoir faim	to be hungry

168

avoir soif	to be thirsty
avoir chaud	to be hot (person)
avoir froid	to be cold (person
avoir sommeil	to be sleepy
avoir raison	to be right
avoir tort	to be wrong
avoir peur de	to be afraid of
avoir envie de	to want, feel like doing something
avoir mal à la tête	to have a headache
avoir mal à la gorge	to have a sore throat
avoir mal aux dents	to have a toothache
avoir la chair de poule	to have goosebumps
avoir (âge)	J'ai vingt ans
	I am twenty
	Il a quatre ans
	He is four

B. EXPLICATION

Beaucoup, assez, trop sont des adverbes de quantité:
(suivi de de)

Ex: (sing) beaucoup de monde   (pluriel) beaucoup de vagues
       Trop d'argent   trop de coquillages
       assez de travail   assez de saucissons
                                              beaucoup de gens

Négatif: Il n'y a pas beaucoup de monde
          Je n'ai pas trop d'argent
          Nous n'avons pas acheté assez de légumes

Remarque: Au passé composé ces adverbes sont placés entre
           l'auxiliaire et le participe passé.

Sujet	Aux	Adverbe	Part. passé	
Ils	ont	beaucoup	dormi	à la plage
Monique	a	trop	nagé	ce matin

B. EXERCICES ECRITS

Répondez aux questions suivantes:

1. A quelle heure du soir avez-vous sommeil?
2. Qu'est-ce que vous avez envie de faire cet après-midi?
3. Quand avez-vous besoin d'une tasse de café?
4. De quoi avez-vous peur?

5. Quel âge a votre père?
6. Quand avez-vous mal à la tête?
7. A-t-on mal à l'estomac quand on a trop mangé?
8. A-t-on mal à la gorge quand on a beaucoup chanté?
9. Pourquoi avez-vous besoin d'argent?
10. Avez-vous assez étudié cette leçon ?

B. EXERCICES ORAUX

Répondez aux questions suivantes:

1. Quel âge avez-vous?
2. En quelle saison avez-vous soif?
3. Qu'est-ce que vous faites quand vous avez sommeil?
4. Est-ce que le professeur a toujours raison?
5. Qu'est-ce que vous faites quand vous avez tort?
6. De quoi a-t-on besoin quand on a faim?
7. De quoi a-t-on besoin quand on a froid?
8. Qu'est-ce qu'on fait quand on a mal aux dents?
9. Quand y a-t-il beaucoup de monde aux magasins?
10. Qu'est-ce que vous avez envie de faire ce week-end?
11. Avez-vous chaud quand vous avez beaucoup nagé?
12. Comment vous sentez-vous quand vous n'avez pas assez dormi?

C. PRESENTATION

Mais ils sont trop chers et beaucoup de monde fait la queue devant
le restaurant. Les jeunes garçons demandent aux jeunes filles si
elles ont également faim. "Vous avez raison tous deux," dit
Monique, "allons manger car j'ai besoin d'énergie pour continuer à
nager." Ils se mettent à une table à la terrasse d'un café, et
chacun commande un sandwich au saucisson et une orangeade. Enfin,
après le déjeuner, tous sont allongés sur le sable et ils ont
sommeil car ils ont besoin d'un peu de repos avant de repartir
après une si longue journée.

C. EXPLICATION

Emplois spéciaux de en:

1. avec assez de, beaucoup de, trop de, de est remplacé par en

Ex: Il y a beaucoup de livres.
     Il y en a beaucoup.

     Monique a trop d'argent.
     Monique en a trop.

Il a assez d'argent.
Il en a assez.

2. En est employé avec les chiffres: (with numbers)

Ex: Combien de livres avez-vous? (Combien en avez-vous?)
J'en ai trois.

Combien de tasses de café prenez-vous? (Combien en prenez-vous?)
J'en prends une.

Combien de cours avez-vous suivi? (Combien en avez-vous suivi?)
J'en ai suivi trois.

Voulez-vous prendre un verre de vin? (Voulez-vous en prendre un?)
Je veux en prendre un.

Buvez-vous quarante bouteilles de vin? (En buvez-vous quarante?)
Je n'en bois pas quarante, j'en bois une.

C. EXERCICES ECRITS

Récrivez les phrases avec le pronom en:

Ex: Il y a beaucoup de livres à la bibliothèque.
Il y en a beaucoup à la bibliothèque.

1. J'ai assez d'amis.
2. Dans l'océan il y a beaucoup de poissons.
3. Je n'ai pas trop de travail, mais j'ai assez de travail.
4. Ils ont acheté beaucoup de fraises.
5. Elle oublie toujours trois choses.
6. Le docteur a reçu trop d'argent.
7. Le pauvre homme n'a pas gagné assez d'argent.
8. Nous voulons prendre une tasse de thé.
9. Il a suivi quatre cours.
10. J'ai pensé apporter deux bouteilles de vin.
11. Il va acheter trois portefeuilles.
12. Il n'a pas reçu beaucoup de bonnes notes.

C. EXERCICES ORAUX

Répondez aux questions suivantes:

1. Recevez-vous beaucoup de cadeaux à Noël?

2. Buvez-vous trop de café?
3. Combien de soeurs avez-vous?
4. Combien de jours y a-t-il dans une semaine?
5. Avez-vous assez d'argent?
6. Suivez-vous trop de cours ce trimestre?
7. Combien de semaines y a-t-il dans une année?
8. Est-ce que les étudiants ont assez de vacances?
9. Quand avez-vous besoin d'énergie?
10. Voulez-vous prendre une tasse de thé?
11. Avez-vous peur des tremblements de terre?
12. Combien d'étudiants y a-t-il dans la classe de français?
13. Combien de langues savez-vous parler?

Leçon XVII
Vocabulaire

âge m	age
allongé(e)	stretched out
an m	year
amener	to bring (a person)
apporter	to bring (a thing)
arrondissement m	district
aspirine f	aspirin
assez	enough
(se) baigner	to bathe
bouger	to move
brûlant(e)	burning
chauffeur m	chauffeur
coeur m	heart
connaître	to know
continuer à	to continue to
coquillage m	shell
d'abord	at first
debout	standing, upright
décider	to decide
dent f	tooth
également	equally, likewise
énergie f	energy
estomac m	stomach
s'étendre	to stretch out
gagner	to earn, win, gain
gorge f	throat
limpide	limpid
mener	to lead
neveu m	nephew
oeuvre f	work (book, art, etc.)
orangeade f	orangeade
peindre	to paint (conjugué comme plaindre XVI)
plage f	beach
repos m	rest
rocher m	rock
sable m	sand
saucisson m	sausage
si	so, so much
(se) tromper	to be mistaken
tremblement de terre m	earthquake
trop	too, too much
vague f	wave

EXPRESSIONS

beaucoup de monde...a lot of people
faire la queue...to stand in line
avant de repartir...before leaving again
de quoi...of what

Leçon XVIII

Contents: A. Formation of imperfect tense.

           B. Use of imperfect tense. Idiomatice use of Il y a...
                ago.

           C. Y pronoun of place. Review of other pronouns.

               Irregular verbs: croire (to believe)

                               craindre (to fear)

175

Leçon XVIII

A. PRESENTATION

Quand j'<u>étais</u> petit, je n'<u>étais</u> pas grand.

Quand tu <u>avais</u> six ans, tu <u>allais</u> à l'école.

Napoléon <u>était</u> un grand homme, mais ce n'<u>était</u> pas un homme grand.

Cet été il <u>faisait</u> terriblement chaud; chaque jour elle <u>buvait</u> beaucoup de thé glacé.

Nous <u>connaissions</u> un endroit pittoresque; nous y <u>faisions</u> souvent un pique-nique.

Vous <u>vouliez</u> téléphoner au Président mais vous ne <u>saviez</u> pas son numéro de téléphone.

Les enfants <u>devaient</u> toujours mettre un manteau quand ils <u>avaient</u> froid.

Il n'y <u>avait</u> pas de télévision au dix-huitième siècle; le soir on <u>dansait</u>, on <u>bavardait</u>, on <u>jouait</u> aux cartes.

A. EXPLICATION

Imparfait

<u>Formation:</u> To form the imperfect, take the "nous" form of the present, cut off the ending ons and add these endings:

	Sujet	Verbe
	Je	--ais
S	Tu	--ais
	Il, elle	--ait
	Ils, elles	--aient
Pl	Nous	--ions
	Vous	--iez

Ex: Ier groupe en -<u>er</u> Ex: <u>parler</u>

	Sujet	Verbe
	je	parlais
S	tu	parlais
	il, elle	parlait

176

Sujet	Verbe
ils, elles	parlaient
nous	parlions
vous	parliez

P1

Ex: IIème groupe en –ir Ex: finir

Sujet	Verbe
je	finissais
tu	finissais
il, elle	finissait
ils, elles	finissaient
nous	finissions
vous	finissiez

S

P1

Ex: IIIème groupe en–re Ex: perdre

Sujet	Verbe
je	perdais
tu	perdais
il, elle	perdait
ils, elles	perdaient
nous	perdions
vous	perdiez

S

P1

Même pour les verbes irréguliers: prenez la forme nous, sans –ons, et ajoutez les terminaisons ci-dessus.

Ex: Avoir Présent: nous av-ons

Sujet	Verbe
j'	avais
tu	avais
il, elle	avait
ils, elles	avaient
nous	avions
vous	aviez

S

P1

Ex: <u>Prendre</u> Présent: nous pren-ons   Imparfait: je prenais
     <u>Recevoir</u> Présent: nous recev-ons Imparfait: je recevais
     <u>Aller</u>   Présent: nous all-ons   Imparfait: j'allais

<u>Excepté</u> le verbe <u>être</u> Présent: nous sommes   Imparfait:
                                                       nous étions
                                                       j'étais

	Sujet	Verbe
	j'	étais
S	tu	étais
	il, elle	était
	ils, elles	étaient
Pl	nous	étions
	vous	étiez

A. <u>EXERCICES ECRITS</u>

I. Récrivez ces phrases à l'imparfait:

1. Je travaille dans le jardin.
2. On parle du tremblement de terre.
3. Tu peux regarder.
4. C'est un jour agréable.
5. Il part le soir.
6. Je dois partir.
7. Monique a chaud.
8. Il vient chez moi.
9. Ils connaissent l'Île de la Cité.
10. Nous ne voulons pas lui parler.
11. Elles prennent le train.
12. Vous ne vendez pas la maison.
13. Il fait du vent.
14. Vous apercevez le pont de l'Alma.
15. Il mange au restaurant.
16. Avons-nous un problème?

A. <u>EXERCICES ORAUX</u>

I. Mettez ces phrases à l'imparfait:

1. Je connais son père.
2. Vous savez danser.
3. Les mouches sont noires.
4. Je dors bien.
5. Il reçoit des cadeaux.

6. Il y a une vue magnifique.
7. Suzanne ne peut pas nager.
8. Il va voir le pont de l'Alma.
9. Je suis un cours de philosophie.
10. Il espère s'asseoir en plein air.

B. PRESENTATION

Le bateau-mouche, tout le monde en parlait et je ne le
connaissais pas! Dimanche dernier j'ai pensé que c'était une
occasion idéale pour le prendre parce que je n'avais rien à
faire en particulier. C'était un bateau blanc à plusieurs ponts:
les personnes qui voulaient voir Paris à l'abri du vent restaient
à l'intérieur; les autres plus aventureuses s'asseyaient en plein
air dans de confortables fauteuils et d'autres encore plus hardies
s'installaient sur le pont supérieur d'où elles pouvaient avoir de
Paris une vue magnifique. J'ai compris pourquoi le bateau
s'appelait "mouche" car il ressemblait en effet à une grosse mouche
qui glissait silencieusement sur le fleuve; il y a peut-être une
autre explication.

B. EXPLICATION   Emploi de l'imparfait

1. Pour une description dans le passé.

    Ex: C'était un bateau blanc.
         Cet été il faisait terriblement chaud.
         Il ressemblait à une grosse mouche.

2. Pour un état d'esprit qui dure:

    Ex: Je n'avais rien à faire.
         Ils voulaient voir Paris.
         Nous pouvions apprécier les monuments.

Remarque: On utilise généralement l'imparfait avec certains
           verbes qui expriment un état d'esprit:

           penser, savoir, vouloir, croire, désirer,
           espérer, aimer, pouvoir.

3. Pour une action ou une situation habituelle au passé:

    Ex: Tout le monde en parlait.
         Quand tu avais six ans, tu allais à l'école.
         Le soir on dansait, on bavardait, on jouait.

3. Was, were + ---ing (English) =   (imparfait) (French)

Ex. Tout le monde en parlait. (Everyone was talking about it)
Nous dansions et la musique était douce. (We were
dancing and the music was sweet).

B.II. Usage idiomatique de l'expression <u>il y a</u>. . . .<u>ago</u>.

Ex: J'ai pris le bateau il y a dix ans...I took the boat ten years
<u>ago.</u>
Elle était encore à l'école il y a trois ans...She was still
at school three years <u>ago</u>.

B. <u>EXERCICES ECRITS</u>

Répondez aux questions suivantes:

1. Bavardiez-vous hier soir?
2. Est-ce que votre famille chantait à Noël? Chantiez-vous
avec votre famille?
3. Où habitiez-vous il y a neuf ans?
4. Qu'est-ce que vous faisiez après l'école?
5. Vous amusiez-vous tous les étés?
6. Qu'est-ce que vous vouliez devenir il y a treize ans?
7. Comment veniez-vous à l'université l'année passée?
8. Glissiez-vous sur la neige en hiver?
9. Quand faisait-il terriblement chaud?
10. Est-ce qu'on regardait la télévision au dix-neuvième siècle?
Pourquoi ou pourquoi pas?
11. Est-ce qu'on voyageait en train il y a cent ans?
12. Est-ce qu'on pensait à la pollution quand vous aviez cinq ans?

C. <u>PRESENTATION</u>

Par la suite j'ai pris ce bateau plusieurs fois; à chaque
visite nous <u>passions</u> sous les 21 ponts de Paris et nous <u>pouvions</u>
apprécier tous les principaux monuments de la capitale surtout le
soir quand ils <u>étaient</u> bien illuminés. Je me souviens de
quelques ponts en particulier; <u>j'aimais</u> regarder le pont de
l'Alma et le pont St. Michel d'où nous <u>pouvions</u> voir à gauche
l'île de la Cité, premier site de Paris, et à droite la
Conciergerie, bâtiment sombre et à la façade monotone où Marie
Antoinette <u>était</u> emprisonnée durant le début de la Révolution.
Puis je <u>contemplais</u> avec plaisir l'un des côtés du Palais du
Louvre avec son architecture classique et imposante. Enfin le
bateau <u>revenait</u> au quai et j'<u>étais</u> très satisfait d'avoir
visité Paris à partir d'une perspective originale.

C. <u>EXPLICATION</u> Verbes irréguliers:

Croire

Présent:

Sujet	Verbe
je	crois
tu	crois
il, elle	croit
ils, elles	croient
nous	croyons
vous	croyez

Sing. (je, tu, il elle)

Pluriel (ils elles, nous, vous)

Imparfait:	je	croyais	etc.
Passé composé:	j'	ai cru	etc.

Craindre

Présent:

Sujet	Verbe
je	crains
tu	crains
il, elle	craint
ils, elles	craignent
nous	craignons
vous	craignez

Sing.

Pluriel

Imparfait:	je	craignais	etc.
Passé composé:	j'	ai craint	etc.

Verbes conjugés comme <u>craindre</u>: peindre, se plaindre (XVI)
joindre (XIX) atteindre (XIX)

<u>Falloir</u>: Présent: il faut
Passé composé: il a fallu
Imparfait: il fallait

<u>Remarque</u>: le verbe <u>commencer</u> a une cédille (ç) devant <u>a</u> et <u>o</u>.

Ex: nous commençons (Présent) Imparfait: je commençais
mais: nous commencions

la verbe <u>manger</u> (se diriger, nager, etc.) a un e devant <u>a</u> et <u>o</u>:

Ex: nous mangeons (Présent) Imparfait: je mangeais; je nageais
mais: nous mangions;nous nagions

Leçon XVIII

C.II. <u>Y</u>: pronom qui remplace les expressions de lieu, est placé
          devant le verbe ou l'auxiliare:

Ex: Nous allons <u>à la plage</u>...nous <u>y</u> allons.
     Nous sommes allés <u>à la plage</u>...nous <u>y</u> sommes allés.
     Nous voulons aller <u>à la plage</u>...nous voulons <u>y</u> aller.
     Il fait la queue <u>devant le restaurant</u>...il <u>y</u> fait la queue.
     Il n'a pas fait la queue <u>devant le restaurant</u>...il <u>n'y</u> a pas
       fait la queue.
     Il ne veut pas faire la queue <u>devant le restaurant</u>: il ne
       veut pas <u>y</u> faire la queue.
     Tous sont allongés <u>sur le sable</u>...tous <u>y</u> sont allongés.

C. EXERCICES ECRITS

Mettez les phrases suivantes à l'imparfait: remplacez les mots
soulignés par un pronom:

 1. Il craint <u>les serpents</u>.
 2. Il faut contempler <u>la façade de la Conciergerie</u>.
 3. Il y a beaucoup <u>de ponts</u>.
 4. Tout le monde commence <u>le voyage</u>.
 5. Au petit déjeuner il mange <u>des oeufs</u>.
 6. Nous allons souvent <u>chez notre grand'mère</u>.
 7. Ils donnent <u>leurs fauteuils</u> à <u>la propriétaire</u>.
 8. Il nage <u>dans l'océan</u>.
 9. On veut poser trop <u>de questions</u>.
10. Nous perdons la clé <u>dans la rue</u>.
11. Nous sommes <u>sur le pont</u>.
12. Il fait froid quelquefois <u>dans le Louvre</u>.
13. Je crois toujours <u>le professeur</u>.

C. EXERCICES ORAUX

Répondez aux questions suivantes:

 1. Qui était emprisonné dans la Conciergerie?
 2. Sortiez-vous beaucoup de la maison l'été passé?
 3. Es-ce que votre maison était illuminée à Noël?
 4. Habitiez-vous dans cette ville quand vous aviez quatre ans?
 5. Alliez-vous souvent à la plage quand vous étiez petit?
 6. Y avait-il des mouches dans votre salle de bains l'été passé?
 7. Qu'est-ce qu'on faisait le soir quand la télévision n'existait
     pas?
 8. Nagiez-vous dans la piscine en hiver?
 9. Qu'est-ce que vous craigniez quand vous aviez onze ans?
10. Saviez-vous conduire il y a dix ans? Où conduisiez-vous?
11. Est-ce qu'on vous parlait français au lycée?

12. Receviez-vous assez d'argent l'année passée?
13. Est-ce qu'un bruit vous réveillait souvent pendant les vacances?
14. Croyiez-vous au Père Noël quand vous aviez cinq ans?
15. Comment s'appelait votre grand'mère?
16. Alliez-vous souvent chez elle quand vous étiez petit?
17. Restiez-vous chez vous quand il faisait froid l'hiver passé?
18. Ecoutait-on la radio au dix-septième siècle? Pourquoi ou pourquoi pas?
19. Quand vous étiez à l'école il y a douze ans, appreniez-vous des langues étrangères?

abri	m	shelter
architecture	f	architecture
aventureux(se)		daring, adventurous
bavarder		to gossip
capitale	f	capital
contempler		to contemplate
craindre		to fear
croire		to believe
début	m	beginning
durant		during
emprisonné(e)		imprisoned
esprit	m	mind
état	m	state
exister		to exist
fleuve	m	river
glacé(e)		iced
glisser		to slide, slip
habiter		to live, dwell
hardi(e)		bold, hardy
joindre		to join
île	f	island
illuminé(e)		illuminated
imposant(e)		imposing
s'installer		to settle
lycée	m	high school
monotone		monotonous
mouche	f	fly
occasion	f	opportunity
original(e)		original
Palais	m	palace
perspective	f	perspective
pont	m	bridge
principal(e)		principal
quai	m	quay
ressembler		to resemble
silencieusement		silently
supérieur(e)		upper

EXPRESSIONS

à partir de	from
en plein air	in the open air
je n'avais rien à faire	I had nothing to do
il y a	ago
par la suite	later on
plusieurs fois	several times

Leçon XIX

Contents: A.   <u>Passé composé</u> of reflexive verbs.

             B.   Interrogative pronouns...for people
                                       ...for things

             C.   List of frequently used reflexive verbs

Leçon XIX

A. PRESENTATION

Je me lève à six heures; <u>je me suis réveillé</u> à cinq heures et demie.
Aujourd'hui tu t'occupes du ménage; hier, <u>tu ne t'en es pas soucié</u>.
Hier, <u>il s'est fait</u> mal; aujourd'hui il se repose.
Aujourd'hui, elle ne s'amuse pas; hier, <u>elle s'est bien amusée</u>.
Nous nous asseyons en classe; nous étions en retard et <u>nous nous
sommes dépêchés</u>.
Vous vous brossez les cheveux; <u>vous vous êtes brossé</u> les dents.
Ils s'excusent parce qu'<u>ils se sont trompés</u>.
<u>Qui</u> est arrivé? C'est son fils <u>qui</u> est arrivé.
<u>Qu'est-ce qui</u> est arrivé? Quelque chose de terrible est arrivé.
<u>Avec qui</u> est-il arrivé? Il est arrivé avec un agent de police.
<u>Avec quoi</u> est-il arrivé? Il est arrivé avec des menottes.

A. EXPLICATION Passé composé des verbes pronominaux:

Forme affirmative:

	Sujet	Pron.	Aux.	Part. Passé	Comp.
S	je	me	suis	arrêté(e)	au café
	tu	t'	es	arrêté(e)	au café
	il	s'	est	arrêté	au café
	elle	s'	est	arrêté<u>e</u>	au café
P	ils	se	sont	arrêté<u>s</u>	au café
	elles	se	sont	arrêté<u>es</u>	au café
	nous	nous	sommes	arrêté(es).	au café
	vous	vous	êtes	arrêté(es)	au café

Forme interrogative:

	Pron.	Aux.	Sujet	Part. Passé	Comp.
S	(Est-ce que je me suis arrêté au café?)				
	T'	es	– tu	arrêté	au café?
	S'	est	– il	arrêté	au café?
	S'	est	– elle	arrêté<u>e</u>	au café?
P	Se	sont	– ils	arrêté<u>s</u>	au café?
	Se	sont	– elles	arrêt<u>ées</u>	au café?
	Nous	sommes	– nous	arrêté(es)	au café?
	Vous	êtes	– vous	arrêté(es)	au café?

Leçon XIX

Forme négative:

Sujet	Neg. 1	Pron.	Aux.	Neg. 2	Part. Passé	Comp.
Nous	ne	nous	sommes	pas	éloignés	du centre.

Remarque: Les verbes pronominaux sont <u>toujours</u> conjugués avec
l'auxiliaire <u>être</u>.au passé composé et la participe
passé s'accorde en gendre et en nombre.

Ex: Nous nous sommes trouvés
Elles se sont lavées
Suzanne s'est amusée

Participe passé du verbe irrégulier: s'<u>asseoir</u>...<u>assis</u>

Ex: Elle s'est <u>assise</u> à côté de moi.

A. EXERCICES ECRITS

Mettez la forme correcte du verbe au passé composé:

1. Je (se laver)
2. Elle (s'amuser)
3. Nous (se dépêcher)
4. Elles (s'asseoir)
5. Nous (se souvenir)
6. Ils (s'endormir)
7. Elles (s'attendre)
8. Tu (s'en aller)
9. Ils (se sentir)
10. Nous (se faire mal)
11. Vous (dire)

A. EXERCICES ORAUX

1. A quelle heure vous êtes-vous réveillé ce matin?
2. Vous êtes-vous fait mal récemment?
3. Vous êtes-vous dépêché aujourd'hui?
4. Quand vous êtes-vous brossé les cheveux?
5. Est-ce que tout le monde s'est souvenu de votre anniversaire?
6. Comment vous êtes-vous senti hier?
7. A quelle heure vous êtes-vous couché samedi passé?
8. Vous êtes-vous occupé de la cuisine hier?
9. Est-ce que le professeur s'est assis sur la table?
10. Vous êtes-vous trompé récemment? Qu'est-ce que vous avez
fait?
11. Vous êtes-vous bien amusé pendant les vacances?

Leçon XIX

B. PRESENTATION

Qui s'attendait à découvrir une ville typiquement française
au début de notre voyage? Certainement pas nous, John et moi
(Peter). Par quels moyens sommes-nous arrivés subitement en
voiture au centre de la ville de Tours? Pure coincidence. Que
pouvons-nous dire de Tours? C'est une ville propre et très
animée. Nous ne nous attendions nullement à trouver une grande
ville provinciale à seulement trois heures de Paris. La rue
principale, la rue Nationale, s'étendait à perte de vue au delà
de la Place du Palais et se prolongeait par l'Avenue Grammont.
Il était dix heures du matin et ces deux artères se remplissaient
rapidement de Tourangeaux et de touristes. Où nous sommes-nous
arrêtés? Ah maintenant je me souviens, au grand Café de
l'univers qui est fréquenté surtout par les étudiants français et
étrangers, devant l'hôtel de Ville si coquet avec ses géraniums
à chaque fenêtre. Pendant que je me rafraichîssais avec une
menthe à l'eau, mon copain s'est précipité dans une librairie toute
proche et s'est procuré un plan de la ville avec les endroits
intéressants à visiter.

B. EXPLICATION

Pronoms interrogatifs: 1) Personnes (people)

Qui...sujet Ex: Qui fait le ménage? (Who does the housework?)
                  Qui est arrivé? (Who arrived?)
                  Qui découvre Tours? (Who discovers Tours?)

Qui...objet
(avec inversion)
            Ex: Qui avez-vous rencontré? (Whom did you meet?)
                 Qui a-t-il vu? (Whom did he see?)

Qui (après une preposition)
    (avec inversion)
            Ex: Avec qui est-il arrivé (With whom did he arrive?)
                 A qui parlent-ils? (To whom are they speaking?)
                 Pour qui achetez-vous ces cadeaux? (For whom
                 are you buying these gifts?)

                 2) Choses (Things)

Qu'est-ce qui...sujet
            Ex: Qu'est-ce qui fait ce bruit? (What is making
                 that noise?)
                 Qu'est-ce qui est arrivé? (What happened?)
                 Qu'est-ce qui vous surprend? (What surprises
                 you?)

189

Qu'est-ce que...objet

Ex: <u>Qu'est-ce que</u> vous dites? (What do you
       say?)
     <u>Qu'est-ce que</u> je vais faire? (What am I
       going to do?)
     <u>Qu'est-ce que</u> c'est? (What is this?)

Que (forme alternative avec inversion)...objet

Ex: <u>Que</u> dites-vous? (What do you say?)
     <u>Que</u> faites-vous? (What are you doing?)
     <u>Que</u> pouvons-nous dire de Tours? (What
       can we say about Tours?)

Quoi (après une préposition, avec inversion)

Ex: <u>De quoi</u> avez-vous besoin? (Of what have
       you need?)
     <u>Sur quoi</u> sont-ils assis? (On what have
       they sat down?)
     <u>De quoi</u>parlez-vous? (Of what are you
       speaking?)

<u>Remarque</u>: L'imparfait des verbes pronominaux
              comme l'imparfait des verbes réguliers.
              Ex: La rue Nationale s'étendait à perte de vue.

B. <u>EXERCICES ECRITS</u>

Inventez des questions appropriées pour les phrases suivantes:
(N'employez <u>PAS</u> inversion ou <u>Est-ce que</u>. Employez les pronoms
interrogatifs ci-dessus)

1. Ils ont fait le ménage hier.
2. Il a besoin d'un réveil.
3. Il pense à ses études.
4. Il se souvient de la plage.
5. Je dis la vérité.
6. Vous avez vu un cheval blanc.
7. L'ascenseur ne marche pas.
8. Je réfléchis à mon examen.
9. Il a aperçu son professeur d'histoire.
10. Elle écrit toujours avec un stylo rouge.

B. EXERCICES ORAUX

Inventez des questions pour les phrases suivantes: (n'employez
pas Est-ce que ou l'inversion)

1. J'ai etudié hier soir.
2. Elle est venue avec sa belle-mère.
3. Les soldats ont bu une bouteille de vin.
4. La fenêtre est cassée.
5. Je me suis souvenu de ma mère.
6. Un tigre violet me surprend.
7. Je suis sorti avec Marie.
8. Un bruit terrible me réveille.
9. J'ai besoin d'argent.
10. Nous avons parlé de Tours.
11. Je suis parti sans mon portefeuille.
12. Nous nous sommes occupés du ménage.

C. PRESENTATION

Entretemps devinez qui j'ai rencontré à la terrasse du café?
Un de nos amis communs Georges, qui s'est joint à nous. Tous les
trois nous avons visité seulement certains points dignes
d'intérêt: le Musée du "Compagnonnage" où les artisans se sont
fait connaître par leurs expositions de chefs-d'oeuvre
d'artisanats extraordinaires, puis nous nous sommes rendus à la
Cathédrale St. Gatien, qui date du douzième siècle. Nous sommes
montés dans la Tour de l'église (250 marches) d'où une vue
spectaculaire s'offrait à nos yeux. Comme nous n'avions pas
beaucoup de temps nous ne nous sommes pas éloignés du centre de
la ville mais nous avons fait tout de même le tour de la Place
Plumereau où se trouvaient d'authentiques maisons du quinzième
siècle. Il est déjà cinq heures, me suis-je écrié subitement,
et nous devons atteindre Poitiers ce soir! Nous nous sommes dirigés
en toute hâte vers notre voiture en regrettant de ne pas avoir vu
tous les endroits mentionnés sur le plan.

C. EXPLICATION

D'autres verbes pronominaux qu'on emploi souvent:

se trouver...être

Ex: Où se trouve le bureau de poste? Il se trouve près du marché
     Où se trouve l'église? Elle se trouve derrière le bureau de
     poste.

se faire mal...se blesser

Ex: Il est tombé et il s'est fait mal à la jambe
     J'ai eu un accident et je me suis blessé

se tromper...faire une erreur

Ex: J'essayais de lui téléphoner mais je me suis trompé de numéro
     Ils se sont excusés parce qu'ils se sont trompés

se mettre à...commencer

Ex: Je me mets à étudier à six heures du matin
     Nous nous sommes mis à lire la leçon

se mettre en colère...se fâcher

Ex: Le professeur se met en colère quand les etudiants ne l'écoutent
     pas
     Elle s'est mise en colère parce qu'elle a longtemps attendu ses
     amis

se passer...arriver (to happen)

Ex: Qu'est-ce qui se passe? (What is happening?)
     Qu'est-ce qui s'est passé en mil quatre cent quatre-vingt-douze?

C. EXERCICES ECRITS

Mettez la forme correcte du verbe à l'imparfait:

1. Nous (se tromper)
2. On (s'endormir)
3. Je(s'asseoir)
4. Elle (se plaindre)
5. Vous (se dépêcher)
6. Je (se fâcher)
7. Tu (se diriger)
8. Nous (se souvenir)
9. Ils (se rafraîchir)
10. Je (se mettre)
11. Qu'est-ce qui (se passer)

C. EXERCICES ORAUX

Répondez aux questions suivantes:

1. Où se trouve votre université?
2. L'année passée vous réveilliez-vous toujours à l'heure?
3. Pourquoi votre mère se fâchait-elle quand vous étiez petit?
4. Pourquoi le professeur s'est-il mis en colère?
5. Où l'autobus s'arrête-t-il?
6. Vous trompiez-vous souvent quand vous étiez petit? Qui vous indiquait vos erreurs?
7. De quoi vous plaigniez-vous l'année dernière?
8. A quelle heure vos yeux se sont-ils ouverts ce matin?
9. Qui se dirigeait vers ce pays en 1492?
10. Avec quoi vous êtes-vous mis à étudier hier soir?
11. Qu'est-ce qui s'est passé en France en 1789?
12. Vous êtes-vous fait mal récemment? Qu'est-ce qui s'est passé?

s'arrêter	to stop (oneself)	se mettre(à)	to begin
artère f	main road	moyens m pl	means
artisan m	craftsman	nullement	not at all
artisanat m	craftsmanship	oeil m	eye
atteindre	to reach (conjugué comme craindre)	se précipiter	(pl. yeux) to rush
s'attendre(à)	to expect	proche	nearby (toute
au delà	beyond		proche, very near)
chef-d'oeuvre m	masterpiece	se procurer	to procure
commun(e)	common, mutual	se rafraîchir	to refresh
copain (copine) mf	friend		oneself
		se remplir (de)	to fill up
coquet(te)	stylish		(with)
dater	to date	se reposer	to rest
deviner	to guess	subitement	suddenly
digne	worthy	terrasse f	terrace
s'écrier	to exclaim	Tourangeau m	inhabitant of
s'éloigner	to move away		Tours
entretemps	meanwhile	tour m	tour, turn
s'excuser	to apologize	se tromper	to be
se fâcher	to become angry	typiquement	mistaken typically
fréquenter	to frequent		
hôtelde ville m	city hall		
intérêt f	interest		
se joindre	to join (conjugué comme craindre)		
librairie f	bookstore		
marche f	step, stair		
menotte f	handcuff		
mentionné(e)	mentioned		

EXPRESSIONS

à perte de vue...out of sight
se faire connaître...to make oneself known
se faire mal...to hurt oneself
menthe à l'eau (f)...mint drink
se mettre en colère...to become angry
en regrettant...regretting
en toute hâte...in haste
tout de même...in spite of that, all the same
bureau de poste...post office

Contents: A. Use of <u>imparfait</u> and <u>passé composé</u>.
(Imperfect tense conveys "background state while the present perfect conveys the sense of one completed action. The two tenses are often used thus in the same sentence).

        B. Agreement of the past participle in verbs conjugated with <u>avoir</u> (only when the direct object precedes the verb).

              Review of agreement of past participles in verbs conjugated with <u>être</u> including reflexive verbs.

        C. I. Lists of verbs which need

              1) no preposition in front of the infinitive which follows. (Review)
              2) <u>de</u> before the infinitive which follows.
              3) <u>à</u> before the infinitive which follows.

              These verbs must be memorized.

          II. Irregular verbs <u>courir</u>, <u>jeter</u>, <u>appeler</u>.

195

A.   PRESENTATION

Hier, quand je prenais une douche, j'ai glissé sur le savon et je
suis tombé.

Le café était très chaud; je me suis fait mal à la gorge pendant
que je le buvais.

Quand je suis allé au garage, j'ai découvert que ma voiture ne
marchait pas.   Pendant que j'attendais l'autobus, il a commencé
à pleuvoir; je suis allé chercher un imperméable.

L'autobus est arrivé quand j'étais dans la maison; il est parti
sans moi.

Pendant que je venais à l'université à pied, il a fait de l'orage;
je courais très vite quand j'ai heurté le parapluie du président
de l'université; j'ai cassé son parapluie, je me suis blessé,
et pendant que je pleurais, il m'a demandé brusquement pourquoi
je ne faisais pas attention.   Comme j'arrivais en classe, le
professeur sortait.   J'ai manqué l'examen!

A.   EXPLICATION

Emploi de l'imparfait et du passé composé:

l'imparfait exprime la durée; le passé composé exprime une action
unique: (duration)

Ex: Nous continuions à pied quand un train miniature est arrivé.
        imparfait   passé composé

   (We were continuing on foot when a miniature train arrived).

   Jean jouait quand Marie est entrée
        imparfait   passé composé

   (John was playing when Mary entered)

   Je lui ai demandé pourquoi il allait partir.
        passé composé   imparfait

   (I asked him why he was going to leave).

   Quand je prenais une douche, j'ai glissé sur le savon.
        imparfait   passé composé

   (When I was taking a shower, I slipped on the soap).

Leçon XX

Il <u>a découvert</u> que sa voiture ne <u>marchait</u> pas
   passé composé   imparfait

(He <u>discovered</u> that his car <u>was not working)</u>

A. <u>EXERCICES ECRITS</u>

Mettez les phrases suivantes au passé (employez l'imparfait ou le
passé composé:)

1.   Pendant que je dors, un oiseau entre dans ma chambre.
2.   Il me demande pourquoi je vais continuer à travailler.
3.   Quand je me réveille, il pleut.
4.   Le dauphin se fait mal pendant qu'il joue comme un enfant.
5.   Pendant que mon copain boit du thé, je me dirige vers l'église.
6.   Il tombe parce qu'il court trop vite.
7.   Pendant que les animaux mangent, nous leur jetons des fruits.
8.   J'attends l'autobus quand mon ami arrive.
9.   On me demande au téléphone pendant que je prends une douche.
10. Je suis en route pour Biarritz quand je me trompe de chemin.
11. Pendant que le professeur parle, certains étudiants sortent
     de la classe.
12. Il s'assied en plein air quand il commence à neiger.

A. <u>EXERCICES ORAUX</u>

Remplacez les tirets par la forme correcte du verbe au passé
composé ou à l'imparfait:

A l'âge de six ans, je (habiter)_____à la campagne. Un jour, ma
grand'mère m'_____(amener) au zoo. Pendant que nous_____(regarder)
les animau**x**, je_____(heurter) le parapluie d'une dame qui_____
(attendre) son mari. Je_____(se blesser). Tout à coup je_____
(apercevoir) un bel oiseau qui_____(voler) au-dessus de ma tête.
Je_____(courir) après l'oiseau quand je_____(tomber). Je_____
(se faire mal). Je_____(commencer) à pleurer pendant que ma
grand'mère_____(chercher un pansement. Après cet accident, ma
grand'mère_____(décider) de rentrer chez nous.

B. <u>PRESENTATION</u>

Suzanne, je dois te raconter à tout prix l'aventure merveilleuse
<u>qui nous a beaucoup divertis</u>, Monique et moi. <u>Nous avons visité</u>
le zoo de San Diego, l'un des plus beaux du monde, à mon avis.
<u>Nous sommes arrivés</u> vers dix heures. Le site <u>était</u> enchanteur;
là <u>vivaient des espèces</u> de tous les pays: l'Afrique, l'Asie,
l'Inde et l'Amérique des tropiques. <u>C'était</u> un zoo pour les
les animaux mais aussi un jardin botanique où chaque animal <u>avait</u>

197

son habitat particulier. A l'entrée il y avait une grande
volière où des oiseaux exotiques, perroquets, colibris, volaient
en pleine liberté parmi de grands arbres étranges et touffus.
Leur chant nous a étourdis et nous avons pris alors une allée qui
nous a menés à la maison des reptiles: là des cobras, boas et
serpents de toutes sortes étaient étendus nonchalamment et un peu
plus loin, les crocodiles se chauffaient au soleil, allongés sur
des blocs de lave rouge. Puis nous sommes passés dans le monde
des félins qui habitaient au milieu des falaises et de grottes
peu profondes; jaguars, tigres, léopards, des pumas timides.
Nous allions continuer à pied quand un train miniature est
arrivé et s'est arrêté pour nous prendre; il nous a déposés
devant l'immense aquarium qui a de nombreuses fenêtres par où on
pouvait voir des créatures fascinantes telles que des anguilles
électriques, des hippocampes, des pieuvres, plus de 38 espèces de
poissons et même des dauphins qui jouaient comme des enfants.

B. EXPLICATION (Accord du participe passé):

Avec avoir

Le participe passé reste invariable si l'objet est placé après
le verbe (Voir Leçon XIV)

Ex: Nous avons visité le zoo (le...objet direct)
     J'ai vu la procession (objet direct...la procession)
     Nous avons terminé notre visite (objet direct...notre visite)
     J'ai regardé les fleurs (objet direct...les fleurs)

     MAIS si l'objet direct est placé devant le verbe, le
     participe passé s'accorde en genre et en nombre:

     J'ai vu la procession...Je l'ai vue (objet direct devant le
        verbe)
     Nous avons terminé notre visite...Nous l'avons terminée
        (objet direct devant le verbe)
     Vous avez regardé les anguilles...Vous les avez regardées
        (objet direct devent verbe)
     Voici l'aventure merveilleuse qu'il a racontée (l'aventure
        merveilleuse...objet direct placé devant le verbe)
     Voilà les oiseaux que j'ai vus (les oiseaux...objet direct
        placé devant le verbe)
     Quelles fleurs avez-vous choisies? (quelles fleurs...objet
        direct placé devant le verbe)
     Le train nous a deposés (nous...objet direct placé devant le
        verbe)

Révision: Le participe passé s'accorde toujours avec les verbes
           conjugués avec être (Voir Leçon XV)

Ex: Nous sommes passés dans le monde des félins.
    Elle est tombée de sa bicyclette.

Les verbes pronominaux (Voir Leçon XIX)

Ex: Elle s'est réveillée
    Nous nous sommes dépéchés
    Marie s'est bien amusée

B. EXERCICES ECRITS

Mettez les phrases suivantes au passé composé; remplacez les mots
soulignés par un pronom:

1. A l'entrée je regarde la grande volière.
2. La voiture s'arrête et nous descendons.
3. Monique voit les oiseaux de proie.
4. Voilà la lettre qu'elle m'envoie.
5. Quels poissons choisit-il?
6. Elle se souvient de ses vacances.
7. Les bananes que nous jetons aux gorilles sont trop vertes.
8. Nous nous levons très tôt.
9. Elle s'éloigne de l'aquarium.
10. Voilà les crocodiles qui se chauffent au soleil.
11. Le chant des oiseaux nous étourdit.
12. Il ne me donne pas les cadeaux qu'il achète.
13. Nous disons toujours la vérité.
14. Vous visitez le zoo.

B. EXERCICES ORAUX

Répondez aux questions suivantes: (utilisez des PRONOMS)

1. Avez-vous terminé vos études ici?
2. Avez-vous eu la grippe cette année?
3. Est-ce que Christophe Colombe a découvert l'Asie?
4. Est-ce que j'ai fermé la porte?
5. Avez-vous ouvert les fenêtres hier soir?
6. Avez-vous mis votre jaquette aujourd'hui?
7. Est-ce que l'autobus vous a déposé ce matin?
8. Avez-vous regardé les pieuvres au zoo?
9. Vous êtes-vous précipité de la maison ce matin?
10. Etes-vous assis derrière le professeur?
11. Est-ce que j'ai posé assez de questions?

C. PRESENTATION

Avant de continuer notre visite nous nous sommes arrêtés
quelques minutes à la buvette où nous avons pris des consommations

rafraîchissantes. Ensuite, Monique, elle, voulait voir les oiseaux
de proie qui étaient perchés majestueusement sur les branches des
arbres: aigles, condors, faucons. Quant à moi, je me suis dirigé
vers des singes qui m'amusent toujours et que je peux observer
pendant des heures; au delà d'un fossé ils restaient en groupes:
les gibbons bruyants criaient et escaladaient des échelles bizarres
tandis que les baboins suspendus à des cordes voltigeaient en l'air
en toutes directions. Nous désirions voir Nicky le gros gorille
mais il était trop occupé à regarder un programme de Western à la
télévision. Vers midi, nous avons terminé notre visite en donnant
à manger aux deux ours fameux Hsing-Hsing et Ling-Ling; ils
étaient en train de manger du bambou avec du riz et nous leur avons
jeté quelques fruits. Nous étions très fatigués après ce long
parcours mais il en valait la peine et Suzanne, je te le recommande
fortement du point de vue esthétique mais aussi instructif.

C. EXPLICATION

1) Verbes & infinitif: Ex: Nous aimons rester sur le bord du lac.
                            Nous avons pu voir tous les chars
                              blindés
                            Suzanne pense acheter une voiture

2) Verbes & de (d') infinitiv:
                        Ex: Nous avons décidé de conduire
                             Je refuse de parler
                             Je me suis arrêté de travailler

3) Verbes & à infinitif:
                        Ex: Nous commençons à parler
                             J'apprends à nager
                             Le professeur aide les étudiants à
                               apprendre

LISTES DES VERBES

          Verbes principaux & infinitif:
               (révision)

aimer   détester   penser   vouloir
aller   espérer   pouvoir
désirer   falloir   savoir

Leçon XX

Verbes principaux & _de_ (_d'_) & infinitif:

s'arrêter de	dire de	prier de
craindre de	empêcher de	permettre de
décider de	essayer de	promettre de
défendre de	finir de	refuser de
demander de	offrir de	regretter de
se dépêcher de	oublier de	

Ex: Il se dépêche _de_ partir
     Je lui ai dit _de_ monter
     j'ai offert _de_ courir
     Les soldats ont promis _de_ venir

Verbes principaux & _à_ & infinitif:

aider à	continuer à
s'amuser à	inviter à
apprendre à	se mettre à
s'attendre à	réussir à
commencer à	

Ex: Il aide sa mère _à_ faire le ménage
     Les garçons apprennent _à_ nager
     On m'invite _à_ sortir
     Il a commencé _à_ neiger

Verbes irréguliers: _courir_

Présent:

Sujet	Verbe
Je	cours
Tu	cours
Il, elle	court
Ils, elles	courent
Nous	courons
Vous	courez

Passé composé: J'ai couru

Verbes irréguliers: _jeter_

Présent:

Sujet	Verbe
Je	jette
Tu	jettes
Il, elle	jette
Ils, elles	jettent
Nous	Jetons
Vous	jetez

Passé composé: J'ai jeté

Leçon XX

Remarque: conjugué comme <u>jeter</u>: <u>appeler</u>: Je me'appelle,
tu t'appelles, il s'appelle, ils s'appellent,
nous nous appelons, vous vous appelez.

C.I.EXERCICES ECRITS

Mettez <u>à</u> ou <u>de</u> (<u>d'</u>) devant l'infinitif ou ne mettez rien (or don't put anything)

1. Nous pensons_____aller au zoo.
2. Il a fallu_____s'allonger près du feu.
3. Les perroquets refusent_____voler.
4. Qui s'attendait_____voir une ville typiquement française?
5. A quelle heure vous mettez-vous_____étudier?
6. Je ne peux pas_____m'arrêter_____penser.
7. Le jaguar essaie_____tuer l'aigle.
8. Est-ce que les dauphins savent_____parler français?
9. Je vous prie_____m'aider_____corriger les exercices.
10. Les crocodiles aiment_____se chauffer au soleil.

C.II. Ecrivez la forme correcte du verbe:

1. Je (s'appeler) présent)
2. Tu (jeter) présent)
3. Il (s'appeler) (présent)
4. Nous (courir) (passé composé)
5. Vous (jeter) (imparfait)
6. Ils (jeter) (passé composé)
7. Nous (s'appeler) (présent)
8. Le giraffe (courir) (imparfait)
9. Nous (s'appeler) (passé composé)
10. Les ours (s'appeler) (imparfait)

C. EXERCICES ORAUX

Répondez aux questions suivantes:

1. Est-ce que le bruit vous a empêché d'étudier hier?
2. Apprenez-vous à parler une autre langue étrangère?
3. Vous attendez-vous à réussir à l'examen?
4. Qu'est-ce que vous essayez de faire maintenant?
5. A quelle heure vous mettez-vous à vous habiller?
6. Où vous amusez-vous à jeter des cacahouètes?
7. Est-ce que vos parents vous permettent de sortir seul?
8. Est-ce que le professeur vous aide à comprendre la leçon?
9. Qu'est-ce que vos parents vous défendaient de faire quand vous étiez petit?
10. Est-ce qu'il a fallu étudier?

11. Pensez-vous aller à Paris un jour?
12. Est-ce que vous espérez que j'ai fini de parler?

Leçon XX
Vocabulaire

Afrique f	Africa	grotte f	grotto
Asie f	Asia	habitat m	habitat
aigle m	eagle	heurter	to hit,
anguille f	eel		knock against
baboin m	baboon	hippocampe m	hippopotamus
bambou m	bamboo	Inde f	India
bloc m	block	instructif(ve)	instructive
boa m	boa constrictor	jacquette f	jacket
botanique	botanical	jeter	to throw
bruyant(e)	noisy	lave f	lava
buvette f	bar, fountain	léopard m	leopard
cacahouète f	peanut	majestueusement	majestically
casser	to break	manquer	to miss
(se) chauffer	to get warm	mari m	husband
chemin m	road	nombreux	numerous
colibri m	hummingbird	nonchalamment	nonchalantly
consommation f	drink	ours m	bear
corde f	rope	pansement m	bandage
corriger	to correct	parapluie m	umbrella
courir	to run	parc m	park
crier	to cry out	parcours m	tour, distance
dauphin m	dolphin	parmi	among
défendre	to forbid	perroquet m	parrot
déposer	to drop off, put down		
divertir	to amuse, divert	pieuvre f	octopus
douche f	shower	pleurer	to cry
échelle f	ladder	prier	to beg, ask, pray
empêcher	to prevent	profond(e)	keep
enchanteur(se)	enchanging	proie f	prey
entrée f	entry	puma m	puma
escalader	to scale, climb	quant à	as for
espèce f	species, kind	reptile m	reptile
étourdir	to daze, deafen	riz m	rice
falaise f	cliff	savon m	soap
félin(e)	feline	singe m	monkey
fossé m	ditch	sorte f	sort, kind
frapper	to hit, knock	suspendu(e)	suspended
glisser	to slip	tandis que	while
gorille m	gorilla	tigre m	tiger
		voler	to fly
		volière f	aviary
		voltiger	to flit about

EXPRESSIONS

à tout prix...at all costs
au milieu de...in the middle of
en donnant à manger...by giving something to eat
être en train de...to be in the middle of
en pleine liberté...at liberty
il en valait la peine...it was worth the trouble
sans doute...doubtless

Leçon XXI

Contents: A.   Formation of future tense: regular verbs

               B.   Formation of future tense: irregular verbs

               C.   Comparative and superlative of adjectives

A. PRESENTATION

Hier j'ai mangé, aujourd'hui je mange, demain je mangerai.
A sept ans tu as choisi ta bicyclette, maintenant tu choisis ta
   voiture, à quatre-vingts ans tu choisiras ton tombeau.
A six ans il a perdu ses jouets, maintenant il perd patience, à
   soixante ans il perdra ses dents.
Au début du trimestre nous nous sommes inscrits, maintenant nous
   nous rendons en classe, à la fin du trimestre nous passerons des
   examens.
Hier vous avez beaucoup pleuré, aujourd'hui vous pleurez moins,
   demain vous ne pleurerez pas.
L'année passée Monique et Paul one acheté une maison, cette année
   ils y habitent, l'année prochaine ils la vendront.

A. EXPLICATION

Futur régulier: le futur des verbes réguliers est formé sur
   l'infinitif:

donner			je	---ai	
finir	terminaison futur	S	tu	---as	
vendr(e)			il, elle	---a	
		P	ils, elles	---ont	
			nous	---ons	
			vous	---ez	

DONNER

S	Je	donnerai
	Tu	donneras
	Il	donnera
P	Ils	donneront
	Nous	donnerons
	Vous	donnerez

Ex: On vous donnera une carte
Je vous parlerai demain
Ils ne penseront pas au travail

FINIR

S	je	finirai
	tu	finiras
	il	finira
P	ils	finiront
	nous	finirons
	vous	finirez

Ex: Cet homme choisira un bon livre
Finirez-vous bientôt vos études?
Les Chatain bâtiront une maison

VENDRE

S	Je	vendrai
	Tu	vendras
	Il	vendra
P	Ils	vendront
	Nous	vendrons
	Vous	vendrez

Ex: Les garçons <u>attendront</u> un taxi
<u>Il perdra</u> ses jouets
Je ne <u>l'entendrai</u> pas

<u>REMARQUE</u>: Avec l'infinitif des verbes du troisième groupe on omet le <u>e</u>

Ex: rendre   je rendrai
perdre   je perdrai

<u>Forme interrogative</u>: Est-ce que vous vendrez votre voiture?
Est-ce que je partirai?
(inversion) Vendrez-vous votre voiture?
Partirai-je?

A.I.<u>EXERCICES ECRITS</u>

Mettez la forme correcte du verbe au futur:

1. Tu (oublier)
2. Elle (rougir)
3. Nous (suivre)
4. Vous (sortir)
5. Ils (essayer)
6. Tu (ignorer)
7. Nous (préférer)
8. Vous (boire)
9. Ils (se mettre)
10. Elle (prendre)
11. Ils (se plaindre)
12. Vous (s'inscrire)

A.II. Mettez les verbes 1-5 ci-dessus à la forme interrogative: (inversion)

1.   4.
2.   5.
3.

A. <u>EXERCICES ORAUX</u>

Répondez aux questions suivantes:

1. Quand mangera-t-on de la dinde?
2. Quand finirez-vous vos études ici?
3. Quelle profession choisirez-vous?
4. A quelle heure vous réveillerez-vous demain?
5. Boirez-vous du champagne ce soir?
6. Jouirez-vous du temps libre le week-end prochain?

7. Où habiterez-vous l'année prochaine?
8. Vous inscrirez-vous à d'autres cours de français?
9. Est-ce que je vous donnerai une mauvaise note?
10. Quand parlerez-vous à vos parents?

B. PRESENTATION

Madame et Monsieur Roe sont les personnes les plus heureuses du monde. Ils ont décidé de passer une partie de l'été en France. Ils vont à la meilleure agence de voyages, une agence française où ils pourront obtenir tous les renseignements nécessaires. A l'agence: l'agent à Mme Roe: "Quand partirez-vous pour l'Europe, Madame? Et quelle ligne voulez-vous prendre? Air France a des vols aussi fréquents que TWA."

Mme Roe: "Voyons, aussi tôt que possible. Nous sommes en mai. Mon mari et moi voudrons probablement arriver en France au début de juin."

B. EXPLICATION

Futurs irréguliers

aller	ir-	j'irai
s'asseoir	s'assiér-	Je m'assiérai
avoir	aur-	j'aurai
courir	courr-	Je courrai
devoir	devr-	Je devrai
envoyer	enverr-	J'enverrai
être	ser-	Je serai
faire	fer-	Je ferai
falloir	faud-	Il faudra
jeter	jetter-	Je jetterai
mourir	mourr-	je mourrai
pleuvoir	pleuvr-	il pleuvra
pouvoir	pourr-	je pourrai
recevoir	recevr-	je recevrai
apercevoir...j'apercevrai		
savoir	saur-	je saurai
tenir	tiendr-	je tiendrai
(J'obtiendrai, je contiendrai)		
valoir	vaud-	je vaudrai
venir	viendr-	je viendrai
(je deviendrai, je me souviendrai, je reviendrai)		
voir	verr-	je verrai
vouloir	voudr-	je voudrai

Ex: Que devrons-nous faire? (What will we have to do?)
    Que sera le prix? (What will be the price?)
    Quelles démarches faudra-t-il faire? (What steps will it be
    necessary to take?)

208

Leçon XXI

B.II. Usages du futur avec si et quand:

    S'il pleut, je ne sortirai pas
      (présent)   (futur)
    comme en anglais: If it rains, I will not go out
                        (present)   (future)
    Si elle vient, il partira
        (présent)   (futur)
    comme en anglais: If she comes, he will leave
                        (present)   (future)

    MAIS:

    Quand vous arriverez, vous serez satisfait
         (futur)   (futur)
    en anglais: When you arrive, you will be satisfied
                  (present)   (futur)
    Quel sera le prix quand nous partirons?
        (futur)   (futur)
    en anglais: What will be the price when we go?
                  (future)   (present)

B.III. Verbe irrégulier: VALOIR (to equal, to be worth)

    Présent: je vaux, tu vaux, il vaut, ils valent, nous
              valions, vous valez
    Participe passé: valu
    Imparfait: je valais, tu valais, il valait, ils valaient,
                nous valions, vous valiez.
    Futur: je vaudrai, tu vaudras, il vaudra, ils vaudront,
            nous vaudrons, vous vaudrez.

B. EXERCICES ECRITS

Récrivez les phrases suivantes au futur:

1. Je veux une bonne note.
2. Tu n'as pas de problèmes.
3. Il vient sans elle.
4. Nous courons vite.
5. Vous voyez le magasin.
6. La reine meurt.
7. Cela ne vaut pas la peine.
8. Ma belle-mère tient à ses opinions.
9. Que faites-vous?
10. Les prix sont très élevés.

B.II. Remplacez les tirets par la forme correcte du verbe:

1. Si vous_____en France, (aller) vous_____(s'amuser)
2. Quand il____de France (revenir) il____beaucoup (savoir)
3. S'il____(pleuvoir) elles ne____pas le paysage. (voir)
4. Si on m'____une carte postale (envoyer) je lui____(répondre)
5. Quand je____(s'asseoir), tout le monde____(partir)
6. S'il____le temps (avoir), il nous____(écouter)
7. Si elle vous____(envoyer) les renseignements, nous____
   (pouvoir) acheter les billets.

B. EXERCICES ORAUX

Répondez aux questions suivantes:

1. Qu'est-ce que vous ferez après cette classe?
2. Où habiterez-vous quand vous aurez le choix?
3. Qu'est-ce qu'il vous faudra faire ce soir?
4. Où serez-vous à minuit?
5. Qu'est-ce que je ferai si vous êtes paresseux?
6. Irez-vous à l'étranger un jour?
7. Quels cours suivrez-vous le trimestre prochain?
8. Quand pourrez-vous recevoir un diplôme?
9. Est-ce qu'on vous permettra de voter cette année?
10. Qu'est-ce qu'on devra faire à la fin du trimestre?

C. PRESENTATION

L'agent: Prendrez-vous un billet entre 21 et 45 jours? C'est bien
meilleur marché."
Mme Roe: "Ah naturellement. Que devrons-nous faire pour les
passeports?"
L'agent: "C'est plus simple que vous ne pensez. Regardez la date
d'expiration; votre passeport dure cinq ans, après cela vous aurez
à le renouveler."
Mme Roe: "Bien, et quelles autres démarches nous faudra-t-il faire?"
L'agent: "Pas grand'chose, madame. Vous achèterez à la banque des
chèques de voyageurs. Puis le jour du départ vous devrez arriver à
l'aéroport une heure à l'avance pour passer au service de contrôle.
Dans l'avion on vous donnera juste avant l'arrivée à Paris une carte
de débarquement que vous remplirez et vous passerez les douanes
françaises. Vos démarches se termineront là".
Mme Roe: "Cela paraît moins compliqué que je le croyais. A propos,
quel sera le prix du billet aller-retour?"
L'agent: "Comptez à peu près 800 dollars par personne."
Mme Roe: Bien monsieur, j'en parlerai à mon mari et vous donnerai
sous peu une réponse."
L'agent: Entendu madame, nous sommes à votre service."

Leçon XXI

C. <u>EXPLICATION</u> <u>Comparaisons des adjectifs</u>

1. Comparatif d'égalité: <u>aussi</u> ∤ adjectif ∤ <u>que</u>

    Ex: Air France a des vols <u>aussi fréquents que</u> TWA
         Je suis <u>aussi grand que</u> mon frère (I am as tall as my
         brother)

2. Comparatif d'infériorité: <u>moins</u> ∤ adjectif ∤ <u>que</u>

    Ex: Cela paraît <u>moins compliqué que</u> vous ne pensez.
         Je suis <u>moins grand que</u> mon père (I am less tall than my
         father)

3. Comparatif de supériorité: <u>plus</u> ∤ adjectif ∤ <u>que</u>

    Ex: C'est <u>plus simple que</u> vous ne pensez.
         Une Cadillac est <u>plus chère qu'</u>une Volkswagen.

Comparaison des adjectifs irréguliers: <u>bon</u>, <u>mauvais</u>:

Bon(ne)...meilleur(e).
    Ex: Cette histoire est <u>meilleure que</u> l'autre histoire.
Mauvais(e)...pire.
    Ex: Ma maison est <u>pire que</u> votre maison.

1. <u>REMARQUE</u>: <u>bon marché...meilleur marché</u> (adjectif invariable)

    Ex: Une Volkswagen est meilleur marché qu'une Cadillac.
         (A Volkswagon is cheaper than a Cadillac).

2. <u>REMARQUE:</u> On emploie le pronom <u>disjoint</u> dans une comparaison:

    Ex: Elle est plus intelligente que <u>moi</u> (She is more intelligent
         than I am)
         M. Ousse est grand mais ses fils sont plus grands que <u>lui</u>
         Les Ousse sont accueillants mais les Chatain sont plus
         accueillants qu'<u>eux</u>.

<u>Superlatifs des adjectifs</u>

M. <u>le</u> ∤ adjectif ∤ de (du, de la, des)
    C'est <u>le plus beau</u> livre <u>de</u> la librairie
F. <u>la</u> ∤ adjectif ∤ de
    Voilà <u>la plus belle</u> voiture <u>du</u> monde
Pl. <u>les</u> ∤ adjectif ∤ de
    On trouve là <u>les plus beaux</u> hommes et <u>les plus belles</u> femmes <u>du</u>
    monde.

Si l'adjectif suit généralement le nom (voir Leçon VI) répétez
   l'article:

Ex: J'ai lu le livre le plus intéressant.
         (I read the most interesting book).
      Il a acheté la voiture la plus chère du monde.
      Le léopard est l'animal le plus féroce du zoo.
      Voilà les bâtiments les plus hauts de la ville.

Adjectifs irréguliers:

Sa composition est la meilleure de toutes les compositions.
Ce sont les pires peintures du musée.

C.   EXERCICES ECRITS

Formez au moins une comparaison dans les phrases suivantes:
(il y a plusieurs possibilitiés)

Ex: Une Rolls Royce est chère. Une bicyclette est bon marché.
      Une Rolls Royce est plus chère qu'une bicyclette.
      Une bicyclette est moins chère qu'une Rolls Royce. (etc.)

   1. Mon père est grand. Ma mère est petite.
   2. Ma classe de français est intéressante. Ma classe d'histoire
       est ennuyeuse.
   3. Les préparatifs sont compliqués. Le voyage est simple.
   4. Ces billets sont chers. Les autres billets sont bon marché.
   5. Mes parents seront enthousiasmés. Mes frères sont également
       enthousiasmés.
   6. Elle est très svelte. Sa tante est assez svelte.
   7. Je suis toujours occupé. Ils sont toujours paresseux.
   8. Le printemps paraît court. L'hiver paraît long.
   9. Nous sommes pressés. Ils ne sont pas pressés.

C.   EXERCICES ORAUX

   1. Qui est le plus grand de votre famille?
   2. Quel est le bâtiment le plus haut des Etats-Unis?
   3. Qui est la femme la plus riche du monde?
   4. Qui est le politicien le plus puissant du monde?
   5. Où sont les monuments les plus anciens?
   6. Est-ce que la France est plus grande que les Etats-Unis?
   7. Est-ce que la Russie est plus vaste que la Chine?
   8. Etes-vous aussi riche que la reine d'Angleterre?
   9. Est-ce que votre chambre est plus propre que le bureau du
       professeur?

10. Est-ce que le vin français est meilleur que le vin américain? (à votre avis).
    Est-ce que le vin français est meilleur marché que le vin américain?
11. Est-ce que la dinde est plus appétissante que le boeuf?
12. Est-ce que votre père est plus actif que vous?

agent m	agent
assez	fairly, rather
aussi	as (also)
banque f	bank
billet m	ticket
boeuf m	beef
chèque f	check
compter	to count
débarquement m	disembark
démarche f	step, plan
dinde f	turkey (m. dindon)
diplôme m	diploma
douane f	customs
ennuyeux(se)	boring
expiration f	expiration
fréquent(e)	frequent
haut(e)	high
s'inscrire à	to enroll in
jouet m	toy
juste	just
libre	free
ligne f	line
meilleur(e)	better
obtenir	to obtain (conjugué comme <u>venir</u> LeçonVIII)
paraître	to appear (conjugué comme <u>connaître</u> XVII)
paresseux(se)	lazy
partie f	part
politicien m	politician
puissant(e)	powerful
remplir	to fill, to fill out
renouveler	to renew
retour m	return
service de contrôle m	inspection desk
temps libre m	free time
tenir	to hold
tenir à	to hold to, to insist upon
tombeau m	tomb
valoir	to be worth (Vb. irr. Leçon XXI)
vol m	flight
voter	to vote

EXPRESSIONS

rien à déclarer...nothing to declare
à propos...by the way
à peu près...about
sous peu...before long
pas grand'chose...not very much
à l'étranger...abroad

Leçon XXII

Contents: A. Formation of Conditional Tense

            B. Use of Conditional

            C. Additional negative forms (alternatives to <u>ne</u>...<u>pas</u>) <u>none</u>, <u>no one</u>, <u>never</u>, <u>no longer</u>, etc.

                <u>ne</u>...<u>que</u>: synonym of <u>seulement</u> (only)

Leçon XXII

A. PRESENTATION

S'il pleut, je ne sortirai pas. S'il pleuvait, je ne sortirais pas.
Si tu te reposes, tu travailleras mieux. Si tu te reposais, tu
travaillerais mieux.
Si elle s'occupe du ménage, elle aura une maison propre. Si elle
s'occupait du ménage, elle aurait une maison propre.
Si nous avons besoin d'argent, nous irons à la banque. Si nous
avions besoin d'argent, nous irions à la banque.
Si vous aimez le professeur, vous lui donnerez une pomme. Si vous
détestiez le professeur, vous lui donneriez un crapaud.
S'ils s'asseyent près de nous, nous serons ravis. S'ils s'asseyaient
près de nous, nous serions ravis.

A. EXPLICATION

Le Conditionnel

Formation: employez la même racine (root) que le futur mais les
terminaisons du conditionnel sont différentes.

Ex: J'aurais, je serais, je ferais.

Racine	Terminaison	Ex:	Conditionnel de dîner
je--	ais	je	dînerais
tu--	ais	tu	dînerais
il--	ait	il	dînerait
ils--	aient	ils	dîneraient
nous--	ions	nous	dînerions
vous--	iez	vous	dîneriez

REMARQUE: les terminaisons du conditionnel ressemblent aux
           terminaisons de l'imparfait. (Voir XVIII)

A. EXERCICES ECRITS. Remplacez les tirets par la forme correcte du verbe:

1. Si j'avais soif, je____un verre d'eau (boire) (Conditionnel)
2. Si vous m'écriviez, je vous____(répondre) (Conditionnel)
3. Si vous n'aviez pas d'argent, il vous en____(envoyer)
   (Conditionnel)
4. Il se mettrait en colère si vous lui____un cadeau. (offrir)
   (Imparfait)
5. Elle____les nouvelles si elle lisait un bon journal. (savoir)
   (Conditionnel)
6. Nous oublierions leur adresse si nous n'____pas l'annuaire.
   (apporter) (Imparfait)

216

7. Si on était français, on_____le couteau avec la main droite.
   (prendre) (Conditionnel)
8. Si le professeur leur donnait une mauvaise note, ils_____
   longtemps. (se souvenir) (Conditionnel)
9. Si elle_____m'accompagner, je m'en irais avec joie. (pouvoir)
   (Imparfait)
10. S'il_____, il réussirait aux examens. (étudier) (Imparfait)

A. <u>EXERCICES ORAUX</u> (Complétez la phrase):

1. Je me leverais plus tôt si...
2. Le professeur s'en irait vite si...
3. Vous marieriez-vous si...
4. Je me tromperais si...
5. Je me laverais si...
6. Ma vie serait plus intéressante si...
7. Nous visiterions le Louvre si...

B. <u>PRESENTATION</u>

Joan et Peter <u>aimeraient</u> bien passer quelque temps en France comme
leurs autres amis américains. L'année prochaine <u>serait</u> idéale!
Aussi regardent-ils une carte de France et tous les deux pensent:
"Si nous pouvions aller en France quels endroits <u>visiterions-
nous?</u>"
Joan (catégoriquement): "Tout d'abord Paris! <u>Il y aurait</u>
tant à voir. Je me <u>rendrais</u> immédiatement en métro vers l'Ile
de la Cité pour visiter l'immense cathédrale de Notre Dame et son
vieux trésor situé tout près la Sainte Chapelle. Ensuite nous
<u>irions</u> voir le Louvre, ce qui <u>prendrait</u> le reste de la journée,
et enfin <u>je me reposerais</u> sur la terrasse d'un grand café sur le
Boulevard St. Michel pour contempler la population estudiantine
pendant que nous <u>dégusterions</u> un bon Dubonnet.
Peter: "Moi aussi je <u>voudrais</u> bien aller voir la rive gauche et
surtout je <u>m'arrêterais</u> aux devantures de bouquinistes le long de la
Seine. Ils ont toutes sortes de livres et de gravures intéressants.
<u>Je pourrais</u> y passer des heures. Mais comme toi, j'aime visiter les
monuments et <u>nous n'oublierions pas</u> de faire une pause à la
Madeleine, église catholique de style romain; de là <u>nous nous
dirigerions</u> vers la Place de la Concorde et <u>remonterions</u> les Champs
Elysées pour arriver à l'Arc de Triomphe d'où partent douze avenues
en forme d'étoile. Ce doit être une vue magnifique! Nul ne peut
venir à Paris sans faire cela.

B. <u>EXPLICATION</u>

Emploi du Conditionnel: on emploie le Conditionnel quand l'action
dépend d'une autre action (exprimée ou inexprimée)

Leçon XXII

Ex: S'il neigeait, je ferais du ski.
   (imparfait)   (conditionnel)
    (If it snowed, I would go skiing)
    (Imparfait)   (main clause, conditional)

    S'il neigeait: condition exprimée

    Je voudrais aller à la plage. (s'il faisait beau) (condition
                                                        exprimée)
    (I would like to go to the beach)

REMARQUE: Compare with Leçon XXI for combination of tenses in an
           "if" clause

(21) Si...présent, main clause...futur (as in English)
(22) Si...imparfait, main clause...conditionnel (as in English)

B. <u>EXERCICES ECRITS</u>

Complétez les phrases suivantes:

Ex: Si j'avais faim, je mangerais des escargots.

1. Si je voyais un crapaud...
2. Je voudrais voir la rive gauche...
3. Vous auriez assez de temps dans la ville-lumière si...
4. Si ma mère flânait au Marché aux puces...
5. Nous assisterions à une soirée si...
6. Les gens s'arrêteraient devant les bouquinistes si...
7. Il y aurait une vue magnifique par la fenêtre si...
8. S'il pleut...
9. Je partirai si...

B. <u>EXERCICES ORAUX</u>. Répondez aux questions suivantes:

1. Qu'est-ce que vous voudriez faire maintenant?
2. Quels pays aimeriez-vous visiter?
3. Dans quelles circonstances auriez-vous besoin d'un parapluie?
4. Dans quelles circonstances auriez-vous peur?
5. Où irait-on si on voulait voir la Tour Eiffel?
6. S'il faisait du brouillard, conduiriez-vous?
7. Quelles langues parlerait-on si on était suisse?
8. Qu'est-ce que je ferais si vous n'étiez pas en classe?
9. Si on allait à l'étranger, qu'est-ce qu'il faudrait avoir?
10. Où irait-on si on voulait voir Notre Dame?

C. PRESENTATION

Joan: "Personne ne peut rester à Paris sans aller non plus au Bois de Boulogne vers le début de la soirée. Nous nous promènerions le long des allées majestueuses et nous dînerions dans l'un des restaurants de haute classe, avant d'aller à une soirée de gala à l'Opéra. Si nous pouvions assister à une soirée à laquelle assiste le Président de la République, nous pourrions voir les gardes républicains en plein apparat."

Peter: "Oui, tout cela demanderait beaucoup de temps à Paris, et nous n'aurions que quelques jours dans la ville-lumière. Mais rien n'est impossible. Nous devrions ajouter à notre itinéraire de la capitale deux petits voyages: l'un à Pigalle, afin d'écouter les chansonniers dans des cabarets sympathiques et l'autre à la basilique du Sacré Coeur de Montmartre située sur l'une des collines de Paris d'où on a une vue sur tous les toits gris de la ville. Personne ne devrait oublier dans sa visite ces deux endroits pittoresques."

Joan (d'une façon cajoleuse): "Me permettrais-tu de passer une demi-heure dans le quartier de la Haute Couture près de la Place Vendôme pour regarder les dernières modes de Paris mais pas pour acheter?"

Peter: "Oui, si tu insistes. Mais alors pendant ce temps je flânerais au Marché aux puces où on peut trouver n'importe quoi à n'importe quel prix et quelquefois faire de bonnes affaires."

Joan: "Alors à bientôt notre voyage pour Paris."

C. EXPLICATION. Négatifs rien, jamais, etc.

Positif	Négatif
Quelque chose (something)	Rien (nothing)

Ex: Quelque chose me réveille	Rien ne me réveille
Je vois quelque chose	Je ne vois rien
J'ai vu quelque chose	Je n'ai rien vu
Je veux acheter des gravures	Je ne veux rien acheter

	Personne (no one)
Quelqu'un (someone)	
	Personne ne me réveille
Ex: Quelqu'un me réveille	Je ne vois personne
Je vois quelqu'un	Je n'ai vu personne (ORDRE DES MOTS)
J'ai vu quelqu'un	exception

Quelque, un, une	Aucun, nul (adj)
(some, a)	Je n'ai aucune idée
	Nul avion ne part aujourd'hui
Ex: J'ai une idée	Aucun ami ne m'a aidé
Un avion part aujourd'hui	Aucun, nul (pronom)
Quelque ami m'a aidé	(Aucun) Nul n'est prophète en son pays

219

POSITIFS

Quelque part (somewhere)

Il va quelque part tous les
    après-midi

encore (still)

Elle est encore jeune
(She is still young)

J'ai encore des examens
(I still have some exams)

déjà (already)

Il parle déjà français
Elles sont déjà sorties
(They have already gone out)

toujours (always)

Il arrive toujours à l'heure
Nous allions toujours chez eux
(We always went to their house)

ou...ou, et...et

Vous et moi sommes sur une colline

J'ai des livres et des gravures
A-t-il pris du café ou du vin?
Nous visitons la cathédrale et
  la chapelle

NEGATIFS

nulle part (nowhere)

Il ne va nulle part

ne plus (no longer)

Elle n'est plus jeune
(She is no longer young)
Je n'ai plus d'examens
(I no longer have any exams)

ne...pas encore (not yet)

il ne parle pas encore français
elles ne sont pas encore sorties
(They have not yet gone out)

ne...jamais (never)

Il n'arrive jamais à l'heure
Nous n'allions jamais chez eux
(We never went to their house)

Ni vous ni moi ne sommes sur une
  colline.

Je n'ai ni livres ni gravures
N'a-t-il pris ni café ni vin?
Nous ne visitons ni la
  cathédrale ni la chapelle

REMARQUE: dans une réponse avec un seul mot n'employez pas ne

Ex: Dansez-vous? Jamais.
     Qui est arrivé? Personne.
     Qu'est-ce que tu as? Rien.

Ne...que: synonyme pour seulement

Ex: Nous n'aurions que quelques jours à Paris
     (Nous aurions seulement quelques jours à Paris)
     Ils n'ont vu que Paris (Ils ont vu seulement Paris)
     M. Chatain ne lit que les journaux (M. Chatain lit seulement les
     journaux)

Ex: (suite)

Je <u>ne</u> vais apporter <u>qu</u>'un cadeau. (Je vais apporter seulement un cadeau).

C.I.<u>EXERCICES ECRITS</u>

Récrivez les phrases au négatif:

1. J'oubliais toujours mon portefeuille.
2. Vous avez déjà lu ce livre.
3. Il y a quelqu'un à la porte.
4. Tout le monde comprend ses problèmes.
5. Il a tout vu à Paris.
6. Le professeur est encore jeune.
7. Quand il savait quelque chose, il voulait toujours me le dire.
8. Il voudrait des crapauds et des grenouilles.
9. Nous irions quelque part dans la capitale.
10. Quelque chose m'a dérangé ce matin.
11. Il a vu quelqu'un derrière l'église.
12. Cette idée m'intéresse.

C.II. Récrivez les phrases avec <u>ne</u>...<u>que</u>. Ex: J'ai seulement un dollar. Je n'ai qu'un dollar.

1. Il remontait seulement les Champs Elysées.
2. Nous devrions visiter seulement la Sainte Chapelle.
3. J'ai pris seulement des chaussures.
4. Il a mis seulement un manteau.

C. <u>EXERCICES ORAUX</u>

Répondez aux questions suivantes:

1. Avez-vous déjà fini cette leçon?
2. Y a-t-il un métro dans cette ville?
3. Voyez-vous quelqu'un sous le bureau?
4. Qui vous téléphone maintenant?
5. Est-ce que Marie Antoinette vit encore?
6. Etes-vous allé voir la Sainte Chapelle et Notre Dame?
7. Combien de fois êtes-vous monté sur le toit de l'université?
8. Avez-vous cinquante dollars dans votre portefeuille?
9. Est-ce qu'une grenouille est rouge et immense?
10. Allez-vous quelque part maintenant?
11. Est-ce que quelque chose vous a réveillé ce matin?
12. Avez-vous un cher ami en Chine?

French	English	French	English
afin de	in order to	n'importe quel(le)	any (no matter what) (adj.)
allée f	path		
basilique m	basilica	n'importe qui	anyone (no matter who)
bouquiniste mf	bookseller		
cajoleur (se)	cajoling, pleading	n'importe quoi	anything (no matter what) (Pron.)
catégoriquement	categorically	place f	square
chansonnier m	song writer	pause f	pause
choix m	choice	population f	population
circonstance f	circumstance	se promener	to walk
colline f	hill	prophète m	prophet
costume m	costume, outfit	remonter	to go back up
crapaud m	toad	reste m	rest
déranger	to disturb, inconvenience	rive f	bank (of a river)
devanture f	display	romain(e)	Roman
ensuite	afterwards	situé(e)	situated
estudiantin(e)	student (adj.)	toit m	roof
étoile f	star	trésor m	treasure
façon f	fashion, way	ville-lumière f	city of light (Paris)
flâner	to stroll		
gala m	gala		
garde m	guard		
gravure f	engraving		
grenouille f	frog		
itinéraire m	itinerary		
majestueux(se)	majestic		
métro m	subway		
mode f	fashion		

EXPRESSIONS

aussi...(at beginning of sentence and followed by inversion)
      therefore
à laquelle...at which
en plein apparat...in full dress
de haute classe...high-class
faire de bonnes affaires...to get good bargains
Haute Couture...top fashion
non plus...neither (either)
tout d'abord...at first
le long de...along
Marché aux puces...flea market

Leçon XXIII

Contents: A. Verbs which may give problems.
Conjugation of <u>plaire</u>.

B. More "problem" verbs. Explanation is
in Présentation B and C.

C. Pronoun <u>y</u> replacing <u>à</u> and <u>things</u>.
Use of <u>pronom</u> <u>disjoint</u> with <u>penser</u>
and <u>s'intéresser</u>.

A. PRESENTATION

J'attends mon ami, puis j'assiste à la conférence.
Si tu n'écoutais que tes disques, tu n'entendrais
jamais la musique classique.
Il ne se reposera pas du tout s'il reste à la maison.
Nous avons pêche parce que nous avons pêché dans un
endroit défendu.
Vous jouiez du piano; maintenant vous jouez au tennis,
mais vous jouirez de toutes sortes de divertissements.
Ils ont passé un examen mais je ne sais pas s'ils
y ont réussi.
Quelqu'un a volé ma voiture; j'ai regardé les gens qui
passaient, je l'ai chercheé et puis j'ai pleuré, mais
j'ai dû rentrer chez moi parce qu'il a plu. Etre
sans voiture ne me plaît pas.

EXPLICATION

Verbes qui donnent quelquefois des ennuis:

aider	to help
assister(à)	to be present at
attendre	to wait for
écouter	to listen to
entendre	to hear
se reposer	to rest
rester	to remain
pécher	to sin
pêcher	to fish
jouer à	to play(games)
jouer de	to play(musical instrument)
jouir de	to enjoy
réussir à	to succeed in
passer	to take(an exam)
chercher	to look for
regarder	to look at
plaire	to please (part. passé: plu)
pleurer	to cry
pleuvoir	to rain (part. passé: plu)

Leçon XX111

A. EXPLICATION (suite)

devoir   to have to (must)
   passé composé: J'ai dû   I had to or I must have
   Ex: Elle a dû avoir quinze ans
      (She must have been fifteen)
   conditionnel: Je devrais I ought, I should
   Ex: Nous devrions partir
      (We ought to leave)

A. II.   Verbe irrégulier: plaire to please

	Sujet	Verbe
S.	Je	plais
	Tu	plais
	Il	plaît
Pl.	Ils	plaisent
	Nous	plaisons
	Vous	plaisez

Ex: Ma maison de campagne me plaît.
   (My country house pleases me, I like my country
                       house)

A. EXERCICES ECRITS

Remplacez les tirets par un verbe approprié:

1. Quand je dors huit heures, je _____bien.
                  (rester, se reposer)
2. Nous n'avons pas _____à la soirée. (attendre,
                          assister)
3. Il se tracasse beaucoup parce qu'il a _____.
                  (pécher,pêcher)
4. Ils aiment beaucoup _____les examens.(passer,
                     réussir)
5. Quand je perds quelque chose, je le _____
   jusqu'à ce que je le trouve. (chercher,regarder)
6. Quand ils se rendent chez leurs amis, ils _____
   la guitare et ils _____leur séjour.
     (jouer à, jouer de) (jouir de, jouer à)
7. On ne pouvait pas _____le conférencier à cause
   du bruit dans la salle.(écouter,entendre)

8. Il me faut _____ mon ami parce qu'il a beaucoup
   de problèmes. (attendre,assister,aider)
9. Elle a _____ parce qu'elle a _____ et elle
   n'a rien attrapé. (pleurer,pleuvoir)(pêcher,pécher)

EXERCICES ORAUX
Répondez aux questions suivantes:

1. Avez-vous assisté à toutes les classes de français?
2. Où passez-vous les examens de français?
3. Où vous êtes-vous reposé hier soir?
4. Qu'est-ce qui vous plaît?
5. A quoi jouez-vous souvent?
6. Qu'est-ce que vous faites quand vous perdez quelque
                                              chose?
7. Qui le professeur aidera-t-il?
8. Combien de temps êtes-vous resté au laboratoire de
                                              langues?
9. Où pêche-t-on?
10. A-t-il plu pendant la nuit?
11. Avez-vous attendu plusieurs fois vos amis?
12. Où écoutez-vous les bandes magnétiques?

B and C . PRESENTATION

Paul et Suzanne sont en train d'étudier leurs leçons
de grammaire en français. Paul a beaucoup de difficulté à comprendre le sens de certains verbes. Il en
discute avec Suzanne.
Paul: "Suzanne, dis-moi quelle est la différence entre
penser à et penser de? C'est toujours le même verbe
penser mais avec des prépositions différentes.Pourquoi
cela?
Suzanne: "Ah, je peux heureusement répondre à ta
question. Penser à veut simplement dire qu'on réfléchit à quelque chose. Par exemple, Paul, lorsque tu
es loin de moi je pense à toi. C'est gentil, n'est-ce
pas? Maintenant penser de exprime une opinion. Paul,
que penses-tu de notre professeur? Est-il coulant ou
sévère? Tu comprends maintenant?"
Paul: "Oui, mais il y a beaucoup d'autres verbes qui
me tracassent. Réfléchir veut dire penser longuement,
n'est-ce pas? Lorsque j'ai un problème de mathé-
matiques j'y réfléchis pendant des heures."
Suzanne: "Oui, exactement. Il y a un verbe qui me
donne des ennuis. C'est s'intéresser à. Je ne sais

pourquoi je dois le répéter plusieurs fois dans une
phrase; par exemple je m'intéresse à la peinture,
tu t'y intéresses, nous nous y intéressons. . ."
C. Paul: "Tu as employé le verbe devoir qui ne me
donne aucune difficulté car je sais qu'il veut dire
avoir à plus infinitif: je dois me lever hélas tous
les matins à sept heures, mais je devrais en fait me
lever plus tôt. Par contre, je ne sais pas comment em-
ployer manquer. Peux-tu me l'expliquer?"
Suzanne:" Tu as raison, ce n'est pas simple, mais
écoute les exemples et tu comprendras la différence.
On dit manquer son tour, manquer le train, j'ai
manqué mon autobus ce matin; mais quand manquer
veut dire en anglais "to lack" alors tu l'emploies
idiomatiquement en français. Si je suis à l'étranger,
ma famille me manque. Si c'est toi, ta famille te
manque: en d'autres mots "my family is lacking to me,"
ou "I miss my family," en bon anglais. Pour nous autres
Américains, lorsque nous voyageons, l'Amérique nous
manque avec ses "drugstores", ses "soda fountains etc.
Quelque chose manque à quelqu'un veut dire "Somebody
is lacking something": le point de vue est juste
l'opposé de l'anglais avec la préposition à : Somebody
misses something."
Paul: "Je crois comprendre." Alors je peux dire:quand
je suis à la mer la montagne me manque et quand mes
frères sont à la montagne la mer leur manque."
Suzanne:" Voilà, tu as très bien compris. Maintenant
je vais te poser une petite colle. Sais-tu la différence entre les deux verbes "to bring": amener et
apporter, et les deux verbes "to take": emmener et
emporter?"
Paul: "Je n'ai aucune idée; dis-moi vite avant mon
examen de demain."
Suzanne: "Eh bien, commençons par apporter et emporter
ces deux verbes ne s'emploient que pour désigner les
choses; exemple: j'apporte mes livres en classe,
"I bring my books to class", et j'emporte mes devoirs
à la maison, "I take my assignments home". Maintenant
amener et emmener: ces verbes s'appliquent à des personnes; exemple: amenez (bring) votre amie à notre
surprise-partie et emmenez-là aussi au cinéma. Mais
attention Paul, n'emploie jamais "prendre" quand tu
veux dire emmener quelqu'un au cinéma."
Paul: "Ah, j'essayerai de me souvenir de cela à

l'avenir. Une dernière question: pour "I hear that you are sick" on emploie _entendre?_"

Suzanne: "Oui, mais il faut ajouter un autre infinitif _dire_ avec un complément d'objet qui est une proposi-tion (clause). Par exemple, "J'entends dire que vous êtes malade", et _parler de_ quand le complément d'objet est un nom ou un pronom. Par exemple: "I heard about you." On dit: "J'ai entendu parler de vous."

B. EXPLICATION se trouve dans le texte de la Pré-sentation.

B. EXERCICES ECRITS

Traduisez en français:
1. I miss you.
2. You will miss me.
3. I heard about your problems.
4. Did you hear that it was snowing in the mountains?
5. I brought my guitar to the party.
6. I missed the sun in winter.
7. He brought his girlfriend.
8. The students take their books home.
9. He must have gone home.
10. He ought to do the housework.
11. They will take me to the airport.
12. What are you thinking about?

B. EXERCICES ORAUX.

Répondez aux questions suivantes:
1. Qu'est-ce que vous pensez du système des notes?
2. Qu'est-ce qui vous donne des ennuis?
3. Qu'est-ce que vous devriez faire dans cette classe?
4. Est-ce que je vous manquerai pendant les vacances?
5. A quoi vous intéressez-vous beaucoup?
6. Qu'est-ce que l'expression _avoir à_ veut dire?
7. De quoi savez-vous jouer?
8. Avez-vous entendu dire qu'il neigeait?
9. Avez-vous entendu parler de Balzac?
10. A quoi réfléchissez-vous pendant la classe de français?

C. EXPLICATION
Voir ci-dessus la Présentation et l'Explication.

_y_   pronom qui correspond à:

Leçon XXIII

```
à
au
à la
à l'        avec   nom de choses et pas de
aux                            personnes.
```

Ex: Je réponds à la question. . . j'y réponds
    Je réfléchis au problème. . . j'y réfléchis
    Nous pensons à notre classe. . nous y pensons
    Il va réussir à l'examen. . . il va y réussir
    Elles ne veulent pas assister. elles ne veulent pas
            à leur classe   y assister
    Ils n'ont pas pensé aux idées. ils n'y ont pas
        de Jacques   pensé

à,au,à la,à l' aux avec les personnes : Voir Leçon X
            (objets indirects)

Ex: Nous avons parlé au professeur . . . Nous lui
                            avons parlé
    Ils n'ont pas obéi aux agents de police . . . Ils
            ne leur ont pas obéi
    Me donnez-vous le livre? Oui, je vous le donne

EXCEPTION : les verbes penser et s'intéresser à
Avec ces verbes on emploie à et un pronom disjoint.

  Ex: Je pense à Suzanne. . . Je pense à elle
      Un bon professeur s'intéresse à ses étudiants. .
              Un bon professeur s'intéresse à eux
      Allez-vous penser à moi?. . .Oui, je vais penser
                            à vous
      Vous intéressez-vous à cet auteur? . . .Oui, je
                  m'intéresse à lui

Remarque : y remplace aussi les expressions de lieu .
          (Voir Leçon XVIII)

EXERCICES ECRITS

Récrivez les phrases: remplacez les mots soulignés
avec un pronom:

1. Je réponds toujours au professeur.
2. Il parlera de ses problèmes.
3. Je ne sais pas répondre à ses questions.
4. Il pense à l'avenir.
5. Qu'est-ce que vous pensez de la situation politique?

6. Je m'intéresse <u>à la biologie.</u>
7. Ils ont pensé <u>à leurs anciens copains.</u>
8. Il a acheté <u>ces peintures.</u>
9. Nous nous dirigerions <u>vers la Place de la Concorde.</u>
10. Je peux réussir <u>à tous mes examens.</u>
11. Nous nous intéressons <u>au Président.</u>
12. Jacques n'a pas parlé <u>à sa mère.</u>

C. <u>EXERCICES ORAUX</u>

Répondez aux questions suivantes:(employez des pronoms)
1. Qui amenez-vous à une soirée?
2. Répondez-vous toujours aux questions du professeur?
3. Est-ce que les étudiants réussissent toujours aux
                              examens?
4. Vous intéressez-vous au Président des Etats-Unis?
5. Pensez-vous souvent à la situation politique?
6. Avez-vous entendu parler du Louvre?
7. Combien de fois avez-vous manqué des classes ce
                              trimestre?
8. Van Gogh s'intéressait-il à la peinture?
9. Qu'est-ce qui vous manquerait si vous alliez en
                              France?
10. Quand vous quitterez l'université, penserez-vous
                    quelquefois à vos professeurs?
11. Où avez-vous acheté vos livres?
12. Y a-t-il des chats chez vous?

Vocabulaire

s'appliquer		to apply
attraper		to catch
avenir	m	future
bandes magnétiques	f pl	tapes
colle	f	little question, puzzle
conférence	f	lecture
conférencier	m	lecturer
contre		opposite
coulant(e)		accommodating(person)
défendu(e)		forbidden
désigner		to signify
divertissements	m pl	amusements
ennui	m	worry, trouble, boredom
expliquer		to explain
fait	m	fact
fois	f	time
guitare	f	guitar
hélas		alas
s'inquiéter		to worry
mer	f	sea
système	m	system
tour	m	turn
tracasser		to worry
voler		to steal, fly

EXPRESSIONS

à l'étranger	abroad
on devrait	one ought
en fait	in fact
par contre	on the other hand, on the contrary
vouloir dire	to mean
être en train de	to be in the middle of

Leçon XXIV

Contents: A. Order of pronouns (Mostly review: see units 9, 10, 11, 14, 18, 23)

Use of <u>si</u> instead of <u>oui.</u>

B. Formation of subjunctive: present tense.

C. Use of subjunctive mood.

A. PRESENTATION

Le professeur rend les examens aux étudiants: il <u>les leur</u> rend.
Vous m'avez déjà donné la lettre: vous <u>me l</u>'avez déjà donnée.
Ils vous ont envoyé des cartes postales: ils <u>vous en</u> ont envoyé.
Il y a de l'eau dans la piscine: il <u>y en</u> a.
Il m'a offert un Dubonnet: il <u>m'en</u> a offert un.
Je n'ai pas apporté de fleurs à l'hôpital: je n'<u>y en</u> ai pas
  apporté.
N'a-t-il pas répondu à mes questions? N'<u>y</u> a-t-il pas répondu?
  Si, il y a répondu.
Ne parle-t-il pas de ses problèmes au professeur? Ne <u>lui en</u>
  parle-t-il? Si, il <u>lui en</u> parle.
N'y avait-il pas de vin à la soirée? Si, il <u>y en</u> avait.

A. EXPLICATION

I. Emploi de <u>si</u> au lieu de <u>oui</u>.

<u>Si</u> (Yes)...réponse affirmative à une question négative.

Ex: N'y avait-il pas de vin à la soirée? <u>Si</u>, il y en avait.
    N'êtes-vous pas prêt? (Aren't you ready?) Si, je suis prêt.

II. Ordre des pronoms.

me, m'		le				
te, t'		la		lui		
se, s'	devant	l'	devant	leur	devant <u>y</u> devant <u>en</u>
nous		les				
vous						

Ex: Il <u>y en</u> a partout   Ils ne <u>vous en ont</u> pas envoyé
    Ils <u>vous en</u> ont envoyé   Je ne <u>m'en</u> souviens pas
    Vous <u>me l</u>'avez déjà donné   Je ne vais pas <u>leur en</u> montrer
    Je <u>vous y</u> ai vu.   Il peut <u>lui en</u> donner.

A. EXERCICES ECRITS

Remplacez les mots soulignés par un pronom:

1. J'ai prêté <u>de l'argent à mon frère</u>.
2. Il a mis <u>la tasse sur la table</u>.
3. Il n'y avait pas <u>d'eau dans la piscine</u>.
4. Je ne saurais pas donner <u>les nouvelles à François</u>.
5. Il ne s'est pas occupé <u>des problèmes des autres</u>.
6. Ils ont offert <u>un accueil chaleureux aux jeunes filles</u>.
7. M'avez-vous dit <u>la vérité</u>?

8. Elle est vite sortie de la salle de bains.
9. Nous avons pris du café au restaurant de l'université.
10. Il enverra ces verres à sa mère.

A. EXERCICES ORAUX

Répondez aux questions suivantes; utilisez des pronoms:

1. Achète-t-on des cartes postales au supermarché?
2. Avez-vous expliqué vos problèmes au professeur?
3. Vous intéressez-vous à l'histoire?
4. Quand vous êtes-vous rendu au laboratoire de langues?
5. Avez-vous eu des ennuis avec vos parents? Pourquoi?
6. Montrerez-vous vos notes à vos amis?
7. Vous souvenez-vous de votre enfance?
8. Avez-vous trouvé des journaux français à la bibliothèque?
9. Combien d'heures vous êtes-vous reposé au lit?
10. Ne venez-vous pas à l'université le mardi?
11. Ne devrait-on pas répondre aux questions?
12. Est-ce que je vous ai posé assez de questions dans cette
    classe?

B. PRESENTATION

Enfin le rêve de Joan et de Peter est devenu une réalité. Ils
sont enfin à Paris. "Il faut absolument que vous visitiez tout
d'abord le Louvre," leur a dit leur professeur d'art. Les voici
donc maintenant dans l'un des plus célèbres musées de peintures
du monde. En réalité le Louvre contient six musées et chacun
d'eux a son conservateur. Joan et Peter se souviennent que leur
professeur leur a également dit qu'il était essentiel qu'ils
aillent à la porte Denon ou à la porte Barbet qui sont les deux
seules entrées où ils puissent obtenir leurs tickets. C'est là
aussi qu'on trouve des guides, il y en a partout qui attendent
les visiteurs. Au rez-de-chaussée se trouvent les antiquités
grecques et romaines; ils voient à gauche de l'escalier, la
Vénus de Milo, et la victoire de Samothrace est placée sur le
palier pour que les visiteurs la voient dans toute sa beauté.
Il est dommage qu'ils doivent sauter les antiquités égyptiennes
mais il est absolument essential qu'ils se rendent au premier
étage où se trouvent les écoles de peintures françaises et
étrangères. Joan et Peter regrettent que les peintures des
impressionistes soient au Musée du Jeu de Paume, mais ils sont
contents que le musée du Louvre ait le Gilles de Watteau et le
Radeau de la Méduse de Géricault. Quelle toile puissante avec
les vagues prêtes à recouvrir les pauvres naufragés restés sur
ce radeau depuis la disparition du bateau, la Méduse!

235

B. EXPLICATION

Subjonctif présent. Formation: racine...troisième personne du
présent (pluriel)

Que, qu'	Je ...e
	Tu ...es
	Il ...e
	Ils ...ent
	Nous...ions
	Vous...iez

Ex: Premier groupe (-er)

Ils visit/ent (présent de l'indicatif)
Il faut que je visite (présent du subjonctif)

Deuxième groupe (-ir)

Ils fin/issent (présent de l'indicatif)
Il faut que je finisse (présent du subjonctif)

Troisième groupe (-re)

Ils vend/ent (présent de l'indicatif)
Il faut que je vende (présent du subjonctif)

	Visiter Subjonctif	Finir Subjonctif	Vendre Subjonctif
	Je visite	Je finisse	Je vende
	Tu visites	Tu finisses	Tu vendes
	Il visite	Il finisse	Il vende
Que, qu'	Ils visitent	Ils finissent	Ils vendent
	Nous visitions	Nous finissions	Nous vendions
	Vous visitiez	Vous finissiez	Vous vendiez

Subjonctifs irréguliers:

aller	que j'aille, que tu ailles, qu'il aille, qu'ils aillent, que nous allions, que vous alliez
Avoir	que j'aie, que tu aies, qu'il ait, qu'ils aient, que nous ayons, que vous ayez
être	que je sois, que tu sois, qu'il soit, qu'ils soient, que nous soyons, que vous soyez
faire	que je fasse, que tu fasses, qu'il fasse, qu'ils fassent, que nous fassions, que vous fassiez
pouvoir	que je puisse, que tu puisses, qu'il puisse, qu'ils puissent, que nous puissions, que vous puissiez

prendre   que je prenne, que tu prennes, qu'il prenne, qu'ils
              prennent, que nous prenions, que vous preniez

recevoir (apercevoir, devoir)
              que je reçoive, que tu reçoives, qu'il reçoive,
              qu'ils reçoivent, que nous recevions, que vous receviez

savoir   que je sache, que tu saches, qu'il sache, qu'ils sachent,
              que nous sachions, que vous sachiez

venir   que je vienne, que tu viennes, qu'il vienne, qu'ils
              viennent, que nous venions, que vous veniez
              (see souvenir, tenir, obtenir, contenir)

voir   que je voie, que tu voies, qu'il voie, qu'ils voient,
              que nous voyions, que vous voyiez

valoir   que je vaille, que tu vailles, qu'il vaille, valions,
              valiez, vaillent

vouloir   que je veuille, que tu veuilles, qu'il veuille, que
              nous voulions, que vous vouliez

boire   que je boive, que tu boives, qu'il boive, qu'ils
              boivent, que nous buvions, que vous buviez

atteindre (craindre, se plaindre, se joindre, peindre)
              que j'atteigne, que tu atteignes, qu'il atteigne,
              qu'ils atteignent, que nous atteignions, que vous
              atteigniez

B. EXERCICES ECRITS

Ecrivez la forme correcte du subjonctif présent:

1. Je (prendre)	10. Vous (être)
2. Tu (ouvrir)	11. Je (pouvoir)
3. Il (choisir)	12. Tu (faire)
4. Nous (donner)	13. Ils (rendre)
5. Vous (bâtir)	14. Je (vouloir)
6. Ils (contenir)	15. Ils (écrire)
7. Elle (savoir)	16. Il (boire)
8. Nous (aller)	17. Je (recevoir)
9. Il (avoir)	18. Vous (se plaindre)

B. EXERCICES ORAUX

Dites-moi la forme correcte du subjonctif présent:

1. Je vais	6. Je veux
2. Nous sommes	7. Ils font
3. Vous pouvez	8. Elle rougit
4. Nous nous réveillons	9. Je sors
5. Je promets	10. Il doit

C. <u>PRESENTATION</u>

Joan aimerait <u>que</u> Peter <u>finisse</u> de contempler cette peinture
afin qu'<u>ils aillent</u> admirer la Mort de Sardanapale de Dela-
croix, toile pleine d'exotisme et de couleurs vives et riches.
Peter a peur que <u>le musée ferme</u> vers la fin de l'après-midi,
c'est-à-dire vers cinq heures. <u>Avant qu'ils terminent</u> leur
visite, car il est peu probable <u>qu'ils reviennent</u> dans ce
musée magnifique, Joan veut jeter un coup d'oeil aux écoles
étrangères et en particulier à la Joconde, la Mona Lisa de
Léonard de Vinci, le portrait le plus célèbre de l'école
italienne. Ils finissent vers cinq heures, heure de fermeture,
en souhaitant <u>que leur professeur soit</u> avec eux la prochaine
fois pour partager les moments inoubliables passés à visiter ce
musée.

C. <u>EXPLICATION</u> Emploi du subjonctif. (Do not try to compare
it with an English equivalent).

1. Après certains expressions: il faut que...
il est nécessaire que...
il est essentiel que...
il est dommage que...

Ex: il faut que <u>vous visitiez</u> le Louvre.
il est possible que <u>nous soyons</u> en retard.
il est nécessaire que <u>vous achetiez</u> des gants.

2. Après des verbes de volonté, de désir, de sentiment ou
d'émotion, d'ordre, de doute.

Ex: Joan et Peter regrettent (verbe d'émotion) que les
peintures <u>soient</u> au Musée du Jeu de Paume.
Peter a peur (verbe de crainte) que <u>Joan s'en aille.</u>
Je doute (verbe de doute) qu'<u>il vienne.</u>
Joan aimerait (verbe de désir) que <u>Peter finisse</u> de
contempler la peinture.
**Le professeur est content (expression de joie) que les
étudiants sachent les verbes irréguliers.**

3. Après certaines conjonctions composées.

à moins que	(unless)	jusqu'à ce que	(until)
avant que	(before)	pour que	(in order that)
bien que	(although)	afin que	(in order that)
quoique	(although)	sans que	(without (that))

Ex: La peinture est placée sur le palier <u>pour que</u> les visiteurs
la <u>voient</u>
    (subjt)
J'attends <u>jusqu'à ce qu'il atteigne</u> Poitiers.
                    (subj)
Etudiez les peintures <u>afin que vous puissiez</u> apprécier les
                              (subj)
chefs-d'oeuvre.

<u>Quoiqu'il pleuve,</u> il sort sans chaussures.
    (subjt)
J'espère qu'il viendra <u>avant que je parte</u>.
                              (subj)

REMARQUE: <u>espérer</u> ne prend pas le subjonctif

4. Après certains verbes ou expressions employés à la négative
   ou à l'interrogative:

   (si le doute est fort):   croire
                             penser
                             trouver
                             être sûr
                             être certain

Ex: Je ne crois pas qu'il vienne. Je crois qu'il vient.
        (neg.)   (subj.)   (aff.)   (indicatif)
    Etes-vous certain qu'il s'en aille?
                          (subj.)
        Je suis certain qu'il s'en va.
                          (ind.)
    Pensez-vous que la guerre finisse bientôt?
                          (subj.)
        Je pense qu'elle finira bientôt.
                (ind.)
    Trouvez-vous que cette leçon <u>soit</u> facile?
                                  (subj.)
        Oui, je pense qu'<u>elle est</u> facile.
                          (ind.)
        Non, je ne crois pas qu'<u>elle soit</u> facile.

5. Après des mots qui expriment un négatif, un superlatif, ou un
   restrictif:

   Ex: Il n'y a pas d'étudiant qui <u>réussisse</u> à cet examen.
          (négatif)
       C'est la plus belle statue que <u>nous regardions</u>.
          (superlatif)
       La porte Denon est la seule entrée où ils <u>puissent</u> obtenir
       leurs tickets. (restrictif)

239

C. <u>EXERCICES ECRITS</u>

Remplacez les tirets par la forme correcte du subjonctif: ou de l'indicatif:

1. Qu'est-ce que vous voulez que je_____? (faire)
2. Il est dommage que tu_____(partir)
3. J'ai déjà dit que vous_____raison. (avoir)
4. Il est essentiel que les visiteurs_____au rez-de chaussée. (revenir)
5. Ils ont attendu jusqu'à ce qu'ils_____leurs tickets. (obtenir)
6. Il faut que je_____(s'en aller)
7. Nous regrettons qu'il vous_____(déranger)
8. Je crois qu'ils_____contents de contempler cette étoile. (être)
9. Elle a peur que nous_____en retard. (être)
10. Etes-vous content que je_____vos erreurs? (corriger)

C. <u>EXERCICES ORAUX</u>

Répondez aux questions suivantes:

1. Est-il possible que vous visitiez un jour le Louvre?
2. Qu'est-ce que je veux que vous fassiez maintenant?
3. Croyez-vous qu'il pleuve demain?
4. Faut-il que vous vous leviez tôt le samedi?
5. Avez-vous peur qu'il y ait un tremblement de terre?
6. Trouvez-vous que le subjonctif soit difficile?
7. Faut-il qu'on boive de l'eau tous les jours? Pourquoi?
8. Est-il essentiel que vous alliez au laboratoire de langues? Pourquoi?
9. Sortirez-vous avant que la classe finisse?
10. Attendez-vous en classe jusqu'à ce que je vienne?
11. Est-il sûr que vous compreniez le subjonctif?
12. Voulez-vous que je corrige vos erreurs?

absolument	absolutely
afin de	in order to
afin que	in order that
antiquité f	antiquity
bâtir	to build
beauté f	beauty
bien que	although
célèbre	famous
conservateur m	curator
content(e)	glad
corriger	to correct
depuis	since
disparition f	disappearance
douter	to doubt
égyptien(ne)	Egyptian
enfance f	childhood
essentiel(le)	essential
exotisme m	exoticism
fermeture f	closing
grec (grecque)	Greek
guide m	guide
inoubliable	unforgettable
naufragé(e) mf	shipwrecked person
nécessaire	necessary
palier m	landing
partager	to share
partout	everywhere
peinture f	painting
radeau m	raft
rez-de-chaussée m	ground floor, first floor
romain(e)	Roman
souhaiter	to wish
talent m	talent
ticket m	ticket
toile f	canvas (painting)
victoire f	victory
vif (vive)	bright
visiteur(euse) mf	visitor

EXPRESSIONS

en particulier...in particular
en réalité...in fact, really
jeter un coup d'oeil à...to glance at
la prochaine fois...the next time

Leçon XXV

Contents: A. Imperative (command form) with two pronouns
affirmative and negative.
Imperative of reflexive verbs, affirmative
and negative.

B. Passé composé of the subjunctive: formation
and use.

C. Adverbs: formation from adjectives, place
in the sentence.
Use of infinitives after prepositions.

Leçon XXV

A. PRESENTATION

Vous avez mon portefeuille: donnez-le-moi.
Tes parents possèdent une grande voiture: emprunte-la-
leur.
Nous avons besoin de nous rendre au laboratoire de
langues: allons-y.
Vous gagnez plus d'argent que Tante Rose; prêtez-lui-
en.
Si vous trouvez des timbres précieux, envoyez m'en, s'il
vous plaît.
Tu es en retard: dépêche-toi.
Vous avez l'air fatigué: asseyez-vous dans ce fauteuil
confortable.
Tu me donnes des ennuis: va-t-en.
J'ai envie de faire une promenade en voiture;habillons-
nous.
Ne vous en faites pas, il va venir.
J'ai déjà assez de problèmes: ne m'en donnez pas plus.
Elle n'appréciera pas vos gravures: ne les lui montrez
pas.
Vous avez déjà été très serviable: ne vous dérangez
plus.
Je veux vous garder près de moi; ne vous en allez pas.

A. EXPLICATION

Impératif avec deux pronoms: l'ordre des pronoms:
Forme affirmative:

le	moi(m')				
la	devant	lui	devany	y devant	en
l'		leur			
les		nous			
		vous			

Ex: Demandez-le-leur   (ask them for it)
    Annonce-les-lui   (announce them to her)
    Demandez-le-moi   (ask me for it)

Remarque: moi devient m' devant une voyelle.
Ex: Prêtez m'en   (lend me some)

244

Leçon XXV

Forme négative

Neg 1   Pron.

Ne	me	le	lui			
	nous devant	la devant	leur devant	y devant	en	
	vous	les				

verbe   neg 2.

her)

Ex: Ne les lui annonce pas.   (Do not announce then to
    Ne nous les donne pas.   (Do not give them to us.)
    Ne me le demandez pas.   (Do not ask me for it.)
    Ne m'en prêtez pas.   Do not lend me any.)

AII. Impératif des verbes pronominaux:
Forme affirmative:

Lève-toi   (Get up)
Lavons-nous (Let's wash)
Réveillez-vous (Wake up)
Dépêche-toi   (Hurry up)

Forme négative

Ne te lève pas   (Don't get up)
Ne nous lavons pas   (Let's not wash)
Ne vous réveillez pas (Don't wake up)
Ne te dépêche pas   (Don't hurry)

A. EXERCICES ECRITS

Donnez la forme correcte de l'impératif des verbes
suivantes; remplacez les mots soulignés par des pronoms:

1. (donner) le livre à Eugénie (vous)
2. (envoyer) les cartes postales à notre père (nous)
3. Me (prêter) votre voiture (vous)
4. (aller) à la plage (nous)
5. Me (donner) de l'argent (tu)
6. (emprunter) des chaussures à Jean (vous)
7. Se (dépêcher) (vous)
8. Me (rendre) l'examen (vous)
9. Se (réveiller) (nous)
10. Se (coucher) (tu)

Récrivez les phrases ci-dessus à la forme négative:

A. EXERCICES ORAUX

A. Dites au professeur or à un autre de:

1. Vous dire la verité.
2. Nous prêter son dictionnaire.
3. Se rendre à la bibliothèque.
4. Ne pas s'endormir en classe.
5. Se souvenir de la Joconde.
6. Montrer sa clé à son voisin.
7. Ne pas vous envoyer de cartes postales.
8. S'habituer à cette ville étrangère.
9. Demander du secours à ses amis.
10. Se soucier des devoirs.

B. PRESENTATION

Cher Victor,
    C'est Eugénie qui me demande de vous écrire **hâtivement,** car,
bien qu'elle soit restée chez moi pendant ces quelques derniers
jours, elle a été légèrement souffrante et n'a pas pu vous écrire
elle-même. Elle craignait que vous ne soyez parti sans lui
laisser l'adresse de votre frère à qui elle voulait envoyer sans
tarder un cadeau d'anniversaire. Quoique vous ayez déjà été très
attentionné envers elle, elle me demandait si, avant de partir,
vous auriez la gentillesse d'envoyer le cadeau vous-même.
    En vous remerciant d'avance de sa part, je vous envoie mon
amitié la plus sincère,
                              Paul

B. EXPLICATION Le passé composé du subjonctif:

Formation: Subjonctif de l'auxiliaire avoir or être avec
participe passé:

Ex: Elle craignait que vous soyez parti (auxiliaire: soyez
    participe passé: parti)
    Je ne crois pas qu'il ait réussi (auxiliaire: ait part.
    passé: réussi)
    Pensez-vous qu'il ait pris le train ? (Do you think he took
    the train?)
    Il est essentiel qu'ils aient déjà acheté leurs billets.
    (It is essential that they have already bought their
    tickets)

Emploi du passé composé du subjonctif:

1. Après certains verbes, expressions et conjonctions: voir XXIV.

2. Le passé composé du subjonctif est employé au lieu du subjonctif présent quand l'action du verbe de la 2ème proposition précède l'action du verbe de la 1ère proposition:

Ex: Pensez-vous
    (1ère proposition, présent)
        qu'il ait pris le train?
            (2ème proposition: action qui précède)

    Il est dommage qu'ils se soient réveillés trop tard.
      (présent)   (passé composé)
    (It is a pity that they have woken up too late).

B. EXERCICES ECRITS

Donnez la forme correcte du passé composé du subjonctif dans les phrases suivantes:

Ex: Croyez-vous qu'il (arriver) déjà?
    Croyez-vous qu'il soit déjà arrivé?

1. J'ai quitté la maison sans qu'il me (téléphoner).
2. Bien qu'elle (se tromper), je ne lui montrerai pas ses erreurs.
3. Je crains que son ami (se faire) mal.
4. Quoique rien ne (se passer), nous sommes inquiets.
5. Nous avons tout fait avant que Pierre (venir)
6. Il m'offre un bon job quoique je (ne pas finir) mes études.

B. EXERCICES ORAUX

Complétez la phrase: utilisez le passé composé du subjonctif:

1. J'ai fait le ménage sans que...
2. Quoiqu'il...je m'en vais.
3. Pensez-vous que votre meilleur ami...?
4. Il n'arrive pas; j'ai peur qu'il...
5. Je suis content que mon professeur...
6. A moins qu'il...je ne m'en soucie pas.

C. PRESENTATION

Paul et Pierre sont bons cousins mais ce matin ils se disputent légèrement: en tout cas rien de très sérieux.
Paul: "Ecoute Pierre, je suis très pressé pendant ces fêtes. Par pitié envoie le cadeau de Noël à Suzanne; envoie-le-lui

toi-même, veux-tu?"

Pierre: "D'habitude je n'y verrais aucun inconvénient mais <u>sans</u> <u>mentir</u> j'ai aussi beaucoup de choses à faire; dis à Thérèse et Jean tes bons amis <u>de l'envoyer;</u> <u>demande-le-leur gentiment</u> et ils le feront <u>sûrement.</u>

Paul: "Au fait as-tu écrit à Tante Rose? Lui as-tu annoncé mes fiançailles? Sinon <u>annonce-les-lui vite</u>, ou plutôt non, <u>ne les</u> <u>lui annonce pas</u> avant une semaine, on ne sait jamais.

Pierre: "Ah, que tu es difficile, tu as toujours des ordres <u>à donner:</u> '<u>envoie-le-lui, annonce-les-lui</u>, non, <u>ne les lui</u> <u>annonce pas immédiatement!</u> Tu sais c'est la dernière fois que je te rends un service. La prochaine fois <u>débrouille-toi</u> toi-même."

C. EXPLICATION

Adverbes en –<u>ment</u> (comme en anglais -ly)

Formation:

1) employez le féminin de l'adjectif -ment:

Ex: clair (m)   claire (f)   adv: <u>clairement</u>

    lent (m)   lente (f)   adv: <u>lentement</u>

    immédiat (m)   immédiate (f)   adv.: <u>immédiatement</u>

2) adjectifs terminés par <u>ent</u>, <u>ant</u>:   adverbes terminés par <u>emment</u>, <u>amment</u>:

Ex: suffis<u>ant</u> (adj)   suffis<u>amment</u> (adverbe)
    fréqu<u>ent</u> (adj)   fréqu<u>emment</u> (adverbe)

3) adjectifs terminés par <u>é</u>, <u>ai</u>, <u>u</u>, <u>i</u> se terminent par <u>ment</u>:

Ex: gai (adj)   gaiment (adverbe)
    éperdu (adj)   éperdument (adverbe)

4. adverbes qui se terminent par <u>ément</u>:

Ex: confus   (adj)   confusément   (adverbe)
    énorme   (adj)   énormément   (adverbe)
    immense   (adj)   immensément   (adverbe)
    intense   (adj)   intensément   (adverbe)
    précis   (adj)   precisément   (adverbe)
    profond   (adj)   profondément   (adverbe)
    uniforme   (adj)   uniformément   (adverbe)

5) adverbes irréguliers

bon	(adj)	bien	(adverbe)
bref	(adj)	brièvement	(adverbe)
cher	(adj)	cher	(adverbe)
gentil	(adj)	gentiment	(adverbe)
mauvais	(adj)	mal	(adverbe)
meilleur	(adj)	mieux	(adverbe)
petit	(adj)	peu	(adverbe)
très	(adj)	beaucoup	(adverbe)

Comparatifs et superlatifs irréguliers: (Voir XXI pour les adjectifs)

beaucoup	plus	le plus
bien	mieux	le mieux
peu	moins	le moins

Position de l'adverbe:

1) après le verbe

Ex: Ils se disputent <u>légèrement</u>
     Il le feront <u>sûrement</u>
     Demande-le-leur <u>gentiment</u>

2) au passé composé, entre l'auxiliaire et le participe passé:

Ex: Il se sont <u>légèrement</u> disputés.
     J'ai <u>beaucoup</u> travaillé.
     Il a <u>mieux</u> compris.

<u>REMARQUE</u>: l'adverbe <u>vite</u> (fast) ne change pas.

C.II. L'infinitif après prépositions:

Ex: Il a travaillé <u>sans</u> s'arrêter.
     Voilà un appartement <u>à</u> lou<u>er</u>.
     Il faut être amoureux <u>pour</u> se mar<u>ier</u>.
     Réfléchissez toujours <u>avant</u> <u>d</u>'écr<u>ire</u> un mot.
     Avez-vous appris <u>à</u> nag<u>er</u>?

C. <u>EXERCICES ECRITS</u>

Ecrivez la forme correcte de l'adverbe:
1. facile   4. actif   7. certain   10. vif
2. malheureux 5. bref   8. long
3. énorme   6. vite   9. grave

(EXERCICES ECRITS suite)

C.II.

Remplacez les tirets par un verbe approprié:
1. Il faut étudier pour_____à un examen.
2. On ne peut pas entrer dans un pays étranger sans_____.
3. J'ai voulu me souvenir de son adresse afin de_____.
4. Les voyageurs disaient qu'ils n'avaient rien à_____.
5. Ce week-end je vais m'amuser à_____.
6. Avant de_____, il faut penser profondément.
7. Je ne veux pas vous déranger sans_____.

C. EXERCICES ORAUX
Répondez aux questions suivantes - ajoutez l'adverbe formé
de l'adjectif:
Ex: Comment parle-t-il français? (courant ou mauvais)
    Il parle couramment le français.

1. Comment vous êtes-vous rendu ici? (vite ou lent)
2. Vous êtes-vous amusé hier soir? (bon)
3. Aimez-vous parler français ou lire le français? (meilleur)
4. Est-ce que le professeur vous pose des questions? (fréquent
   ou rare)
5. Si vous alliez en France, vous débrouilleriez-vous? (facile
   ou difficile)
6. Si vous rencontriez le Président des Etats-Unis, vous
   conduiriez-vous? (gentil ou brusque)
7. Avez-vous jamais été amoureux? (éperdu ou léger)
8. Quand vous sentez-vous ému? (intense ou léger)
9. Qu'est-ce qui vous coûte en ce moment? (cher ou petit)
10. Avez-vous réussi à toutes vos ambitions? (heureux ou
    malheureux)
11. Avez-vous compris le subjonctif? (mauvais ou bon)
12. Parlez-vous français? (vite ou courant ou bon ou difficile)
13. Est-ce que votre voisin a travaillé hier? (très ou petit)
14. Vous avez l'air inquiet; comment dormez-vous? (profond ou
    mauvais ou suffisant)
15. Votre ami a l'air triste; a-t-il à faire? (petit ou
    énorme)

ambition f	ambition
amitié f	friendship (regards)
attentionné(e)	considerate
bref (brève)	brief, short
confus(e)	confused
courant(e)	current, running
coûter	to cost
se débrouiller	to manage, extricate oneself
déranger	to disturb, to put (someone else) out
se déranger	to be disturbed, to put oneself out
se disputer	to argue, dispute
ému(e)	moved, touched
envers	towards
éperdu(e)	desperate
fiançailles f pl	engagement
fréquent(e)	frequent
gai(e)	merry
garder	to keep
s'habituer (à)	to get used to
hâtivement	hastily
laisser	to leave
léger (légère)	light
mentir	to lie
pitié f	pity
plutôt	rather
précieux(se)	precious
profond(e)	profound
rare	rare
remercier	to thank
secours m	help
sinon	if not
souffrant(e)	sick
tarder	to delay
timbre m	stamp
triste	sad
uniforme	uniform (adj.)
vif (vive)	lively, keen, bright

EXPRESSIONS
à l'avance...in advance
avoir l'air (fatigué)...to look (tired)
avoir la gentillesse...to be kind enough to, to have the kindness to
d'habitude...usually
de sa part...on her part
en tout cas...in any case
elle-même...herself   toi-même...yourself (fam.)
moi-même...myself   eux mêmes ..themselves, etc.

Leçon XXVI

Contents: A. Expressions of time.

             B. Pluperfect tense: formation and
                 usage.

             C. Ce qui, ce que, ce dont (what, that
                 of which) relative which has no
                 specific antecedent. (Review XIII
                 for usage of qui, que, dont)

Leçon XXVI

A. PRESENTATION

Maintenant je me lève, je viens de me réveiller.

Il viendra me voir, il vient de vous voir.

Nous venons visiter Notre Dame, nous venons de visiter la Sainte Chapelle.

Ils sont venus à Bordeaux, ils venaient de quitter Biarritz.

J'ai quitté Marseille il y a sept mois; j'habite à Lyon depuis six mois.

Il se débrouillait seul depuis dix ans; il travaillait toute la journée.

Nous habitions à Grenoble depuis 1930; nous ne voulions pas déménager.

Je suis ici depuis trois jours; ma journée commence à 6 h. du matin.

Tu as dix-huit ans; l'année prochaine tu devrais suivre des cours à l'université.

Hier soir nous sommes allés à la bibliothèque; nous y avions la chair de poule toute la soirée à cause de la climatisation.

Je me suis mis à étudier à 8 heures du matin; je travaille depuis 8 heures;c'est-à-dire, toute la matinée.

Leçon XXVI

A. EXPLICATION

Venir de employé pour exprimer le passé immédiat:

Ex. Je viens de parler...I have just spoken.
Son inauguration vient
d'avoir lieu......... its inauguration has just
                        taken place.
Il vient de vous
voir....   he has just seen you.
     (et, au passé, avec l'imparfait)

Ex: Ils venaient de
quitter Biarritz ... They had just left Biarritz.
Nous venions de
manger...   We had just eaten.
Les spectateurs
venaient d'applaudir
le défilé...   The spectators had just
                   applauded the procession.

Expressions de durée: depuis. il y a.

Depuis: verbe présent ∤ depuis   élément de temps:
action commencée au passé et continuée au présent.
(En anglais..have been ∤ verb ∤ ing ∤ for)

Ex: Je parle depuis deux heures.. I have been
speaking for two hours
L'extérieur de Beaubourg existe depuis deux ans...
The exterior of Beaubourg has been existing for
two years.

Je suis ici depuis trois jours...I have been here
for three days.
Je travaille depuis huit heures...I have been working
for eight hours.

     (et, au passé, avec l'imparfait)

Nous habitions à Grenoble depuis 1930...We had been
living in Grenoble since 1930.

Il se débrouillait seul depuis dix ans... He had
been managing alone for ten years.

Il y a + expression de temps précise: (ago)

Les entrepreneurs ont développé son architecture il y a huit ans ... The contractors developed its architecture eight years ago.

Je suis allé à Marseille il y a sept mois: I went to Marseilles seven months ago.

an, jour...année, journée
an, jour sont employés avec numéros

Ex: Je parle français depuis deux ans.
     Il est venu chez moi il y a trois jours
     Elle a dix-huit ans.

         année, journée impliquent la durée(duration) surtout avec les expressions pendant, durant:
Ex: il dort pendant la journée; il regarde la télévision pendant toute la soirée.

     Heure, Temps, Fois, Moment

Heure: Quelle heure est-il? Il est une heure de l'après-midi. Je suis ici depuis une heure.
        C'est l'heure de la classe de français.

Temps: Combien de temps restez-vous au laboratoire de langues? J'y reste longtemps (J'y reste vingt minutes, deux heures etc)

        Je passe mon temps à étudier le français; je n'ai pas le temps de bavader.

Fois: Combien de fois par semaine allez-vous au laboratoire de langues?
       J'y vais trois fois par semaine.

       Faut-il que je répète les questions deux fois?
       L'année passée il est allé à Paris pour la première fois.

Moment: J'apprends l'emploi du présent en ce moment.
         En ce moment nous ne voulons pas déménager.

Leçon XXVI

A. EXERCICES ECRITS

Ecrivez la forme correcte du verbe:

1. J'_____des lettres depuis une heure et
   demie. (écrire)
2. Il_____du vin depuis six heures. (boire)
3. Les enfants_____du ski depuis trois
   heures. (faire)
4. En 1814 Napoléon _____empereur depuis
   quatorze ans. (être)
5. En 1945 on_____depuis six ans (se battre)
6. Ce matin à dix heures ils_____d'assister
   à la classe de français (venir)
7. Ils_____à la bibliothèque il y a dix minutes.
   (se rendre)
8. Nous_____d'acheter un parapluie quand il a
   fait du soleil. (venir)
9. Vous vous habilliez;_____-vous de vous lever?
   (venir)
10. L'athlète_____depuis trente minutes quand
    on a sifflé. (courir)

A. EXERCICES ORAUX

Répondez aux questions suivantes:

1. Depuis quand suivez-vous un cours de français?
2. Depuis combien de temps habitez-vous dans cette
   ville?
3. Depuis combien de temps le professeur est-il
   en classe?
4. Qu'est-ce que vous venez de faire?
5. Combien de temps vous faut-il pour obtenir un
   diplôme?
6. Qu'est-ce que le professeur vient de faire?
7. Depuis combien de temps est-ce que je vous
   connais?
8. Depuis quand la télévision existe-t-elle?
9. Depuis quand savez-vous conduire?
10. Venez-vous en classe tous le jours?
11. Etes-vous à l'université toute la journée?
12. Combien de fois êtes-vous sorti la semaine passée?
13. Est-ce que vos parents vous parlent plusieurs fois
    par semaine?

14. Comment passez-vous votre temps en été?
15. Quand perdez-vous votre temps?
16. Qu'est-ce que vous faites en ce moment?

B. PRESENTATION

Mon cher Alex,

Je ne voulais pas t'écrire
immédiatement car je n'avais pas eu la chance
de visiter le centre national d'art et de
culture Georges Pompidou, c'est-à-dire le
centre Beaubourg dont je voulais te parler.
J'avais imaginé un grand musée moderne construit
d'une façon traditionnelle mais mes amis et moi
n'étions jamais allés voir un bâtiment aussi
avant-garde. Il est composé de cinq plateaux
superposés, supportés par des poutres métalliques
sans cloisonnement ni piliers ni construction en
bois. Ce qui m'a le plus frappé c'est
l'extérieur du centre qui ressemble à une grande
raffinerie de pétrole. Tout l'appareillage
technique est à l'extérieur, ce que je trouve
très original; tout d'abord les tuyaux en bleu
sont utilisés pour le conditionnement de l'air,
ensuite de plus petits tuyaux peints en vert
assurent la circulation de l'eau, puis
l'électricité est disposée dans un réseau de
grillages métalliques en jaune. Maintenant
passons à l'intérieur qui est surprenant; il
n'existe comme l'extérieur que depuis deux ans,
c'est-à-dire depuis 1977. Les entrepreneurs
auraient commencé a développer son architecture
il y a huit ans, mais son inauguration vient
d'avoir lieu seulement l'année dernière.

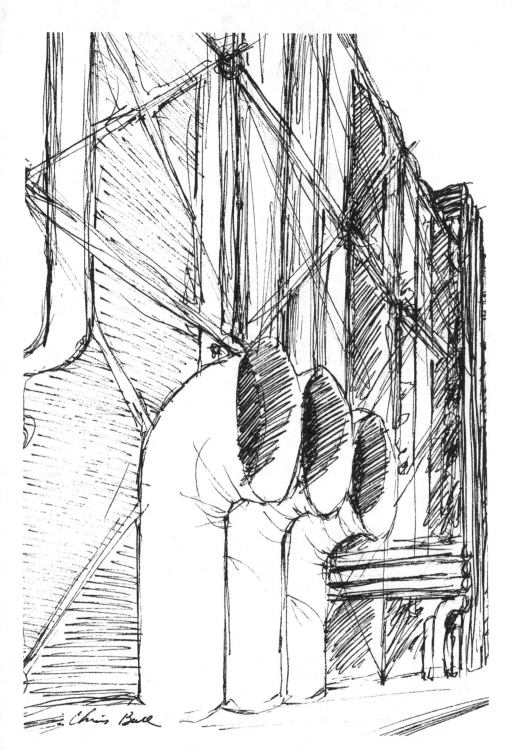

B. EXPLICATION

Le plus-que-parfait: I <u>had</u> done, I <u>had</u> spoken, they had hurried, etc.

Formation; imparfait de l'auxiliaire <u>avoir</u> ou <u>être</u> et participe passé.

Ex: <u>Avoir</u>   <u>Monter</u>

S.		Aux. p. passé	S.	Aux.	p. passé
j'		avais eu	j'	étais	monté
tu		avais eu	tu	étais	monté
il, elle		avait eu	il	était	monté
			elle	était	montée
ils, elles		avaient eu	ils	étaient	montés
nous		avions eu	elles	étaient	montées
vous		aviez eu	nous	étions	montés
			vous	étiez	monté(s)

<u>Se dépêcher</u>

S.	Pr. aux.	p. passé
je	m'étais	dépêché
tu	t'étais	dépêché
il	s'était	dépêché
elle	s'était	dépêchée
ils	s'étaient	dépêchés
elles	s'étaient	dépêchées
nous nous	étions	dépêchés
vous vous	étiez	dépêché(s)

Forme négative:

Je n'avais pas su
Elle n'était pas partie
Ils ne s'étaient pas arrêtés

Leçon XXVI

Emploi du plus-que parfait: on emploie le plus-que-
parfait pour exprimer une action dans le passé qui
précède une autre action dans le passé:

Ex: Je ne voulais pas (imparfait) t'écrire car
je n'avais pas eu la chance de visiter Beaubourg
(plus-que-parfait)

    Les peintures modernes qui ne m'avaient jamais
intéressé (plus-que-parfait) ont été (passé composé)
une révélation.
    The modern paintings which had never interested
me have been a revelation.)

B. EXERCICES ECRITS

    Ecrivez la forme correcte du plus-que-parfait:

1. je (vouloir)   7. Ils (pouvoir)
2. tu (vivre)   8. tu (prendre)
3. il (venir)   9. il (ouvrir)
4. elle (suivre)   10. elle (mourir)
5. Nous (se sentir)   11. nous (mettre)
6. Vous (sortir)   12. ils (dormir)

B. EXERCICES ORAUX

    Donnez la forme correcte du plus-que parfait:

1. Je (être)   6. Il (arriver)
2. Tu (aller)   7. Nous (s'habiller)
3. ils (savoir)   8. Vous (promettre)
4. elles (s'asseoir)   9. il (obtenir)
5. je (m'inscrire)   10. Elle (devenir)

C. PRESENTATION

Ce dont les gens ont besoin c'est à mon avis de
visiter le centre d'attraction du rez-de chaussée
appelé forum où se trouve un immense monstre du
nom de Crocrodrome (30 mètres de long et 10 de
haut.)C'est un grand dragon articulé dont la gueule
s'ouvre et se ferme; son corps se hérisse de roues,
de câbles et de poulies et renferme dans son ventre
un petit train fantôme pour les enfants. Les

261

expositions de peintures modernes qui <u>ne m'avaient</u>
<u>jamais intéressé</u> auparavant ont été pour moi une
révélation par la technique artistique de la
présentation des tableaux sur panneaux amovibles que
l'on peut déplacer pour un changement de perspective.

Enfin je te quitte sur ces observations en espérant
pouvoir te parler plus amplement du centre Beaubourg
après ma prochaine visite.

Amicalement,
Pierre.

C. EXPLICATION

<u>ce qui</u>, <u>ce que</u>, <u>ce dont</u>:

ce qui (sujet)
ce que (objet) that which, what

Ex;   ce qui m(a le plue frappé...what struck me the
most (sujet)

dites-moi <u>ce qui</u> est arrivé...tell me what hap-
pened (sujet)
dites-moi <u>ce qui</u> vous plaît...tell me what pleases
you.

dites-moi <u>ce que</u> vous regardez.. tell me what
you are looking
at. (objet)
tout l'appareillage est à
l'intérieur, <u>ce que</u> je trouve
très original............... all the apparatus.
is on the exterior,
that which I find
very original.
(objet)

<u>ce dont</u>: of what, of that which

Ex: Voilà <u>ce dont</u> les gens ont besoin. (Here is what
the people have need of)
Vous verrez <u>ce dont</u> je parle... (You will see
what I am talking about)

Leçon XXVI

C. EXERCICES ECRITS (A revoir: Leçon XIII)

Remplacez les tirets par ce qui, ce que, ce dont:

1. Je ne sais pas_____se passe.
2. Il a compris immédiatement_____j'ai besoin.
3. Nous entendons bien_____vous dites.
4. Dites-moi_____vous a frappé.
5. Voici_____nous nous souvenons.
6. Voilà_____il trouvera.
7. Comprenez-vous_____je veux dire?
8. Elle sait bien_____je parle.
9. Il a oublié_____il avait peur.
10. _____m'intéresse, c'est la réaction de ses voisins.

C. EXERCICES ORAUX

Répondez au questions suivantes:

1. Savez-vous ce qui est arrivé en France en 1789?
2. Dites-moi ce dont vous avez envie.
3. Dites-moi ce que vous faites maintenant.
4. Est-ce qu'on peut faire tout ce qu'on veut faire?
    Pourquoi or pourquoi pas?
5. Dites-moi ce que vous avez fait pendant les vacances.
6. Comprenez-vous toujours ce que le professeur dit?
7. Dites-moi ce qui vous intéresse le plus.
8. Avez-vous tout ce qu'il vous faut?
9. Dites-moi ce qui ne vous plaît pas.
10. Savez-vous ce que je devrais veut dire?
11. Dites-moi ce qui vous a dérangé récemment.

amovible	detachable
amour m	love
appareillage m	apparatus
ample	ample
assurer	to assure, to insure
articulé(e)	jointed
auparavant	before
avant-garde	advanced
(se) battre	to fight
bois m	wood
câble m	cable
centre m	center
changement m	change
circulation f	circulation
climatisation f	air conditioning
cloisonnement m	partition
conditionnement m	conditioning
construit (e)	constructed
corps m	body
culture f	culture
déplacer	to move
déménager	to move house
developper	to develop
disposer	to dispose
empereur m	emperor
entrepreneur m	contractor
extérieur m	exterior
exposition f	exposition
façon f	fashion
fantôme m	phantom
frapper	to strike, to hit
grillage m	grating
gueule f	mouth (of an animal)
(se) hérisser	to bristle
inauguration f	inauguration
matinée f	morning
métallique	metallic
mètre m	meter
monstre m	monster
panneau m	panel
pétrole m	petroleum
pilier m	pillar
plateau m	plateau, platform
poulie f	pulley
poutre f	beam

Vocabulaire

raffinerie f	refinery
renfermer	to contain
réseau m	network
ressembler	to resemble
révélation f	revelation
roue f	wheel
superposé(e)	superimposed
supporté(e)	supported
technique	technical
traditionel(le)	traditional
tuyau m	pipe
ventre m	stomach

Expressions:

c'est-à-dire	that is to say
en espérant	hoping
amicalement	Sincerely
plus amplement	at more length

Leçon XXVII

Contents: A. <u>Quelqu'un</u>, <u>quelque chose</u> (de)

B. Possessive Pronouns.

C. Irregular verb <u>se taire</u>
Present participle: formation and usage.

Leçon XXVII

A. PRESENTATION

Il s'est levé à huit heures du matin. Il n'avait pas
bien dormi à cause d'un cauchemar. Il a rêvé que
quelque chose d'affreux entrait dans sa chambre. Il
essayé de le saisir mais il n'y avait rien de palpable
à `toucher. Le fantôme l'a enveloppé quand même et il
s'est senti étouffé par quelque chose d'épais, de
gluant. Il n'y avait rien à faire, il mourait peu à
peu. "C'est le diable lui-même!" s'est-il écrié.
Tout à coup il s'est réveillé en sursaut. Est-ce que
quelque chose de menaçant se cachait derrière les
rideaux? Non, il n'a rien trouvé de sinistre.
Il est entré dans la cuisine, il a ouvert le
réfrigérateur pour prendre quelque chose de
nourrissant afin de se remettre parce qu'il avait
quelque chose d'important à faire ce matin-là. Mais
tout a disparu: le rôti de boeuf, les tomates, la
laitue, le gâteau au chocolat, la glace. Il ne
restait qu'un pâté gris, gluant, qui grossissait peu
à peu pendant qu'il le regardait.

A. EXPLICATION

Mots indéfinis: 1) quelqu'un (someone, somebody).
2) quelque chose (something)
Si quelque chose est suivi par de l'adjectif qui suit
est toujours au masculin.

Ex: J'ai trouvé quelque chose de bon (I found something good)

Elle a reçu quelque chose de cher (She received
something
expensive.
3) opposé de quelque chose..rien

Ex: Je n'ai rien trouvé de bon (I found nothing good)
Elle n'a rien reçu de cher (She received nothing
expensive)

Leçon XXVII

A. <u>EXERCICES ECRITS</u>

Remplacez le tirets par un adjectif approprié (ne
répétez pas le même adjectif)

1. Il a cherché quelque chose de _____ à lire.
2. Il a trouvé quelque chose de _____ dans le
    gâteau.
3. Il n'y avait rien de _____ dans le journal.
4. Quand je m'ennuie, je cherche quelque chose de
    _____ à faire.
5. Elle ne met rien de _____ dans sa chambre.
6. Rien de _____ ne nous plaît.
7. Tout à coup il a aperçu au ciel quelque chose
    de _____ .

A. <u>EXERCICES ORAUX</u>

Répondez aux questions suivantes:

1. Est-ce qu'un cauchemar vous a dérangé récemment?
2. Y a-t-il quelque chose d'affreux à l'université?
3. Avez-vous acheté quelque chose de nourrissant
    cette semaine?
4. Qu'est-ce que vous faites quand vous trouvez
    quelque chose de gluant dans le réfrigérateur?
5. Est-ce que quelque chose de surprenant vous est
    arrivé récemment?
6. Avez-vous quelque chose d'important à faire cet
    après-midi?
7. N'y-a-il rien de beau dans cette salle?
8. Est-ce qu'il y a quelque chose de célèbre dans
    votre ville?
9. Comment vous sentez-vous quand vous n'avez rien de
    fascinant à faire?
10. Quand faites vous quelque chose d'ennuyeux?
11. Ferez-vous quelque chose de formidable en été?

B. <u>PRESENTATION</u>

Quelqu'un a dit à John que Noël en France était une
fête exceptionnelle et je lui ai confirmé cette
coutume. Les Français célèbrent en effet Noël <u>en
suivant</u> un rituel traditionnel surtout la veille de
Noël appelée le Réveillon. Les Américains célèbrent

aussi cette fête mais <u>la leur</u> est différente de celle
des Français. Durant le Réveillon les Français vont
d'abord à la messe de minuit <u>en assistant</u> à une messe
ou à trois, suivant leur degré de dévotion. La
famille de John diffère car ses parents ne sont pas
catholiques. <u>Les siens</u> vont à l'église le jour de
Noël. Mais revenons au Réveillon: chaque famille en
France a sa propre coutume en ce qui concerne
l'échange de cadeaux: <u>la mienne</u> par exemple les ouvre
avant la messe de minuit et cela dure jusqu'à l'heure
d'aller à l'église.

B. <u>EXPLICATION</u> Pronoms Possessifs:

	Singulier		Pluriel	
	Masculin	Féminin	Masculin	Féminin
Je	le mien	la mienne	les miens	les miennes
Tu	le tien	la tienne	les tiens	les tiennes
Il, Elle	le sien	la sienne	les siens	les siennes
Ils,elles	le leur	la leur	les leurs	les leurs
Nous	le nôtre	la nôtre	les nôtres	les nôtres
Vous	le vôtre	la vôtre	les vôtres	les vôtres

Remarque: le pronom possessif s'accorde en genre et en
nombre avec le nom remplacé.

> Ex: J'adore **mon** père...J'adore <u>le mien</u>
>   Elle oublie son stylo... Elle oublie <u>le sien</u>
>   Mon frère a vendu sa voiture..Il a vendu <u>la</u>
>   <u>sienne</u>.

B. <u>EXERCICES ECRITS</u>

> Remplacez le mots soulignés par un pronom
> possessif:

1. Enfin je me suis dirigé vers <u>mon église</u>.
2. J'ai perdu <u>ma clé</u> mais il a gardé <u>sa clé</u>
3. Occupez-vous de <u>vos problèmes</u> et nous nous
   occuperons de <u>nos problèmes</u>.
4. J'ai préparé <u>leurs mets</u> et ils ont préparé <u>mes mets</u>.

270

5. Nous avons assisté à leur messe;ils sont allés auparavant à notre messe.
6. Ils ont oublié leur carte; prête-leur ta carte.
7. L'appartement des Chatain est à côté de son appartement.
8. Donnez les cadeaux à vos enfants; j'en ai assez pour mes enfants.

B. EXERCICES ORAUX

Répondez aux questions suivantes:

1. Passez-vous le Réveillon chez mes parents ou chez les vôtres?
2. Préférez-vous le Noël français ou le nôtre?
3. Pouvez-vous vous habituer aux coutumes étrangères ou tenez-vous aux vôtres?
4. Quand vous serez avec des Français, parlerez-vous votre propre langue ou la leur?
5. Est-ce que votre meilleur ami a une voiture? Préférez-vous la vôtre ou la sienne?

C. PRESENTATION

Après la messe de minuit les Français rentrent chez eux en pensant au bon dîner qui les attend: il y a toujours quelque chose de bon à déguster. Ce soir-là on se délecte en mangeant vers deux heures du matin les mets les plus appétissants: huîtres fraîches, **boudin blanc.**,bûche de Noël, gâteau de circonstance; et on boit naturellement du champagne à profusion. Tout le monde enfin termine cet événement en se souhaitant un "Joyeux Noël" avant de se coucher tard le matin de Noël.

C. EXPLICATION   Verbe se taire

S.	Pron	Verbe
Je	me	**tais**
Tu	te	tais
Il	se	tait
Ils	se	taisent
Nous	nous	tais**ons**
Vous	vous	taisez

Participe présent: se taisant
Participe passé: tu

EX: je me suis tu en écoutant
     sa voix. Taisez-vous!
     (be quiet!)

271

Le participe présent

Formation: employez le verbe à la forme <u>nous</u> (présent) et remplacez le <u>ons</u> par la forme <u>ant</u>.

Ex: faire   nous faisons   faisant   (making, doing)
    suivre   nous suivons   suivant   (following)
    prendre   nous prenons   prenant   **(taking)**

1) Le participe présent est généralement précédé de <u>en</u>:

Ex: Les Français rentrent chez eux <u>en</u> <u>pensant</u> au bon diner. (The French return home thinking of the good dinner)

   On apprend beaucoup <u>en</u> <u>se</u> <u>taisant</u>. (One learns much by being silent)
   Elle est tombée <u>en</u> <u>descendant</u>. (She fell while descending)

2) le participe présent sans <u>en</u> exprime une condition:

   <u>Etant</u> Français, il adore le fromage. (Being French, he adores cheese)

3) participe présent composé: formation: <u>ayant</u> ou <u>étant</u> ∤ participe passé:
<u>Ex.</u> <u>ayant</u> <u>mangé</u>, je suis sorti (having eaten, I went out)
   <u>étant</u> <u>sorti</u>, j'ai mangé (having gone out, I ate)

4) Participes présents irréguliers: avoir.....ayant
                                     savoir..sachant
                                     être......étant

EXERCICES ECRITS

C. Changez un des verbes au participe présent, selon le sens:

Ex: Je fais mes exercices; je siffle.
   Je fais mes exercices en sifflant <u>ou</u> je siffle en faisant mes exercices.

Leçon XXVII

1. Nous célébrons la veille de Noël; nous allons à l'église.
2. Récrivez la phrase; utilisez des pronoms.
3. Il se lève; il chante.
4. Nous nous amusons; nous goûtons **la bûche** de Noël.
5. Tout le monde sourit; tout le monde ouvre les cadeaux.
6. Je bois du champagne à profusion; je deviens ivre.
7. Il est fatigué; il se couche.
8. Il apprend beaucoup; il se tait.
9. Elle a entendu la nouvelle; elle se tait.
10. J'écoute la radio; je m'endors.
11. Ils n'ont pas posé de questions au professeur; ils n'ont pas réussi à l'examen.

C. <u>EXERCICES ORAUX</u>

Répondez aux questions suivantes:

1. Vous délectez-vous en mangeant des huîtres?
2. Pouvez-vous étudier en écoutant la radio?
3. Est-ce qu'on grossit en mangeant trop de mets graisseux?
4. Apprend-on mieux une langue étrangère en la lisant, en la parlant ou en l'écrivant?
5. Atteint-on ses ambitions en travaillant ou en dormant?
6. Ayant fini vos études ici, qu'est-ce que vous ferez?
7. Qu'est-ce que le professeur souhaite en enseignant le français?
8. En nous taisant, entendons-nous le bruit des autres classes?
9. Etant Américain, quels problèmes auriez-vous en habitant en France?
10. Devrait-on regarder le paysage en conduisant?
11. Est-ce que tous les étudiants se taisent en entendant venir le professeur?
12. Etes-vous entré dans la classe en courant? Pourquoi ou pourquoi pas?

Affreux(se)	frightful, awful
boudin m	blood sausage
bûche f	log
(se) cacher	to hide
cauchemar m	nightmare
célébrer	to celebrate
degré m	degree
(se) délecter	to find pleasure
dévotion f	devotion
diable m	devil
différer	to differ
échange m	exchange
(s') ennuyer	to be bored
ennuyeux(se)	boring
épais(se)	thick
étouffé(e)	stuffed
événement m	event
fascinant(e)	fascinating
garder	to keep
glace f	ice cream
gluant	sticky
graisseux(se)	greasy
huître f	oyster
ivre	drunk
laitue f	lettuce
menaçant(e)	menacing
nourrissant(e)	nourishing
palpable	palpable
pâté m	splotch, pâté
(se) remettre	to recover
rôti de boeuf m	roast beef
sinistre	sinister
saisir	to seize
sourire m	smile
(se) taire	to be silent
tomate f	tomato
toucher	to touch
veille f	the eve of

EXPRESSIONS

différente de celle des Français..different from that
of the French.
gâteau de circonstance....cake suitable for the circum-
stance.
selon le sens..according to the sense.

Leçon XXVIII

Contents: A. Agreement of past participles (REVIEW)
Difference between <u>endroit</u>, <u>place</u> and
<u>lieu</u>.
Use of expression <u>avoir beau</u>.

B. Future perfect tense: formation and
usage.

C. Demonstrative pronouns: <u>celui</u>, <u>celle</u>,
<u>ceux</u>, <u>celles</u>.

Leçon XXVIII.

A. PRESENTATION

Vous vous rappelez la bonne place qu'on vous a promise?
On l'a donnée à quelqu'un d'autre.
Je voudrais surtout revoir les endroits que j'ai
visités auparavant.
Elle a beau essayer de voir le défilé, il n'aura pas
lieu.
Avez-vous vu l'endroit où a eu lieu la prise de la
Bastille? Rien ne reste.
Nous avons espéré trouver l'endroit de ma naissance
mais nous nous sommes trompés d'adresse.
Quel dommage! Elle est tombée au milieu de la place
et malgré tous nos efforts elle s'est fait mal à cause
de la foule.
Elle a réussi à trouver une place à l'opéra et elle est
partie sans avoir vu sa mère. Elle est partie sans
l'avoir vue?

Leçon XXVIII.

A. EXPLICATION

Etudiez la Présentation. Vous souvenez-vous de
l'accord du participe passé?

       a)   avec <u>être</u> Leçon XV)
       b)   avec <u>les</u> verbes pronominaux (Leçon XIX)
       c)   avec <u>avoir</u> (Leçon XX)

<u>avoir beau</u> to do something in vain.

Ex: <u>J'ai beau</u> parler; il ne m'écoute jamais. (I speak
in vain; he never listens to me) (inf.)
   <u>Elle a beau</u> essayer de voir le défilé (She tries
in vain to see the parade)
   <u>Tu as beau t'imaginer</u> sa magnificence (You imagine
in vain its magnificence)

Différence entre <u>place</u>, <u>endroit</u> et <u>lieu</u>:

<u>place</u> (room) Ex: Il n'y a pas assez de place dans
l'auto (There is not enough room in the car)

      (square) Ex: il y a une grande place devant
le château. (There is a big square in front of the
castle)

      (job, position) Ex: J'ai trouvé une bonne
place (I have found a good job)

<u>endroit</u>, <u>lieu</u>...place; interchangeable in this mean-
ing except for the expression <u>avoir lieu</u> & <u>au lieu de</u>

Ex: C'est un <u>endroit</u> qui est beaucoup visité (it is a
place which is much visited)

   La fête <u>a eu lieu</u> le quatorze juillet (The holi-
day took place July 14th)

   Il veut dormir <u>au lieu</u> d'étudier. He wants
to sleep instead of studying)

Leçon XXVIII

EXERCICES ECRITS

A. I. Remplacez les tirets par le mot approprié:
        (endroit, place, lieu)

1. C'est_____où nous allons souvent.
2. Il a obtenu_____après ses études.
3. Il n'y a pas de_____dans le garage pour
    deux voitures.
4. Son anniversaire_____le vingt-cinq
    novembre.
5. Il y a beaucoup de monde à_____de la
    Concorde.
6. Où y a-t-il_____pittoresque pour un
    pique-nique?

A. II. Mettez les phrases suivantes au passé
         composé (mots soulignés)

1. Où sont les robes qu'elle emprunte?
2. Je ne comprends pas les questions qu'il me pose.
3. La femme entre dans le bois mais ses amis se
    rendent vers l'église.
4. Il ne peut pas faire les exercices qu'on lui
    donne.
5. Elle regarde sa voiture, elle la lave, puis elle
    se lave.

A. III. Traduizez en anglais:

1. On a beau travailler; le monde ne **change** jamais.
2. Nous avons beau chercher la clé; on l'**a peut-être**
    volée.

EXERCICES ORAUX

1. Où se trouve la Place de la Concorde?
2. Quel est votre endroit préferé?
3, Faut-il toujours réserver une place dans l'avion?
4. Espérez-vous **trouver** une bonne place un jour?
5. Décrivez un endroit dont vous **vous** souvenez avec
    plaisir.
6. Pourquoi avez-vous mis des chaussures aujourd'hui?
7. Qu'est-ce qui a lieu le quatorze juillet?

8. Qu'est-ce que vous aimeriez faire au lieu d'étudier?
9. Etes-vous allé au Mexique? Avez-vous beau essayer
   de parler espagnol **sans réussir?**
10. Y a-t-il assez de place dans cette pièce pour trente
    et **une personnes?**
11. Avez-vous ouvert les fenêtres hier soir?

B.   PRESENTATION

C'est un dimanche. La famille Lustucru a décidé de
faire une promenade à Versailles, pour visiter le
palais et voir les fontaines qui fonctionnent
seulement le **dimanche.**
"Il n'y a pas assez de place dans la voiture pour tout
le monde" dit Monsieur Lustucru. "Nous prendrons
l'autobus qui nous déposera sur la grande place
devant le château."
"C'est un endroit qui est beaucoup visité, n'est-ce
pas?" dit Madame Lustucru.
"Oui, et quand tu l'auras vu, tu comprendras pourquoi.
Tu as beau t'imaginer sa magnificence: quand nous
serons arrivés là, tu conviendras que cela dépasse
l'imagination."
D'abord tous les membres de la famille Lustucru
prendront le métro. Quand ils seront arrivés au
Pont de Sèvres, ils prendront l'autobus pour faire
le reste du trajet.
L'aîné des dix enfants remarque: Quand j'aurai vu
Versailles, j'aurai visité tous les monuments importants
de la région parisienne. Cela impressionnera mes
camarades d'école."
Ils arrivent devant la grille du palais. "Aussitôt
que nous aurons traversé la cour, nous entrerons
dans le château par une petite porte sous l'arcade,"
dit le père. "Voilà la chapelle à droite." Monsieur
Lustucru avance vers le guichet: "Douze entrées, s'il
vous plaît, deux adultes et dix enfants. Voici ma
carte de famille nombreuse pour le tarif spécial".
L'employée lui donne les **billets** demandés et lui
dit: "Quand vous aurez visité tout le premier étage
vous aurez encore le temps de revenir pour visiter
la salle de l'opéra." Mais il est probable qu'au
retour, ils auront passé tant de temps à admirer la
célèbre salle des glaces qu'ils ne verront pas la
salle de l'opéra.

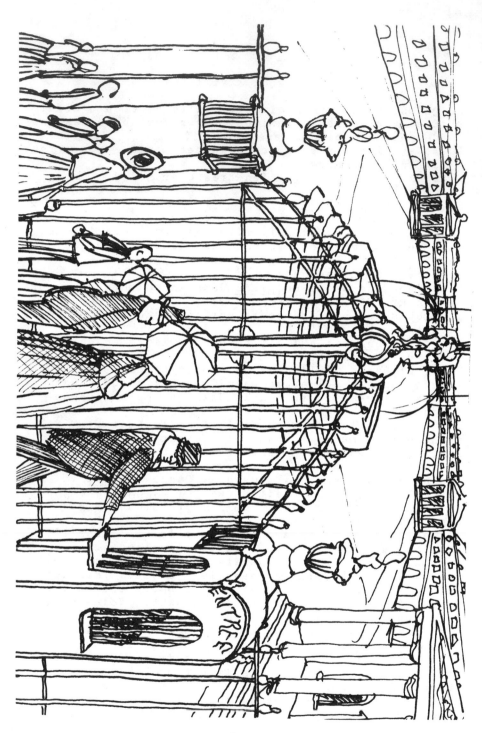

B. EXPLICATION

Futur antérieur

Formation: futur de l'auxiliaire **avoir** ou **être** &
participe passé:

Verbe avec avoir: voir

S.	Aux.	P. passé		S.	Aux.	P. passé
j'	aurai	vu		je	serai	arrivé (e)
tu	auras	vu		tu	seras	arrivé (e)
il,				il	sera	arrivé
elle	aura	vu		elle	sera	arrivée
ils,				ils	seront	arrivés
elles	auront	vu		elles	seront	arrivées
nous	aurons	vu		nous	serons	arrivé(e)(s)
vous	aurez	vu		vous	serez	arrivé(e)(s)

Verbe pronominal: **se laver**

S.	Pron.	Aux.	P. passé
Je	me	serai	lavé(e)
Tu	te	seras	lavé(e)
Il	se	sera	lavé
Elle	se	sera	lavée
Ils	se	seront	lavés
Elles	se	seront	lavées
nous	nous	serons	lavé(e)(s)
vous	vous	serez	lavé(e)(s)

Forme négative:

je n'aurai pas fini.
Elle ne sera pas partie.
Nous ne nous serons
pas endormis.

Emploi du futur antérieur: on emploie le futur
antérieur pour une action dans l'avenir qui précède
une autre action dans l'avenir:

Ex: Vous serez parti (futur antérieur) quand j'arriverai.
(futur)
(You will have left when I arrive.)

Ex: Quand tu l'auras vu (futur antérieur) tu
comprendras pourquoi. (futur)
(When you have seen it you will understand why)

Leçon XXVIII

Ex: J'obtiendrai une bonne place quand j'aurai fini
mes études.
    (I will get a good job when I have finished my
     studies)
(Note that English often uses the passé composé
instead of the futur antérieur)

Ex: (I will go to bed as soon as he has left)
    Je me coucherai dès qu'il sera parti.

B. EXERCICES ECRITS

Complétez la phrase en utilisant le temps approprié:

1. Nous ferons une promenade...
2. Nous verrons Versailles...
3. Tu me comprendras quand....
4. Il viendra quand....
5. Il me parlera quand...
6. J'emprunterai l'autobus quand...
7. Quand on aura visité Versailles...
8. Quand il aura acheté les billets...
9. Quand vous serez rentré...
10. Je m'en serai souvenu quand...

B. EXERCICES ORAUX

Répondez aux questions suivantes:

1. Quand aurez-vous fini vos études?
2. A quelle heure aurez-vous fini votre travail?
3. Quand aurez-vous trouvé une bonne place?
4. Qu'est-ce que vous aurez réussi à faire dans
    deux ans? (à votre avis)
5. Qu'est-ce que vous ferez dès que vous serez sorti
    de cette classe?
6. Qu'est-ce que vous aurez appris à la fin de
    l'année scolaire?
7. Quand vous vous serez marié, aurez-vous une
    famille nombreuse?
8. Quand vous aurez vu Versailles, serez-vous
    fatigué? Pourquoi?

Leçon XXVIII.

C. PRESENTATION

La famille Lustucru se dirige vers l'entrée. Il y a
deux portes "Laquelle faut-il prendre," dit la mère.
"celle-ci ou celle-là?" "Il faut prendre celle qui
mène à la grande galerie", et M. Lustucru indique
celle qui est à gauche. Toujours au rez-de-chaussée
ils voient deux escaliers. "De nouveau il faut
choisir: celui-ci ou celui-là," dit l'un des enfants.
"Ma foi, je ne sais pas, "dit le père. "Prenons
celui-ci, et quand nous serons montés nous verrons si
j'avais raison." Et en effet, comme toujours, il
avait raison. Ils ont parcouru plusieurs appartements
et salons pour arriver enfin à la salle des glaces.
"Oh, que ceci est beau," dit Madame Lustucru.
"Je trouve cela plutôt "moche", dit l'un des enfants,
qui commençait à s'en aller. De plus, il n'y avait
pas assez de temps pour voir la salle de l'opéra.
Ils avaient tout juste le temps d'aller dans le parc
jeter un coup d'oeil sur les fontaines avant de
retourner à Paris.

C. EXPLICATION

Pronoms démonstratifs:

Celui, celle, ceux, celles (this one, that one,
those)

Sing.   celui   celle

Pl.   ceux   celles

A. Les pronoms démonstratifs sont employés pour
exprimer la possession:

Ex: J'ai un livre; c'est celui de mon frère.
     (I have a book; it's my brother's)

     Voilà ma chambre mais où est celle de Pierre?
     (There is my room but where is Peter's)

     Ce monsieur a perdu ses clés mais il a celles
     de Marie. (This man has lost his keys but he
     has Marie's)

Ex: Voici mes vêtements; il nous faut trouver <u>ceux</u>
de ma femme.   (Here are my clothes; we must find
my wife's)

B.   Pronoms démonstratifs suivis d'un pronom relatif:

Ex: Il faut prendre <u>celle qui</u> mène à la grande
(la porte)
galerie.   (We must take the one which leads to
the big gallery)

<u>Ceux qui</u> travaillent ne sont pas paresseux.
(Those who work are not lazy)

Je ne vois pas <u>ceux que</u> vous avez choisis. (I
do not see those which you have chosen)

Je ne connais pas <u>celui dont</u> vous parlez. (I don't
know the one of whom you are speaking)

C.   Celui-ci....this one here (masc. sing.)
ceux-ci.....these here (masc pl.

Celui-là ..that one there (masc. sing)
ceux-là... those there (masc. pl)

Celle-ci...this one here (fem. sing)
celles-ci..those there (fem pl.

Celle-là .that one (fem sing)
celles-là..those there (fem pl.)

Ex: Il y a deux portes; laquelle faut-il prendre:
<u>celle-ci</u> ou <u>celle-là</u>?

(There are two doors; which one must we take:
this one here or that one there?)

Il y a deux escaliers; prendrons-nous <u>celui-ci</u>
ou <u>celui-là</u>
(There are two staircases; will we take this one
here or that one there?)

Leçon XXVIII

C. EXERCICES ECRITS

Remplacez les tirets par la forme appropriée du
pronom démonstratif:

1. Ils ont choisi l'escalier qui était à **gauche**;
    moi, j'ai pris_____qui menait au jardin.
2. Nous avons parcouru plusieurs appartements mais
    nous n'avons pas vu_____dont on parle
    toujours.
3. M. Lustucru est revenu aux peintures du premier
    étage mais nous n'avons pas manqué_____
    du rez-de chaussée.
4. J'ai déjà vu les chevaux de Jean; je voudrais
    jeter un coup d'oeil à_____de Louis.
5. Il y a deux possibilités, il faut choisir
    _____-ci ou_____-là.
6. _____qui étudie réussira.
7. _____qui plaît aux juges sera "Miss
    America".
8. Je peux bavarder avec les gens stupides mais
    je perds patience avec_____qui
    m'ennuient.

C. EXERCICES ORAUX

    I. Complétez la phrase en utilisant un pronom
        démonstratif:

1. J'ai mon savon mais où est...
2. Voilà notre maison; elle n'est pas loin de...
3. Il a son billet mais il a perdu.....
4. J'adore les romans de Proust mais je déteste...
5. Mes pommes de terre sont meilleures que....
6. Préférez-vous ces verres-ci ou ces verres-là?
    Je préfère_____
7. Elle voudrait voir vos nouvelles chaussures mais
    j'ai apporté...
8. J'ai déjà lu les livres qui m'ennuient; cherchez-
    moi....
9. Il a besoin d'un couteau; allez chercher...
10. Elle a un bel enfant, plus beau que...

C. II. Répondez aux questions suivantes:

1. Etes-vous l'aîné de la famille?
2. Avez-vous beau essayer de faire les exercices
    ci-dessus sans réussir?
3. Aimez-vous mieux cette ville-ci ou la ville
    où vous êtes né? Pourquoi?
4. Qu'est-ce qu'on fait à un guichet?
5. Dans quelles circonstances vous ennuyeriez-
    vous? Qu'est-ce que vous feriez?

VOCABULAIRE

adulte	mf	adult
aîné(e)	mf	oldest (child in family)
arcade	f	arcade, passageway
convenir		to agree, to suit
cour	f	courtyard
dépasser		to surpass
emprunter		to take (bus, train, to borrow)
ennuyer		to bore
s'ennuyer		to be bored
fonctionner		to work
foule	f	crowd
galerie	f	gallery
glace	f	mirror
grille	f	railing
guichet	m	ticket window
impressionner		to impress
juge	m	judge
magnificence	f	magnificence
moche	(slang)	lousy
naissance	f	birth
nombreux(se)		numerous
place	f	(see Explication A)
pomme de terre	f	potato
possibilité	f	possibility
se rappeler		to remember
tant		so much
tarif	m	rate
trajet	m	trip
traverser		to traverse

286

VOCABULAIRE

EXPRESSIONS

avoir beau	to do something in vain
avoir lieu	to take place
au retour	on their return
de nouveau	again
au lieu de	instead of
ma foi!	really! wow!
dès que	as soon as
l'année scolaire	the school (college) year
aussitôt que	as soon as

Leçon XXIX

Contents: A. Interrogative adjective <u>quel</u> etc.
                    Interrogative pronoun <u>lequel</u> etc.

            B. Formation of conditional perfect tense.
                  Its usage with the pluperfect in an
                  <u>if</u> clause.

            C. Impersonal expressions (some new, some
                  review of leçon XXIV.)

Leçon XXIX

A. PRESENTATION

Quelles fleurs a-t-il choisies? Je ne sais pas
quelles fleurs il a choisies.
Quelle heure est-il? Je ne sais pas quelle heure
il est.
Quel est le journal le plus célèbre?
Quels sont les disques les plus populaires?
Lequel de ces disques préférez-vous: celui-ci ou
celui-là?
J'ai fait la connaissance de Marie et de Suzanne;
laquelle de ces jeunes filles connaissez-vous?
Nous avons vu la cathédrale de Notre Dame et celle
de Chartres; laquelle est la plus ancienne?
Regardons les robes; lesquelles sont les meilleur
marché?
Lesquels de ces étudiants ne font jamais attention
au professeur?
Je parle du jardin à Versailles; duquel parlez-vous?
Il s'est souvenu de l'église romaine; de laquelle
vous êtes-vous souvenu?
J'ai besoin de timbres français et de timbres
américains desquels avez-vous besoin?
Ils se servent des deux chambres à droite; desquelles
vous servirez-vous?

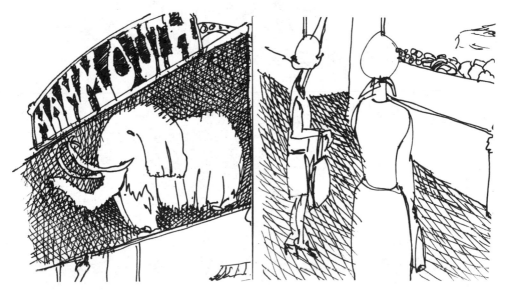

290

Leçon XXIX

A. EXPLICATION

<u>Quel</u> interrogatif (adjectif)...<u>what</u>, <u>which</u>

Quel s'accorde en genre et en nombre avec le nom:

Ex: <u>Quelles</u> fleurs a-t-il choisies?
     <u>Quelle</u> heure est-il?

     <u>Lequel</u> interrogatif (pronom) est employé
     pour faire un choix entre deux ou plusieurs
     personnes ou objets. <u>Lequel</u> s'accorde en genre
     avec l'antécédent:

Ex: Vous avez deux livres. <u>Lequel</u> lisez-vous?
     (Which one are you reading?)

     Voici les peintures de l'école française.
     <u>Laquelle</u> regardez-vous? (Which one are you
     looking at?)

     à ╪ <u>lequel</u>   auquel (masc. sing.) ?
                         à laquelle (**fem. sing.**)?
     à ╪ les quels   auxquels (masc. Pluriel)?
     à ╪ lesquelles   auxquelles (fem. Pluriel)?

Ex: Voici trois personnes: à <u>laquelle</u> parlez-vous?
     Vous parlez de ces deux restaurants: <u>auquel</u>
     allez-vous fréquemment?

     de ╪ lequel   duquel (masc. sing.)?
                       de laquelle (fem. sing.)?

     de ╪ lesquels   desquels (masc. pl.)?
     de ╪ lesquelles desquelles (fem. pl.)?

Ex: je parle des voitures anglaises et françaises.
     <u>Desquelles</u> parlez-vous?

(Cherchez d'autres exemples dans la Présentation A.)

Leçon XXIX

A. EXERCICES ECRITS

Remplacez les tirets par quel ou lequel (la forme appropriée en genre et en nombre)

1. Je me demande si j'irai à la plage de Cassis ou à celle de Nice;_____préférez-vous?
2. _____sont les démarches qu'il faut faire?
3. _____temps fait-il?
4. Avez-vous lu les romans de Balzac?_____faut-il lire d'abord?
5. Savez-vous_____maison lui appartient?
6. J'ai acheté beaucoup de pain et de beurre; _____avez-vous besoin?
7. Il faut que vous vous passiez de vin ou de thé; _____pouvez-vous vous passer plus facilement?
8. Je connais les montagnes dont il a parlé, mais _____parlez-vous?
9. _____réponses devrait-on lui donner?
10. _____est le nom de votre ville natale?

A. EXERCICES ORAUX

Inventez une question appropriée pour les réponses suivantes: (ATTENTION! C'est un exercice de révision et il y a toutes sortes de possibilitiés, mais n'employez pas Est-ce que ou inversion parce que c'est trop facile!)

Ex: Réponse: J'ai fini ce roman.
Quel roman avez-vous fini?

1. Le magasin de Mammouth m'a beaucoup frappé.
2. Je pense aux défenses immenses de l'éléphant.
3. Il préfère son pays natal.
4. Il a regardé les chaussettes.
5. Elle est arrivée enfin à la charcuterie.
6. J'achète les ustensiles de ménage.
7. Nous avons préféré "Le Printemps" au "Mammouth."
8. L'animal a l'apparence d'un animal préhistorique.
9. J'ai cherché pendant longtemps un magasin de ce genre.

10. Nous avons eu une idée merveilleuse.
11. Joan avait besoin de nouveaux sous-vetements et de nouvelles écharpes.
12. Je préfère les disques populaires aux disques classiques.

B. PRESENTATION

Simone dans sa conversation avec Joan son amie américaine mentionne le "Mammouth".
Joan: Mais Simone, dites-moi enfin ce qu'est le "Mammouth." Tout le monde en parle et j'aurais aimé savoir plus tôt de quoi il s'agit.

Simone: Eh bien, ma petite Joan je vais vous le dire immédiatement. Vous auriez manqué quelque chose d'intéressant si vous aviez quitté la France sans le savoir. C'est un magasin qui est un mélange de supermarché et de ce que l'on appelle aux Etats-Unis un "discount store".
Joan: Ah maintenant je vois; j'aurais été contrariée de ne pas avoir appris cela. Mais pourquoi le nom de Mammouth?
Simone: Ah oui en effet il me reste à vous parler de son origine. Sur les panneaux de publicité par exemple le magasin du "Mammouth" est représenté par une grosse tête d'animal qui a l'apparence d'un éléphant préhistorique avec des défenses blanches énormes. Le "Mammouth" est le symbole de ce qui est très grand et donc le nom est approprié à cet immense magasin.
Joan: Il semble que ce soit assez logique. J'ai appris quelque chose de très utile car j'ai cherché pendant longtemps un magasin de ce genre sans réussir à le trouver.
Simone: C'est ma faute, Joan; si j'avais su cela plus tôt, je vous aurais promptement emmené au "Mammouth"
Eh bien, il me reste maintenant à vous y conduire sans plus tarder.

Leçon XXIX

B. <u>EXPLICATION</u>

<u>Conditionnel passé</u>   formation: conditionnel
de l'auxiliaire <u>avoir</u> ou
<u>être</u>   participe passé:

auxiliaire avoir:

	S	Aux.	P. passé
	j'	aurais	aimé
S.	tu	aurais	aimé
	il,elle	aurait	aimé
	ils,elles	auraient	aimé
PL.	nous	aurions	aimé
	vous	auriez	aime

auxiliaire être:

	S.	Aux.	P. passé
	je	serais	allé(e)
	tu	serais	allé(e)
S.	il, elle	serait	allé(e)
	ils,elles	seraient	allé(e)(s)
	nous	serions	allé(e)(s)
PL.	vous	seriez	allé(e)(s)

Verbe pronominal:

	S	Pron.	Aux.	P. passé
	je	me	serais	lavé(e)
S.	tu	te	serais	lavé(e)
	il,			
	elle	se	serait	lavé(e)
	ils,			
Pl.	elles	se	seraient	lavé(e)(s)
	nous	nous	serions	lavé(e)(s)
	vous	vous	seriez	lavé(e)(s)

Leçon XXIX

Emploi: on emploie le conditionnel passé pour indiquer une action qui dépend d'une autre action (plus-que-parfait) qui n'a pas eu lieu (which did not take place):

Ex: <u>si</u> j'avais su cela plus tôt, je vous aurais emmenée au Mammouth.
(If I had known that earlier (but I did not know) I would have taken you to the Mammouth.)

B. EXERCICES ECRITS

Complétez la phrase:

> Ex: Si je n'étais pas venu...
> Si ne n'étais pas venu, vous seriez
> <u>(imparfait)</u>
> déjà parti. (conditionnel)

1. Si j'avais acheté une nouvelle voiture...
2. Elle aurait visité le Mammouth si....
3. S'il n'avait pas appris le français...
4. Le professeur aurait été contrarié si...
5. Si j'avais recontré un éléphant préhistorique...
6. J'aurais pleuré si.....
7. Si on n'avait pas inventé la télévision...

B. EXCERCICES ORAUX

Répondez aux questions suivantes:

1. Qu'est-ce que vous auriez fait si vous aviez gagné mille dollars hier?
2. Auriez-vous visité le Mammouth si vous aviez été en France?
3. Qu'est-ce que j'aurais fait si vous n'étiez pas venu en classe?
4. Seriez-vous venu à l'heure s'il y avait eu beaucoup de monde sur l'autoroute?
5. Est-ce que je vous aurais manqué se je n'étais pas arrivé en classe?
6. Si vous vous étiez marié il y a cent ans, auriez-vous une famille nombreuse?

Leçon XXIX

7. Qu'est-ce que vous auriez dû faire pendant les
   vancances?
8. Quand auriez-vous fini cette leçon si vous
   n'aviez pas eu trop à faire?
9. Dans quelles circonstances vous seriez-vous
   dépêché ce matin?

C. PRESENTATION

Les deux jeunes filles s'y rendent en quelques
minutes et Joan est émerveillée de voir une telle
variété de marchandises. D'un côté se trouve
le supermarché avec ses fruits frais, ses
légumes verts, sa charcuterie et sa laiterie et
de l'autre côté on peut acheter tous les
ustensiles de ménage, articles de nettoyage pour
la maison et il y a même un rayon de vêtements
et d'accessoires féminins (blouses, sacs,
écharpes) et masculins (cravates, chaussettes,
sous-vêtements, etc.).
Joan: (en regardant les étiquettes) C'est
incroyable! Il paraît aussi que les prix sont
très abordables dans ce genre du magasin.
Simone: Oui, certainement mais la qualité de la
marchandise ne vaut pas celle d'un "grand
magasin" comme "Le Printemps", "La Samaritaine"
ou "Les Galeries Lafayette."
Joan: Tout de même, Simone, merci de m'avoir
appris quelque chose de comparativement récent
et typiquement français. Je n'oublierai jamais
le "Mammouth."

C. EXPLICATION

Expressions impersonnelles: le sujet du verbe
                              est toujours il:

Il reste (there remains)   1) avec un nom:

EX: il reste des fruits.
    il reste de l'argent.

Leçon XXIX

EX: il <u>me</u> reste deux dollars.   (I have two dollars
                                              left.)
    Il lui reste cinquante francs. (he has fifty francs
                                              left.)
    Il vous reste beaucoup d'argent. (You have a lot
                                              of money left.)

                        2) avec un infinitif:

EX: Il me reste à voir le Mammouth. (It remains for
                                      me to see the
                                      Mammouth.)
    Il lui reste à faire les
    exercices ....   (It remains for him to
                             do the exercizes. or
                             He has the exercizes
                             left to do.)

<u>Il s'agit</u> (it is about, it is a question of):

EX: Dans ce film il s'agit d'un jeune homme amoureux.
    On parle beaucoup du Mammouth; il s'agit de
    savoir ce que c'est.
    Dans ce livre il s'agit de politique.
    De quoi s'agit-il? Il s'agit de décider quelle
    leçon nous allons étudier.

<u>Il paraît</u> (it appears): suivi de <u>l'indicatif</u>:

EX: Il paraît qu'il va pleuvoir.
    Il paraît que les prix sont raisonnables.

<u>Il semble</u> (it seems): suivi du <u>subjonctif</u>:

EX: Il semble que ce soit assez logique.
    Il semble que vous ayez des problèmes.

<u>D'autres expressions impersonnelles suivies du
subjonctif</u>:
                (voir la leçon XXIV)
    Il faut que...
    Il est essentiel que...
    Il est possible que...
    Il est nécessaire que...

Leçon XXIX

C. <u>EXERCICES ECRITS</u>

Remplaces le tirets par une phrase appropriée
(Voir la liste Explication C.)

1. Dans ce roman_____des problémes de deux
   jeunes gens amoureux.
2. _____qu'il n'a pas réussi.
3. _____quelques légumes et une boîte
   de fruits.
4. _____que ce soit une bonne idée.
5. _____que vous rentriez de bonne heure.
6. J'ai entendu parler de ce film mais de quoi
   _____?
7. _____qu'il n'ait aucune idée de ce
   qui est arrivé.
8. _____à voir ce qui arrivera.
9. _____que vous partiez tout de suite.
10. _____que nous achetions des ustensiles
    de cuisine.

C. <u>EXERCICES ORAUX</u>

Répondez aux questions suivantes:

1. Qu'est-ce qu'il vous reste à faire aujourd'hui?
2. De quoi s'agit-il dans votre roman préféré?
3. Semble-t-il que les magasins français
   ressemblent à ceux des Etats-Unis?
4. Est-il possible que vous voyiez le Mammouth un
   jour?
5. Est-il essentiel que les hommes portent une
   cravate?
6. Est-il nécessaire qu'on boive du lait tous les
   jours?
7. Les prix sont très élevés, paraît-il. Qu'est-ce
   qu'il nous faut faire?
8. Est-ce qu'il vous reste à suivre beaucoup de
   cours?
9. Faut-il que vous achetiez des articles de
   nettoyage?
10. Est-il dommage que ce cours finisse bientôt?

Leçon XXIX
Vocabulaire.

abordable		reasonable, accessible
s'agir		to be about, to be a question of
apparence	f	appearance
appartenir		to belong
charcuterie	f	delicatessen
chaussette	f	sock
contrarié(e)		annoyed
cravate	f	tie
défense	f	tusk
émerveillé(e)		amazed
mélange	m	mixture
natal(e)		natal
nettoyage	m	cleaning
panneau	m	panel
populaire		popular
porter		to wear, carry
préhistorique		prehistoric
publicité	f	publicity
ressembler		to resemble
romain(e)		Roman
(se) servir (de)		to use, make use of
symbole	m	symbol
timbre	m	stamp
ustensile	m	utensil

EXPRESSIONS.

se passer de   to go without, to do without

Leçon XXX

Contents: A.   Relative pronoun after a preposition.

            B.   Simple or literary past tense.
                 Subjunctive imperfect tense.

                 (These tenses are presented for
                 recognition purposes only, since you
                 will not be using them actively. You
                 should be acquainted with them be-
                 cause you will find them in literature.

Leçon XXX

A. PRESENTATION

C'est le Mammouth qui m'intéresse.
Voilà les chaussettes que j'ai achetées.
C'est un acteur dont j'oublie le nom.
Voici les gens avec qui je suis venu.
La dame à qui elle parlait semblait un peu sourde.
Le stylo avec lequel j'écrivais est sur la table.
La rue par laquelle nous sommes passés est loin
d'ici.
L'examen auquel il pensait n'aura pas lieu.
Les difficultés auxquelles je réfléchis seront
affreuses.
Indiquez les chemins par lesquels vous avez
atteint Poitiers.
Montrez-moi les rues par lesquelles vous êtes venu.

A. EXPLICATION

Lequel, laquelle, lesquels pronoms relatifs qui
    s'emploient après une préposition: sur, de, pour,
    sans etc.

Ex: C'est un homme sur lequel vous pouvez compter.
    He is a man on whom you can rely)
    Voilà l'étudiant avec lequel vous avez parlé.
    (There is the student with whom you talked)

Lequel s'accorde en genre et en nombre avec
l'antécédent:

Ex: Voilà la voiture à laquelle je suis habitué.
    (L'antécédent: la voiture.)
    Où sont les femmes pour lesquelles vous travaillez
    (L'antécédent: les femmes)
    Voilà les gens pour lesquels je travaille.
    (L'antécédent: les gens)

Leçon XXX

de + lequel...duquel
de + la quelle... de laquelle
de + lesquels...desquels
de + lesquelles...desquelles

Ex: Voilà les peintures desquelles nous parlions.
     Ce sont les couteaux desquels nous avons besoin,
     n'est-ce pas?

(dont may be used instead of the above forms.
See Leçon XIII)

à + lequel...auquel
à + laquelle...à laquelle
à + lesquels...auxquels
à + lesquelles...auxquelles.

Ex: Cherchez la femme à laquelle vous avez parlé.
    Cherchez les femmes auxquelles vous avez parlé.
    Ce sont les monuments auxquels je m'intéresse.
    Montrez-moi le chemin auquel vous pensez.
    Cherchez la femme à qui vous avez parlé
    Cherchez les femmes à qui vous avez parlé.

(qui may be used for people, not things, after a
preposition, instead of lequel)

For review of qui and que see Leçon XIII)

A. EXERCICES ECRITS

Remplacez les tirets par un pronom relatif: (add
prepositions where necessary)

1. C'est ma mère_____fait la cuisine chez nous.
2. Où est la lettre_____il a écrit cela?
3. C'est l'argent_____il a surtout besoin.
4. Les problèmes_____nous réfléchissons
    sont sérieux.
5. C'est le sujet_____il s'intéresse.
6. La jeune fille_____je devais donner la
    lettre n'a pas assisté à la soirée.
7. La chaise_____elle est assise appartient
    à sa grand'mère.

8. Où sont les tableaux_____j'ai vus la dernière
   fois?
9. Montrez-moi la salle_____vous m'avez parlé
10. C'est un cauchemar_____je ne veux pas
    penser.

A. EXERCICES ORAUX

Inventez des phrases en emplovant des pronoms
relatifs et les prépositions sur, chez, sans, devant,
pour, par, avec, derrière, sous.

B. PRESENTATION

   La Révolution française commença en 1789 avec la
prise de la Bastille. Le peuple envahit la vieille
forteresse et voulut libérer tous le prisoniers
politiques. Malheureusement, les envahisseurs ne
trouvèrent qu'une poignée de prisonniers, dont aucun
n'était prisonnier politique. Dans une salle de la
forteresse ils trouvèrent une vieille presse à
imprimer, qu'on prit pour un instrument de torture.
   Mais ce fut un événement qui inspira toute une
nation. Le peuple ne voulait plus qu'on pût enfermer
sans procès des prisonniers peut-être innocents,
qu'on punît des gens qui ne le méritaient pas. La
justice eut son moment de gloire.
   Avant la Révolution, les philosophes avaient
mis en question toutes les institutions. On ne
croyait pas que le gouvernement français fût
nécessairement le meilleur gouvernement possible;
on ne voulait plus qu'un monarque héréditaire regnât
sans frein. Il n'y avait plus, selon certains
philosophes, de droit divin des rois qui permît des
actions repréhensibles. Le meilleur roi qu'ils
pussent imaginer était celui dont le pouvoir était
limité.

Leçon XXX

B. Le passé simple (ou littéraire).

Formation: pour les verbes réguliers en <u>er</u> employez
l'infinitif et supprimez —er:

Ex: trouver

	je	trouv<u>ai</u>
	tu	trouv<u>as</u>
Sing.	il	trou<u>va</u>
	ils	trouv<u>èrent</u>
Pl.	nous	trouv<u>âmes</u>
	vous	trouv<u>âtes</u>

Pour les verbes en <u>-ir</u> et <u>-re</u> employez l'infinitif
et supprimez <u>ir</u> et <u>re</u>

Ex:
finir

	je	finis
Sing.	tu	finis
	il	finit
	ils	finirent
Pl.	nous	finîmes
	vous	finîtes

Ex:
vendre

	je	vendis
Sing.	tu	vendis
	il	vendit
	ils	vendirent
Pl.	nous	vendîmes
	vous	vendîtes

<u>Passé simple des verbes irréguliers</u>:

aller	j'allai	être	je fus
s'asseoir	je m'assis	il faut	il fallut
dire	je dis	lire	je lus
écrire	j'écris	mourir	je mourus
faire	je fis	naître	je naquis
mettre	je mis	il pleut	il plut
prendre	je pris	offrir	j'offris
avoir	j'eus	pouvoir	je pus
boire	je bus	recevoir	je reçus
connaître	je connus	savoir	je sus
courir	je courus	vivre	je vécus
croire	je crus	valoir	je valus
devoir	je dus	voir	je vis
		vouloir	je voulus

Leçon XXX

Remarque: pour le passé simple en <u>u</u> les terminaisons sont:

..us	Ex: être	je	fus
us		tu	fut
ut		il	fut
urent		ils	furent
ûmes		nous	fûmes
ûtes		vous	fûtes

Passé simple de <u>venir</u> (tenir, obtenir, contenir, revenir, devenir, se souvenir)

je	vins
tu	vins
il	vint
ils	vinrent
nous	vînmes
vous	vîntes

<u>Emploi</u>. On emploie le passé simple dans le style littéraire. (les romans, les poèmes etc)

Dans la conversation (les lettres etc) on emploie le passé composé au lieu du passé simple.

Ex: La Révolution française <u>commença</u> en 1789 (style littéraire)
"La Révolution a commencé en 1789," dit-il
(style moins formel, de conversation etc)

<u>L'imparfait du Subjonctif</u>

<u>Formation</u>: pour les verbes réguliers en -<u>er</u> employez l'infinitif et supprimez le <u>er</u>

Ex: trouver

Que, qu'

je	trouvasse
tu	trouvasses
il	trouvât
ils	trouvassent
nous	trouvassions
vous	trouvassiez

pour les verbes réguliers en _ir_ employez l'infinitif
et supprimez -_ir_

Ex: choisir

	je	chois_isse_
Que, qu'	tu	chois_isses_
	il	chois_ît_
	ils	chois_issent_
	nous	chois_issions_
	vous	chois_issiez_

pour les verbes réguliers en -_re_ employez l'infinitif
et supprimez -_re_

Ex: attendre

	j'	attend_isse_
Que, qu'	tu	attend_isses_
	il	attend_ît_
	ils	attend_issent_
	nous	attend_issions_
	vous	attend_issiez_

Pour les verbes irréguliers employez la racine du
passé simple:

venir	(passé simple	je vins)	imp. subj.	je vinsse
avoir	"	j'eus	imp. subj.	j'eusse
être	"	je fus	" "	je fusse
devoir	"	je dus	" "	je dusse
pouvoir	"	je pus	" "	je pusse
vouloir	"	je voulus	" "	je voulusse
faire	"	je fis	" "	je fisse
recevoir	"	je reçus	" "	je reçusse
dire	"	je dis	" "	je disse

etc.

Emploi de l'imparfait du subjonctif: il s'emploie dans
le style littéraire, comme le passé simple. Dans la
conversation on remplace l'imparfait du subjonctif
par le présent du subjonctif.

307

Leçon XXX

Ex: Le peuple ne voulait plus qu'on punît des
     innocents (style littéraire)
     Le peuple ne voulait plus qu'on punisse (présent
     du subjonctif) des innocents (conversation,
     style moins formel)

B. EXERCICES ECRITS

Donnez la forme correcte du verbe au passé composé
(au lieu du passé simple):

1. Ils cherchèrent
2. Je pris   8. Vous écrivîtes
3. Tu fis   9. Il naquit
4. Nous allâmes   10. Tu vins
5. Ils eurent   11. Elle vécut
6. J'établis   12. Nous offrîmes
7. Il fut   13. Ils virent.

C. EXERCICES ORAUX

Il n'y a pas d'exercices formels parce qu'on n'emploie
pas le passé simple dans la conversation. Discutez
la Présentation B ou faites des exercices de révision.)

C. PRESENTATION

     Il fallait faire tomber le roi de son piédestal
si élevé! Le roi fut donc guillotiné le 21 janvier
1793. Certains ne voulaient pas qu'on le guillotinât
mais l'assemblée le condemna de toute façon. Ils
tuèrent également Marie-Antoinette, et assassinèrent
probablement aussi de Louis XVI, le fils le Dauphin.
On fit circuler plus tard des bruits pour dire que
l'on ne tua pas le Dauphin, et qu'il se réfugia dans
le Wisconsin, mais rien ne fut jamais prouvé. On
fit également exécuter un grand nombre de nobles,
pendant la période qu'on appelait la Terreur.
     Mais la raison revint enfin, et sur les débris
de l'ancien régime on établit un nouveau gouvernement
sous lequel la nation ne permettrait plus qu'on
limitât les droits de l'homme.

C. EXPLICATION

Faire + l'infinitif...veut dire en anglais:

to have something done.
to make someone do something.

Ex: Il fallait faire tomber le roi de son piédestal.
It was necessary to make the king fall from his pedestal.

On fit circuler plus tard des bruits.
One had (they had) rumours circulated later.

He makes her smile.
Il la fait sourire.

I'll have the car repaired.
Je ferai réparer la voiture.

It would be necessary to have the windows washed.
Il faudrait faire laver les fenêtres.

C. EXERCICES ECRITS (ou ORAUX).

Traduisez en français:

1. She has her dresses made.
2. I had the letters typed (taper)
3. He made me fall.
4. I have my car washed.
5. She made Marie cry.
6. You make me laugh.
7. My husband has his hair cut on Saturdays.
8. I shall make Pierre stay.
9. He has his shoes repaired at the store.
10. Have your dress cleaned! (nettoyer)

Vocabulaire

assassiner	to assassinate
assemblée f	assembly
bruit m	noise, rumour
circuler	to circulate
chemin m	road
condamner	to condemn
débris m	debris, remains
divin(e)	divine
droit m	law, right
enfermer	to lock up, enclose
envahir	to invade
envahisseur m	invader
etablir	to establish
événement m	happening
exécuter	to execute
forteresse f	fortress
frein m	brake, curb
guillotine f	guillotine
guillotiner	to guillotine
héréditaire	hereditary
inspirer	to inspire
institution f	institution
justice f	justice
libérer	to liberate
limiter	to limit
mériter	to deserve
monarque m	monarch
nation f	nation
nettoyer	to clean
période f	period
peuple m	people
philosophe m	philosopher
piédestal m	pedestal
poignée f	handful
pouvoir m	power
presse à imprimer f	printing press
procès m	trial
(se) réfugier	to take refuge
régime m	regime, administration
régner	to reign
réparer	to repair
répréhensible	reprehensible

Leçon XXX

Vocabulaire

rire		to laugh
roi	m	king
selon		according to
sourd(e)		deaf
Terreur	f	Terror.

EXPRESSIONS

mettre en question   to question

de toute façon   anyway

French-English Vocabulary

(Irregular verbs are conjugated in the chapters indicated)

à	to, at	allemand(e)	German
abord m	approach	aller(8)	to go
d'abord	at first	s'en aller	to go away
tout d'abord	first of all	allongé(e)	stretched out
abordable	reasonable	alors	then
abri m	shelter	amener(17)	to bring
absence f	absence	ami(e)	friend
absolument	absolutely	amicalement	amicably
accent m	accent	amitié f	friendship
accepter	to accept	amour m	love
accord m	accord	amoureux(se)	in love
s'accorder	to agree	amovible	detachable
accueil m	welcome	s'amuser	to have a
accueillant(e)	hospitable		good time
achat m	purchase	ancien(ne)	former, old
acheter(12)	to buy	anglais(e)	English
acteur m	actor	Angleterre f	England
actif(ve)	active	anguille f	eel
actrice f	actress	animé(e)	animated
admettre	to admit	année f	year
admirable	admirable	anniversaire m	anniversary
adorer	to adore	annonce f	advertisement
adresse f	address	annoncer	to announce
adulte	adult	annuaire m	directory
aéroport m	airport	août m	August
affiche f	poster, notice	apercevoir(10)	to perceive
affiché(e)	posted	apparaître	to appear
affreux(se)	frightful	appareil m	appliance
afin de	in order to	appareillage m	apparatus
afin que	in order that	apparence f	appearance
Afrique f	Africa	appartement m	apartment
agence de	travel	appartenir(8)	to belong
voyages f	agency	appeler(20)	to call
agent de	policeman	appétissant(e)	appetizing
police m		applaudir	to applaud
s'agir (de)	to be about	apporter	to bring
agréable	pleasant	apprécier	to appreciate
aider	to help	apprendre(11)	to learn
aigle m	eagle	après	after
aimable	likeable	après-midi m	afternoon
aimer	to like, love	arbre m	tree
aîné(e)	oldest (child)	arcade f	archway
ainsi	thus, so	argent m	money
ajouter	to add	s'arrêter	to stop
alerte	alert	arrondisse- m	district
allée f	alley, path	ment	
Allemagne f	Germany	arroser	to water

313

artère f	highway	
articulé(e)	jointed	
artisan m	craftsman	
artisanat m	craftmanship	
ascenseur m	elevator	
Asie f	Asia	
aspirine f	aspirin	
assassiner	to assassinate	
assemblée f	assembly	
assez	enough,rather	
assiette f	plate	
assis(e)	seated	
assister(à)	to attend	
assurer	to assure,ensure	
atmosphère f	atmosphere	
atteindre	to reach	
attendre	to wait for	
s'attendre(à)	to expect	
attentionné(e)	attentive	
attirant(e)	attractive	
attraper	to catch	
aucun(e)	no, not any	
au delà	beyond	
au-dessous	below	
au-dessus	above	
aujourd'hui	today	
auparavant	before	
aussi	also	
auteur m	author	
auto f	car	
autobus m	bus(city)	
autocar m	bus(interurban)	
automne f	Fall,Autumn	
avance f	advance	
à l'avance	ahead of time	
en avance	early	
avant	before(time)	
avant-garde	ultramodern	
avenir m	future	
aventureux(se)	adventurous	
avion m	plane	
avoir(4)	to have	
avouer	to admit	
avril	April	
babouin m	baboon	
se baigner	to bathe	
baignoire f	bath	
bal m	dance, ball	
bambou m	bamboo	
bande f	tape	

banque f	bank	
barque f	boat	
barrière f	barrier	
basilique f	basilica	
bateau m	boat	
bateau-		
moteur m	motorboat	
bâtiment m	building	
bâtir	to build	
se battre	to fight	
bavarder	to gossip	
beau(bel,belle)	beautiful	
beaucoup de	a lot of	
beau-père m	father-in-law	
beauté f	beauty	
Belgique f	Belgium	
belle-mère f	mother-in-law	
besoin m	need	
beurre m	butter	
bibliothèque f	library	
bicyclette f	bicycle	
bien	well, very	
bien que	although	
bientôt	soon	
billet m	ticket	
blanc(he)	to grow white	
bleu(e)	blue	
bloc m	block	
blouse f	blouse	
boa m	boa	
boire(11)	to drink	
bois m	wood	
en bois	made out of wood	
boite de nuit f	night club	
bon(ne)	good	
bonjour	good morning	
bon marché	cheap	
bonsoir	good evening	
bord m	border, edge	
bordé(e)	bordered	
botanique	botanical	
botte f	boot	
boudin m	pudding	
bouger	to move	
bouquiniste	bookseller mf	
bout m	end	
bouteille f	bottle	
bras m	arm	
bref(brève)	brief	

brièvement	briefly
brillant(e)	brilliant,
brise f	breeze
brodé(e)	embroidered
brosser	to brush
brouillard m	fog
bruit m	noise
brûlant(e)	burning
brun(e)	brown
brunir	to grow brown
brusquement	brusquely
bruyant(e)	noisy
bûche f	log
bureau m	desk,office
bureau de	post
poste m	office
buvette f	bar,fountain
cabinet de	toilet
toilette m	
câble m	cable
cacahuète f	peanut
cacher	to hide
cadeau m	gift
café m	coffee,café
cajoleur(se)	cajoling
calme m	calm
camion m	truck
campagne f	countryside
capitale f	capital
car	for(because)
carré(e)	square
carreau m	tile
carrière f	career
carte f	map,card
carte postale f	postcard
casser	to break
catégorique-	categorically
ment	
cathédrale f	cathedral
cauchemar m	nightmare
cause f	cause
à cause de	because of
ce (cet,cette)	this,that
ce (c')	this, it
cela	that(pron.)
célèbre	famous
célèbrer	to celebrate
cent	hundred
centre m	center
cependant	however

certain(e)	certain
certainemant	certainly
chacun	each one
chaise f	chair
chaleureux(se)	warm
chambre f	bedroom
chance f	luck
changement m	change
changer	to change
chansonnier	songwriter m
chanter	to sing
chaque	each
char blindé m	tank
charcuterie f	delicatessen
charmant(e)	charming
chat(te)	cat
chaud	hot,heat
chauffage m	heating
se chauffer	to warm oneself
chaussette f	sock
chaussure f	shoe
chef de gare	station master m
chef d'oeuvre m	masterpiece
chemin m	road
chemise f	shirt
cher(chère)	dear,expensive
chercher	to look for
cheveux m pl	hair
chez	at the house of
chien(ne)	dog
Chine f	China
chinois(e)	Chinese
choisir	to choose
chose f	thing
ci-dessous	below
ci-dessus	above
ciel m	sky
cinq	five
cinquante	fifty
circonflexe	circumflex
circonstance f	circumstance
gâteau de	special cake
circonstance m	
circulation f	traffic
circuler	to circulate
clair(e)	clear,light
classe f	class
clé f	key
coeur m	heart
coiffer	to set hair

coin   m   corner
coincider   to coincide
colibri   m   hummingbird
colle   f   puzzle
collègue mf colleague
colline f   hill
combien (de) how many
commander   to order
comme   like,as
commencer   to begin
comment   how
commun(e)   common
communiquer to communicate
compagnon m companion
compartiment m compartment
complètement completely
composer   to compose
compréhensif(ve) under-
              standing
comprendre(11) to under-
              stand
compter   to count
condamner   to condemn
conditionnement m cond-
              itioning
conduire(13) to drive
conférence f lecture
conférencier speaker m
confiture f jam,jelly
confortable comfortable
confus(e)   confused
connaître(17) to know
conseiller   to advise
conservateur m curator
considéré(e) considered,
              considerate
consommation f drink
consonne f   consonant
construit(e) constructed
contempler   to contemplate
contenir(8) to contain
continuer   to continue
contraire   contrary
  au contraire on the
              contrary
contrarié(e) annoyed,upset
contre   against
  par contre on the other hand
corde   f   cord,rope
corps   m   body

correspon-   correspondence
    dance   f
côté   m side
  à côté   by the side
cou   m neck
se coucher   to go to bed
couchette   f berth
couleur   f color
coup   m blow,shot
coupable   guilty
couramment   currently,
                fluently
courir(20)   to run
cours   m course
course   f race
  faire des   to do the
    courses   errands
court(e)   short
cousin(e)   cousin
couteau   m knife
coûter   to cost
coutume   f custom
couvrir(10)   to cover
craindre   to fear
crainte   f fear
crapaud   m toad
cravate   f tie
créer   to create
crier   to cry out
cristal   m crystal
croire(18)   to believe
cuisine   f kitchen
                cooking
cultiver   to cultivate
dame   f lady
date   f date
dater   to date
dauphin   m dolphin
de   of,from
débris   m debris
se débrouiller to get along
début   m beginning
décembre   December
décider   to decide
découvrir   to discover
défendre   to defend
défense   f tusk

défilé   m parade
défiler   to march

316

degré	m	degree	disparition f	disappearance
déguster		to taste	disposer	to dispose
déjà		already	se disputer	to dispute
déjeuner	m	lunch	disque m	record
se délecter		to find pleasure	se divertir	to amuse oneself
délicieux(se)		delicious	divertisse- ment m	amusement
demain		tomorrow		
demander		to ask	divin(e)	divine
démarche	f	step,action	dix	ten
demeure	f	dwelling	dix-huit	eighteen
demie	f	half(hour)	dix-neuf	nineteen
départ	m	departure	dix-sept	seventeen
dépasser		to surpass	dix-neuvième	nineteenth
se dépêcher		to hurry	docteur m	doctor
déplacer		to displace	doigt m	finger
déplaire		to displease	dommage m	pity
déposer		to put down	donc	therefore
depuis		since	donner	to give
déranger		to disturb	dont	of whom, of which
désastre m		disaster		
descendre		to descend	doré(e)	gilded
désirer		to desire	dormir(12)	to sleep
dès que		as soon as	douane f	customs
destiné(e)		designed(for)	doucement	gently,softly
dette	f	debt	doute m	doubt
deux		two	douter	to doubt
devant		in front of	doux(ce)	sweet,soft
devanture f		display(store)	douzaine f	dozen
développer		to develop	douze	twelve
devenir		to become	drapeau m	flag
deviner		to guess	droit m	right,law
devoir(10)		to have to(must)	droit(e)	right
devoirs m pl		homework	durant	during
diable m		devil	durée f	duration
Dieu	m	God	durer	to last
différence f		difference	dynamique	dynamic
différer		to differ,defer	eau f	water
difficile		difficult	ébahi(e)	dumbfounded
difficulté f		difficulty	échange f	exchange
digne		worthy	échanger	to exchange
dimanche m		Sunday	écharpe f	scarf
dinde	f	turkey	échelle f	ladder
dîner	m	dinner	école f	school
diplôme m		diploma	écouter	to listen
dire(9)		to say	s'écrier	to exclaim
directement		directly	écrire(11)	to write
se diriger		to head for	écureuil m	squirrel
discuter		to discuss,debate	effet m	effect
disparaître		to disappear(17)	en effet	indeed

également   equally
église f church
égyptien(ne) Egyptian
éléphant m elephant
élevé(e)   elevated
elle   she,her
 elle-même herself
s'éloigner to go away
émerveillé(e) amazed
emmener   to take
empereur m emperor
employé(e) employee
employer(12) to use
emprisonner to imprison
emprunter   to borrow,take
en (prep.) in
en (pron.) some
enchanteur(se) enchanting
encore   still,yet
s'endormir(12) to go to
            sleep
endroit m place
énergie f energy
enfance f childhood
enfant mf child
enfermer   to close,lock
                up
enfin   at last
ennui m   trouble,boredom
ennuyer   to bore,bother
ennuyeux(se) boring
enrichissant(e) valuable
ensemble   together
ensuite   then,afterwards
entendu   agreed,o.k.
entendre   to hear
enthousiasmé(e) excited
entouré(e) surrounded
entre   between
entrée f   entry
entrer   to enter
entrepreneur m contractor
entretemps meanwhile
envahir   to invade
envahisseur m invader
envelopper to wrap up
envers   towards
environnant(e) surrounding
environs m pl surroundings
épais(se) thick

éperdu(e)   desperate
escalader   to climb
escargot m snail
Espagne f Spain
espagnol(e) Spanish
espèce f   kind,sort
espérer(15) to hope
esprit m spirit,mind
essayer(12) to try
essentiel(le) essential
estrade f platform
estudiantin(e) student(adj)
et   and
étage   m floor,story
état   m state
Etats-Unis mpl United
                States
été   m summer
s'étendre   to stretch
étincelle f spark
étiquette f etiquette,
                label
étoile f star
étouffé(e) choked
étourdir   to stun,deafen
étranger(ère) stranger
 à l'étranger abroad
être(2)   to be
études f pl studies
étudiant(e) student
étudier   to study
eux   them
événement m event
exactement exactly
examen m examination
s'excuser   to apologize
exécuter   to execute
exemple m example
 par exemple for example
exercice m exercise
exister   to exist
exotisme m exoticism
expiration f expiration
expirer   to expire
expliquer   to explain
exprimer   to express
extérieur(e) exterior
face   f surface
 en face   opposite
se fâcher   to be angry

facile	easy	fleuve m	river
façon f	fashion,way	fois f	time
de toute		plusieurs	
façon...	anyway	fois...	several times
faim f	hunger	fonctionner	to work
avoir faim	to be	fond m	back, for end
	hungry	forme f	form
faire (8)	to do,make	en forme	in good shape
fait m	fact	formidable	terrific
en fait	in fact	fortement	strongly
falaise f	cliff	forteresse f	fortress
falloir (12)	to be	fou (folle)	mad
	necessary	foule f	crowd
fameux(se)	famous	fourchette f	fork
famille f	family	frais(fraîche)	fresh
fantôme m	phantom	fraise f	strawberry
fard m	make-up	frapper	to knock,strike
fascinant(e)	fascinating	frein m	brake,restraint
fatigué(e)	tired	fréquent(e)	frequent
fatigue f	tiredness	fréquenter	to frequent
faute f	fault	frère m	brother
fauteuil m	armchair	froid m	cold
félin(e)	feline	fromage m	cheese
féminin(e)	feminine	gagner	to earn, win
femme f	woman,wife	gai(e)	merry
fenêtre f	window	galerie f	gallery
fermer	to close	gant m	glove
fermeture f	closing	garçon m	boy
fête f	holiday,	garçon	
	festival	de service..	waiter
feu m	fire	garde f	guard
feu		garder	to guard,keep
d'artifice..	fireworks	gare	station
feuille f	leaf	gâteau m	cake
février	February	gauche	left
fiançailles f	pl.engage-	geler	to freeze
	ment	généralement	generally
se fiancer	to become	genre m	genre, kind
	engaged.	gens m pl.	people
fiche f	card	gentil(le)	kind
fièvre f	fever	gentillesse f	kindness
fille f	daughter	glace f	mirror
film m	film	glacé(e)	iced
fils m	son	glisser	to slip
fin f	to end	gluant(e)	sticky
finir	to finish	goût m	taste
flâner	to stroll	goûter	to taste
fleur f	flower	gouvernement m	government
fleuriste mf.	florist	grand(e)	big

grand'mère f	grandmother
grand-père m	grandfather
graisseux(se)	greasy
grave	grave,heavy
gravure f	engraving
grec	
(grecque)	Greek
grenouille f	frog
grill age m	grating
grille f	grill,railing
grippe f	flu
gris(e)	grey
groom m	bellhop
grotte f	grotto
gros(se)	large
groupe m	group
guérir	to cure
guerre f	war
gueule f	mouth of animal
guichet m	turnstile, window.
guide m	guide
habillé(e)	dressy
s'habiller	to get dressed.
habiter	to live
habitude f	habit,custom
comme d'habitude	as usual
s'habituer (à)	to get used to
hardi(e)	bold,hardy
hâte f	haste
hâtivement	hastily
haut(e)	
hélas	alas
herbe f	grass
héréditaire	heriditary
hérisser	to bristle
heure f	hour
à l'heure	on time
heureux(se)	happy
heurter	to hit,bump
hippocampe m	seahorse
histoire	history,story
homard m	lobster
homme m	man
honnête	honest

hôpital m	hospital
horaire m	timetable
horreur f	horror
hors de	outside
hôte m	host
hôtel m	hotel
hotel de ville	city hall
huit	eight
huître f	oyster
humide	damp
ici	here
idéal	ideal
idée f	idea
ignorer	to be ignorant of
il	he, it
île f	island
illuminé(e)	illuminated
imaginer	to imagine
immédiat(e)	immediate
immense	immense
imperméable m	raincoat
imposant(e)	imposing
impressionnant(e)	impressive
impressionner	to impress
inauguration f	inauguration
Inde f	India
indiquer	to indicate
inoubliable	unforgettable
inquiet(ète)	anxious
s'inquiéter	to worry
intéressant(e)	interesting
intérêt m	interest
inventer	to invent
invité(e)	
Irlande f	Ireland
Italie f	Italie
itinéraire m	itinerary
jamais	ever
ne..jamais.	never
jambe f	leg
jambon m	ham
janvier m	January
Japon m	Japan
japonais(e)	Japanese
jaquette f	jacket
jardin m	garden,backyard
jaune	yellow
je	I

jeter (20)	to throw	leur	them (ind.obj.pl)
jeudi m	Thursday	se lever (16)	to get up
joie f	joy	libération f.	liberation
se joindre		libérer	to liberate
(à) (18)...	to join	liberté f	liberty
joli(e)	pretty	librairie f	bookstore
joue f	cheek	libre	free
jouer	to play	avoir lieu	to take place
jouir (de)	to enjoy	ligne f	line
jour m	day	limiter	to limit
journal m	newspaper	limpide	limpid
journée f	day	liqueur f	liquor
juillet m	July	lire (11)	to read
juin m	June	lit m	bed
jupe f	skirt	littérature f	literature
jusqu'à		livre m	book
(prep)...	until	loin	far
jusqu'à		Londres	London
ce que (conj).until		long(ue)	long
juste	just	le long de	along
justement	as it happens	longtemps	for a long time
justice f	justice	lorsque	when
la the,her(dir.obj.		louer	to rent
fem)		loyer m	rent
là	there	lui	him (ind.obj.
là-bas	over there		sing.)
laboratoire		lundi m	Monday
de langues m. language lab		lycée m	high school
lac m	lake	Madame	Mrs.
lainage m	woolens	Mademoiselle	Miss
laine f	wool	magasin m	store, shop
laisser	to let, leave	magazine m	magazine
lait m	milk	magnifique	magnificent
laitue f	lettuce	mai m	May
langue f	language	main f	hand
lapin m	rabbit	maintenant	now
large	broad	mais	but
lavabo m	washbowl	maison f	house
laver	to wash	maître m	master
le	the(dir.obj. s.)		
leçon f	lesson	majestueux(se) majestic	
léger(ère)	light	mal	bad
légumes m pl.	vegetables	malade	ill
lendemain m	following day	malgré	in spite of
lent(e)	slow	malheureux(se) unhappy	
léopard m	leopard	manger	to eat
les	m (dir.obj.pl)	manière f	manner
lessive f	laundry	manoir m	manor

manquer   to miss
manteau m coat
se maquiller to make up
marchand m merchant
marché m   market
  bon marché (inv) cheap
marche f   step, stair
marcher   to walk,run
             (mech)
mardi   m   Tuesday
marié(e)   married
se marier   to get married
marquer   to mark
mars   m   March
masculin(e) m masculine
matin m   morning
matinée   morning
mauvais(e)   bad
me   me(dir/ind.obj)
médicament m medicine
meilleur(e) better
mélange m   mixture
même   same;even
  tout de
    même   nevertheless
menaçant(e) menacing
ménage m   housework
mener (17)   to lead
menotte f   handcuff
mentir   to lie
merci   thank you
mercredi m Wednesday
mère f   mother
mériter   to deserve
merveilleux(se) marvellous
messe f   Mass
métallique   metallic
mètre m   meter
métro m   subway
mets m   food
mettre (11) to put
se mettre
en colère   to get angry
mexicain(e) Mexican
Mexique m Mexico
midi m   midday
mien(ne)   mine
mieux   better(adv)
milieu m   middle
  au milieu de in the middle of

militaire military
mille (mil) thousand
million m million
millio aire m millionaire
minuit m midnight
miroir m mirror
moche   lousy
moi   me
moins   less
  au moins   at least
  à moins que   unless
mois m   month
moment m moment
mon(ma,mes)   my
monarque m monarch
monde m   world
monnaie f change(money)
Monsieur Mr.
monstre m monster
montagne f mountain
monter   to go up,climb.
montrer   to show
monument   monument
mot m   word
mouche f fly
mourir (15) to die
moyen m   way, manner
  au moyen
  de   by means of
mur m   wall
mûr(e)   ripe
musée m   museum
nager   to swim
naissance f birth
naître (15)to be born
nappe f tablecloth
natal(e)   natal, native
naufragé(e) shipwrecked
nautique aquatic
ne...pas   not
nécessaire   necessary
nécessiter   to necessitate
neige f snow
neiger   to snow
nettoyage m cleaning
nettoyer to clean
neuf   nine
neveu m   nephew
nez m   nose

n'importe
quel (adj).. any
n'importe
qui anyone
n'importe
quoi anything
Noël Christmas
noir(e) black
noircir to grow black
nom m noun, name
nombre m number
nombreux(se) numerous
non no
nonchalamment nonchal-
antly
note f note, grade
notre(nos) our
nôtre ours
nourrissant(e) nourishing
nous we, us
nouveau(el,
elle) new
de nouveau again
novembre m November
nuit f night
nul(le) no(adj)
nullement not at all
numéro m number
obéir to obey
objet m object
objet direct direct ob-
ject.
objet in-
direct indirect object
obtenir (8) to obtain
occasion f opportunity
s'occuper (de) to take
care(of)
océan m ocean
octobre m October
oeil (yeux) m eye
oeuvre f work(literary)
offrir (10) to offer
oiseau m bird
omettre (11) to omit
on one(people)
oncle m uncle
onze eleven

opinion f opinion
orage m storm
oral(oraux) oral
oreille f ear
organiser to organize
original(aux) original
ou or
où where
oublier to forget
ouest m west
ours m bear
ouvrir (10) to open
pain m bread
palais m palace
palier m landing
panique f panic
panneau m panel
pansement m bandage
par by, through
parachutiste m para-
chutist
paradis m paradise
paraître (17) to appear
parapluie m umbrella
parc m park
parce que because
parcourir(20) to traverse
parcours m trip, route
paresseux(se) lazy
parisien(ne) Parisian
parler to speak
parmi among
part f part
de la part
de on behalf of
nulle part nowhere
quelque part somewhere
partager to share
particulier(ere) special,
private.
partie f party, part
partir (12) to depart
partout everywhere
pas m step
pas de not any
pas du tout.. not at all
pas grand'chose.. not
very much

323

passer m	to pass	
se passer	to happen	
passé m	past	
passeport m	passport	
pâté m	splotch; paste	
patience f	patience	
paupière f	eyelid	
payer	to pay	
pays m	country	
paysage m	landscape	
pêcher	to sin	
pêcher	to fish	
pêcheur m	fisherman	
peindre (18)	to paint	
peine f	pain, trouble	
pelouse f	lawn	
pendant	during	
pendant que	while	
pénicilline f	penicillin	
penser	to think	
perdre	to lose	
père m	father	
période f	period	
permettre(11)	to permit	
perroquet m	parrot	
personnage m	character(lit)	
perte f	loss	
à perte de vue ...	out of sight.	
petit(e)	small	
petit déjeuner m	breakfast	
petit-enfant	grandchild	
pétrole m	petroleum	
peu	little(adj.)	
peu à peu	little by little.	
à peu près..	almost	
peu importe..	it matters little.	
sous peu	in a little while.	
peuple m	people	
peut-être	perhaps	
philosophe m	philosopher	
phrase f	sentence	
pièce f	room	

pied m	foot	
piédestal m	pedestal	
pieuvre f	octopus	
pilier m	pillar	
pique-nique m	picnic	
piscine f	swimmingpool	
pitié f	pity	
pittoresque	picturesque	
place f	square, space	
plage f	beach	
se plaindre(17)	to complain	
plaire (23)	to please	
plaisir m	pleasure	
plan m	plan, map	
plante f	plant	
planter	to plant	
plat m	platter, dish	
plateau m	platform	
plateforme f	platform	
plein(e)	full	
pleurer	to cry	
pleuvoir (8)	to rain	
pluie f	rain	
plupart f	most	
plus	more	
en plus	furthermore	
ne..plus	no longer	
plusieurs	several	
plutôt	rather	
poignée f	handfull	
poisson f	fish	
policier m	detective	
politicien m	politician	
pomme f	apple	
pomme de terre	potato	
pont m	bridge	
populaire	popular	
porte f	door	
portefeuille m	wallet	
porter	to carry, wear	
Portugal m	Portugal	
poser	to put	
posséder (15)	to possess	
possibilité f	possibility	
poulie f	pulley	
pour	for(prep)	
pour que	in order that	
pourquoi	why	
poursuite f	pursuit	

pourtant	however	à propos	by the way;
poussière f	dust		fitting.
poutre f	beam	propriétaire	mf pro-
pouvoir (9)	to be able,		prietor
	can.	puis	then
précédent(e)	preceding	puisque	since
précieux(se)	precious	puissant(e)	powerful
se précipiter	to rush	pull-over m	sweater
préférer(15)	to prefer	quai m	quay, mooring,
préhistorique	prehistoric		platform
premier(ère)	first	quand	when
prendre(11)	to take	quand même	though, just
prendre			the same.
rendezvous..	to make an	quant à	as for
	appointment.	quarante	forty
préparatifs	m pl. prepar-	quart m	quarter
	ations.	quatorze	fourteen
préparer	to prepare	quatre	four
prescrire(11)	to prescribe	quatre-vingts	eighty
présent(e)	present	quel(le)	what
presque	almost	quelque	some
pressé(e)	hurried,in	quelques	a few
	a hurry.	quelque chose	something
presse à		quelque part	somewhere
imprimer f	printing press	quelqu'un	someone
prêt(e)	ready	quelquefois	sometimes
prêter	to lend	qu'est-ce que	what
prier	to pray,	queue f	tail
	beg.	qui	who, which
je vous		quinze	fifteen
en prie ..	your welcome	quitter	to leave
printemps m	spring	quoi	what
prise f	capture	quoique	although
prix m	price,prize	raconter	to tell
à tout prix	at all costs	radeau m	raft
		radis m	radish
procès	trial	raffinerie f	refinery
prochain(e)	next(time)	se rafraîchir	to refresh
proche	near		oneself.
procurer	to procure	raison f	reason
professeur	m professor	avoir raison	to be
profond(e)	deep		right.
proie f	prey	raisonnable	reasonable
projet m	project	rapide	rapid
promenade f	walk	se rappeler	to remember
promettre(11)	to promise	raser	to shave
propos m	purpose	ravi(e)	delighted

rayon m department
réaction f reaction
recevoir (10) to receive
rectangulaire rectangular
réfléchir to reflect
se réfugier to take
refuge.
refuser to refuse
regarder to look at
régime m administration
région f region
régner to reign
regretter to regret
régulier(ère) regular
reine f queen
remercier to thank
remonter to go up
again.
remplir to fill
recontrer to meet
rendezvous m appointment
rendre to give back
se rendre to go
renfermer to imprison
renouveler to renew
renseignements
m pl ... information
rentrer to go home
repartir to leave
again.
répéter to repeat
repos m rest
se reposer to rest
représentant m represent-
ative.
réseau m net;network
réserver to reserve
resemmbler to resemble
reste m rest
rester to remain
restreint(e) restricted
retard m delay
en retard late
retour m return
rétrécir to shrink
réussir to succeed
rêve m dream
réveiller to wake up
révélation f revelation

revenir (8) to come back
rêver to dream
revoir to see again
au revoir goodbye
revue f review
rez-de-chaussée m ground
floor
rhum m rum
riche rich
rideau m curtain
rire (30) to laugh
rive f bank
riz m rice
robe f dress
rocher m rock
roi m king
romain(e) Roman
roman m novel
rompre to break
rose pink
rôti de
boeuf m .. roast beef
roue f wheel
rouge red
rougir to grow red,
blush.
route f road
en route! let's go!
rue f street
Russie f Russia
sable m sand
sac m handbag
sac de
couchage m sleeping bag
saisir to seize
saison f season
salle f room
salle à
manger dining room
salle de
bains... bathroom
salon m living room
salon de
réception reception hall
samedi m Saturday
sans without
sans doute doubtless
santé f health
satisfait(e) satisfied

326

saucisson m	sausage	soudain	suddenly
sauter	to jump	souffrant(e)	ailing
savoir (9)	to know	souffrir	to suffer
secours m	help	souhaiter	to wish
seize	sixteen	source f	source,spring
séjour m	stay, sojourn	sourd(e)	deaf
sel m	salt	sous	under
selon	accordin	souvenir m	memory
semaine f	week	se souvenir	
se sentir	to feel	de (8)	remember
séparer	to separate.	star f	star (movie)
septembre m	September	stationner	to park
sérieux(se)	serious	statuette f	bust, small
serpent m	snake		statue.
serviable	obliging	stylo m	pen
serviette f	briefcase	subitement	suddenly
se servir		suffisant	sufficient
de (12)..	to make	suggérer(15)	to suggest
	use of	Suisse f	Switzerland
seul(e)	alone,only	suite f	suite, con-
si	if, so,yes		sequence.
s'il vous		par la	
plaît	if, so,	suite...	later on
	yes please	suivant(e)	following
siècle m	century	suivre (13)	to follow
sien(ne)	his, hers	supérieur	superior,
siffler	to whistle		upper
silencieusement	silently	supermarché m	supermarket
simplement	simply	superposer	to super-
sinistre	sinister		impose.
sinon	if not	supporté(e)	supported
situé(e)	situated	supposer	to suppose
ski nautique m	water	sur	on
	skiing	surprendre(11)	to surprize
skier	to ski	surprise f	surprize
soeur f	sister	surprise-	
soif f	think	partie f	private
soir m	evening		dance.
soirée f	party	sursaut m	sudden start
soixante	sixty	en sursaut	with a start
soixante-dix	seventy	suspendu(e)	suspended
sol m	floor,ground	svelte	slim
soleil m	sun	symbole m	symbol
solennel(le)	solemn	sympathique	very nice
sombre	dark	symptôme m	symptom
sommeil m	sleep	système m	system
sorte f	sort, kind	table f	table
sortir (12)	to go out	tableau m	board,picture
se soucier(de)	to be	se taire(27)	to be silent
	concerned about		

327

tandis que		while	tôt		early
tant		so, so much.	toucher		to touch
			touffu(e)		bushy
tant mieux..		so much the better.	tour	f	tower
			tour	m	turn
tant pis...		so much the worse.	Tourangeau	m	inhabitant of Tours
tante	f	aunt	tourne-disque	m	record player
tapis	m	carpet			
tapisserie	f	tapestry	tout(e)		all
faire tapisserie		to be a wallflower	tout à coup ...		suddenly
			tout à fait...		completely
tard		late	tout de		
tarder		to delay	suite...		immediately
tarif	m	rate, price list.	tracasser		to bother
			traditionnel(le)		tradition-al
tasse	f	cup			
technique		technical	train	m	train
tel(le)		such, such a	être en		
téléphone	m	telephone	train de..		to be in the middle of
téléphoner		to telephone			
télévision	f	television	trajet	m	trip
temps	m	time, weather	tranquille		tranquil
de temps en temps...		from time to time.	soyez tranquille..		don't worry
combien de temps....		how long	travail	m	work
tenir (8)		to hold	travailler		to work
terminer		to finish	tremblement		
terrasse	f	terrace	de terre	m	earthquake
terre	f	earth	trente		thirty
terreur	f	terror	très		very
tête		head	trésor	m	treasure
thé	m	tea	tricoter		to knit
tien(ne)		yours	se tromper		to be mis-taken
tigre	m	tiger			
timbre	m	stamp	trop		too, to much
timide		timid	trouver		to be located
tiret	m	dash, blank	tu		you
toile	f	canvas	tuer		to kill
toit	m	roof	tulipe	f	tulip
tomate	f	tomato	tuyau	m	pipe
tombeau	m	tomb	typiquement		typically
tomber		to fall	un(e)		a, one
ton,ta,tes		your	uniforme		uniform(adj)
tort	m	wrong	université	f	university
avoir tort		to be wrong	ustensile	f	utensil

utiliser	to use
vacances f pl	vacation
vague f	wave
vaisselle f	dishes
valise f	suitcase
valoir (21)	to be worth
variété f	variety
veille f	eve
vendre	to sell
vendredi m	Friday
vent m	wind
ventre m	stomach
verdir	to grow green
vérité f	truth
vers	towards
vert(e)	green
vêtements m pl	clothes
viande f	meat
vie f	life
vieillir	to grow old
Vietnam m	Vietnam
vieux (vieil, vieille)...	old
vif(ve)	bright
ville f	town
ville lumière..	City of light.
vin m	wine
vingt	twenty
visite f	visit
visiter	to visit
visiteur(se)	visitor
vite	quickly
vivre (15)	to live
voici	here is
voilà	there is
voile f	sail
voir (10)	to see
voisin(e)	neighbor
voiture f	car
voix f	voice
vol m	flight
voler	to fly, steal
volière f	aviary
voltiger	to flit
vomir	to vomit
votre (vos)	your

vôtre	yours
vouloir	to want, wish
vous	you
voyage m	voyage
voyager	to travel
voyelle f	vowel
vrai(e)	true
vraiment	really
week-end m	weekend
y	there
yeux m pl	eyes (cf, oeil)